그리하여 노무현이라는 사람은

노무현 전집 6

그리하여 노무현이라는 사람은
노무현의 말과 글

노무현 지음, 노무현재단 엮음

2019년 5월 3일 초판 1쇄 발행
2024년 5월 3일 초판 5쇄 발행

펴낸이 ＊ 한철희
펴낸곳 ＊ (주)돌베개
등록 ＊ 1979년 8월 25일 제406-2003-000018호
주소 ＊ 10881 경기도 파주시 회동길 77-20 (문발동)
전화 ＊ 031-955-5020
팩스 ＊ 031-955-5050
홈페이지 ＊ www.dolbegae.co.kr
전자우편 ＊ book@dolbegae.co.kr
블로그 ＊ blog.naver.com/imdol79
트위터 ＊ @Dolbegae79

주간 ＊ 김수한
편집 ＊ 이경아
디자인 ＊ 김동신·이은정·이연경·김하얀
마케팅 ＊ 심찬식·고운성·조원형
제작·관리 ＊ 윤국중·이수민
인쇄·제본 ＊ 영신사

ISBN ＊ 978-89-7199-947-9 04080
ISBN ＊ 978-89-7199-948-6 세트

책값은 뒤표지에 있습니다.

그리하여 노무현이라는 사람은

노무현의 말과 글

노무현 지음, 노무현재단 엮음

돌베개

노무현 대통령 전집을 발간하며

노무현 대통령 서거 10주기입니다. 노무현재단은 그 10년 동안 일어났던 우리 사회의 변화를 살피고 재단이 벌였던 사업을 돌아보았습니다. 이제는 애도와 추모를 넘어, '사람 사는 세상'을 열고자 했던 노무현 대통령의 생각과 뜻을 시민과 함께 더 깊고 더 넓게 펼쳐 나가는 일에 힘을 집중해야 할 것입니다. 노무현 대통령의 전집을 펴내는 것이 그 첫걸음입니다.

여러 출판사에서 펴냈던 노무현 대통령의 책을 전집으로 묶는 과정에서 관련 사료를 면밀히 검토해 착오와 오류를 바로잡음으로써 더 정확한 텍스트로 만들었습니다. 노무현 대통령의 생애와 철학을 이해하고 연구하고 평가해 보려는 시민에게 이 전집은 확실하게 믿고 의지할 수 있는 자료가 될 것입니다. 기존 저서로 엮이지 않은 노무현 대통령의 말과 글 가운데 널리 알릴 필요가 있는 것을 가려 모아 말글집을 만들었습니다. 1권 『여보, 나 좀 도와줘』와 2권 『노무현의 리더십 이야기』, 3권 『성공과 좌절』, 4권 『진보의 미래』, 5권 『운명이다』는 이미 나와 있던 책이지만, 노무현 대통령의 말과 글을 모은 6권은 새로 편찬한 것입니다. 전집 세트를 통해서만 만나실 수 있는 7권은 사진과 함께 보는 노무현 대통령의 연보입니다. 앞의 책들 곁에 함께 두고 보시면 노무현 대통령의 삶이 더 풍부하고 입체적으로 다가올 겁니다.

노무현 대통령은 대한민국에서 가장 큰 책임이 따르는 공직을 수행했지만, 한 인간으로서는 보기 드물 정도로 겸손하고 소탈했습니다. '사람 노무현'의 느낌을 전하기 위해 소박하지만 품격이 있고 독자가 편안하게 읽을 수 있도록 책을 만들었습니다. 성의를 다해 전집을 제작한 돌베개출판사와 지난 10년 동안 노무현재단을 만들고 키우신 9만여 후원 회원 여러분께 노무현 대통령을 대신하여 따뜻한 감사 인사를 드립니다. 노무현의 시대를 직접 경험하지 않은 젊은이들이 《노무현 전집》에서 그분의 삶과 철학을 만나기를 기대합니다.

2019년 5월
사람사는세상 노무현재단 이사장 유시민

서문

정치는 말이다. 말은 정치의 시작이고 끝이다. 정치인은 말로 하루를 시작하고 마무리한다. 말하지 않는다면 진정한 정치인이 아니다. 세상을 바꾸려는 정치인이라면, 시민의 삶을 보살피는 정치인이라면, 시대정신과 가치를 추구하는 정치인이라면, 이 땅의 진보를 지향하는 정치인이라면 그의 하루는 말로 채워질 수밖에 없다.

그것이 정치인 노무현, 나아가 대통령 노무현의 일상이었다. 그는 말로 정치하고 통치했다. 정치인으로서, 또 대통령으로서 그가 가진 최고의 재산이자 무기였다.

노무현의 역사는 곧 그가 했던 말과 글의 역사다. 그는 언제나 초과 권력에 의지하지 않고 자신의 말이나 글에 의지했다. 말과 글로 참모를 설득했고 장차관들의 이해를 구했으며, 정치적 상대방에게 메시지를 던졌다. 혼란한 상황을 명쾌하게 정리하는 한마디이기도 했고, 힘겹고 고달픈 사람에게는 용기와 따뜻함을 전하는 위로이기도 했다. 상대에 따라 뼈아픈 일침이 되기도 했고, 그의 실수를 기다리는 사람에게는 끝없는 논란의 소재이기도 했다.

노무현 대통령은 어느 정치인보다 많은 말과 글을 남겼다. 치열했던 삶의 유산이다. 서거 10주기를 맞아 그의 진면목이 드러나는 말과 글들을 모아 한 권의 책으로 엮었다. 우리에게 남아 있는 정치인 노무현, 나아가 대통령 노무현의 흔적이다. 우리는 여기서 포기할 수 없었던 '국민 통합'에 대한 집념을 만난다. 결코 타협할 수 없었던 불굴의 원칙도 만난다. 동과 서, 남과 북, 보수와 진보 모두의 공존을 추구하는 철학도 만난다. 무엇보다 세상과 사람에 대한 그의 뜨거운 열정과 무한한 애정을 만난다.

노무현을 기억하는 것은, 노무현의 말과 글을 기억하는 것이다. 그의 말과 글에 더욱 익숙해질수록, '사람 사는 세상'은 우리 곁으로 한 걸음 더 성큼 다가와 있을 것이다. 감히 일독을 권한다.

2019년 5월
사람사는세상 노무현재단 이사 윤태영

차례

3부 우리 민족에 자유와 평화를

4부 노무현과의 대화

노무현의 도전

1부

초선 의원 노무현의 첫 대정부 질의

존경하는 의원 여러분! 그리고 국무위원 여러분! 부산 동구에서 처음으로 국회의원이 된 노무현입니다.

국무위원 여러분! 저는 별로 성실한 답변을 요구 안 합니다. 성실한 답변을 요구해도 비슷하니까요.

제가 생각하는 이상적인 사회는 더불어 사는 사람 모두가 먹는 것 입는 것 이런 걱정 좀 안 하고, 더럽고 아니꼬운 꼬라지 좀 안 보고, 그래서 하루하루가 좀 신명나게 이어지는 그런 세상이라고 생각을 합니다. 만일 이런 세상이 좀 지나친 욕심이라면 적어도 살기가 힘이 들어서, 아니면 분하고 서러워서 스스로 목숨을 끊는 그런 일은 좀 없는 세상 이런 것이라고 생각합니다.

옛날에는 생활고로 일가족이 집단 자살하는 일이 많이 있었습니다. 지금은 그런 일은 거의 없는 것 같은데, 그런데도 스스로 목숨을 끊는 사람은 늘어만 갑니다. 제5공화국 이래 지금까지 스스로 목숨을 끊은 사람의 수는 얼마가 되는지 관계 장관 말씀해 주시기 바랍니다.

제5공화국 이래 지금까지 노동자가 기업주의 비인간적 대우에 항거하거나 기업 또는 공권력의 탄압에 항거해서 목숨을 끊은 사람은 모두 몇 명이나 됩니까? 정권의 도덕성을 규탄하거나 광주 학살의 진상 규명을 요구하며, 또는 민족의 자주와 통일을 부르짖으며 스스로 목숨을 끊은 청년 학생들은 모두 몇 명이나 됩니까? 같은 기간 농촌에서 소 값 피해를 보상하라고 주장하며 자살한 농민은 몇 명입니까? 산동네 달동네에서 철거에 항거하다가 무너지는 집 더미에 깔려 죽거나 자살한 사람은 몇 명이나 됩니까? 경쟁에서 뒤떨어지거나 경쟁의 부담이 과중해서 자살한 학생의 수는 얼마나 됩니까?

이 같은 가슴 아픈 일이 계속되는 동안 정부는 같은 일이 재발되지 않도록 하기 위해서 그 어떤 노력을 해 왔습니까? 만약에 하였다면 그 내용은 어떤 것이었는지, 이것은 좀 구체적으로 설명해 주시기 바랍니다.

청년 학생들이 죽어 가는 것은 감옥에 가서 참회해야 될 사람들이 권력을 잡고 온갖 도둑질을 다해 먹으면서 바른말 하는 사람 데려다가 고문하고 죽이는 바람에 생긴 일이니까, 그 사람들이 임명한 국무총리나 국무위원에게 무슨 대책이 있으리라고는 믿지를 않습니다. 물으면 제가 그르지요.

문교부 장관!

교육에 여러 가지 문제가 있는 줄 압니다. 그러나 그중에서도 가장 근본적인 문제는 교육이 가진 자의 지배의 도구, 권력자의 정치의 도구로 전락함으로써 생긴 폐해라고 생각합니다. 이 점에 관해서는 시간이 없어 줄이겠습니다.

또 하나의 근본적인 문제는 노동자와 농민이 다 함께 잘살게 되고 임금의 격차가 줄어서 굳이 일류 대학을 나오지 않는다 할지라도 그리고 높은 자리에 안 올라가도 사람 대접 받을 수 있는 세상이 되면, 그런 세상이 와도 지금처럼 이렇게 어린아이들이 치열한 경쟁을 견디지 못해서 교육이 비인간화되고 어린아이들이 스스로 목숨을 끊는 이런 사태가 발생할 것인지 말씀해 주시기 바랍니다.

결국 저는 교육의 문제 또한 노동자, 농민 그리고 도시 빈민의 문제라고 생각을 합니다. 지난 7월 2일 여의도 성모병원에서 15세 된 소년 노동자가 수은중독으로 사망하였습니다. 직업병에 대비한 의료 체계의 미비, 수은중독임이 밝혀진 이후의 회사의 비정한 처사와 노동 행정 관청의 태만을 따지려는 것은 아닙니다. 같은 또래의 제 자식 놈은 아직 공부조차 힘이 들어서 온갖 투정이나 부리고 응석이나 부리고 있는 철부지에 불과합니다. 그런데 죽은 이 소년의 경우는 어떻습니까? 그 나이에 멀리 서산에서 서울까지 부모 슬하를 떠나온 것만 해도 애처로운 일인데, 그런 어린아이가 귀중한 생명이 좀먹어 가는 그 위태로운 작업장에 방치되고 끝내 목숨까지 잃게 한 책임은 결국 무능한 그의 부모만이 져야 되는 것입니까? 그 며칠 전에는 열네 살 먹은 어린 소년이 하루 11시간의 장시간 노동에 견디다 못해 자기가 다니던 공장에 불을 지른 사건이 보도되었습니다.

의원 여러분!

가만히 11시간 앉아 계셔도 다리가 꼬이고 허리가 아프지요? 과연 그 철부지를 잡아다 방화죄로 처벌을 하고 나면 그만입니까?

노동부 장관!

현재 전국적으로 미성년 취업자는 몇 명이나 됩니까? 노동 시간이 세계 최장인 것은 이미 널리 알려진 사실이라 다시 안 묻습니다. 한국의 산재율은 세계의 몇 번째입니까? 해마다 산재로 죽는 사람은 몇이나 되고, 그중 병신이 되는 수는 몇이나 됩니까? 좀 알기 쉽게 1,000명을 기준으로 하면 한 해에 몇 명이 병신이 되거나 죽는가, 한 노동자가 40년 일한다면 산재로 죽거나 병신이 될 확률은 몇 %나 되는지 1,000명을 기준으로 해서 역시 한번 밝혀 주시기 바랍니다. 이것만은 꼭 한 번 정확한 수치를 밝혀 주시기 바랍니다.

내무부 장관!

전국적으로 철거의 대상이 되는…… 아, 이 점은 우리 양성우 의원께서 이미 물으셨기 때문에 노점상과 철거민의 문제는 더 말씀드리지 않겠습니다. 어떻든 이 나라 노동자, 농민, 도시 빈민의 비참한 삶을 더 늘어놓지는 않겠습니다. 다만 돈 있고 힘 있는 사람들이 입만 벌리면 외쳐 대는 한 민족 한 동포라는 말이 과연 진실이라면 이들도 우리와 함께 고통스러운 삶으로부터 해방되어야 합니다. 만일 그들의 고통이 돈과 힘을 한 손에 모아 쥔 소수 특권계급의 착취와 억압에 기인한 것이라면 그들은 착취와 억압으로부터 해방되어야 합니다. 정부는 분배 구조를 개선해서 빈부 격차를 해소하겠다고 수없이 약속하여 왔습니다. 빈부 격차의 해소 방안을 구체적으로 밝혀 주시기 바랍니다.

법무부 장관!

우리 헌법을 보면 모든 국민은 인간다운 생활을 할 권리가 있다고 선언해 놓고 있고, 이를 위해서 국가가 하여야 할 여러 가지 의무를 규정하고 있습니다. 따라서 국민은 국가만 믿고 있으면 잘될 것도 같습니다. 그런데도 그 같은 규정 외에 노동자의 단결권과 단체행동권을 다시 규정하고 있습니다. 제 생각으로는 헌법상 단결권과 단체행동권의 규정은, 노동자의 권리는 노동자 스스로의 투쟁에 의하지 않고는 확보된 일이 없다는 역사적 경험을 승인한 것이라고 보는데, 어떻게 보십니까?

그리고 이를 인정하지 않을 때는 노동자들이 들고일어나서 자본주의 구조 자체를 뒤엎어 버릴 위험이 있고, 그 소용돌이에 휩쓸려서 상대주의 철학에 기반을 두고 있는 민주주의 제도마저 파괴될 위험이 있어서 이를 제도 안에 수용한 것 아닙니까? 권력 분립이나 복수정당제도가 부인되었을 때 이를 민주주의라 볼 수 없듯이 노조와 파업의 자유가 부인되는 곳에 민주주의가 있을 수 없고 따라서 노조와 파업의 자유에 대한 도전은 민주주의 그 자체에 대한 도전이라고 생각되는데, 같은 의견이신지 아니신지 밝혀 주시기 바랍니다.

국무총리에게 묻습니다.

국무총리는 지난 6월 22일 이 자리에서 체제 전복적 운동에 대해서는 강력한 대책을 강구할 것이라 공언하셨습니다. 당시 총리께서 말씀하는 체제라는 말은 우리 헌법이 보장한 민주적 기본 질서를 뜻하는 것입니까, 아니면 '쿠데타'로 헌정 질서를 파괴하고 온갖 부정을 자행한 권력자와 그 공범들 그리고 그들과 결탁해서 온갖 특혜와 독점적 이익을 누리고 있는 소수 특권계급의 이익을 뜻하는 것입니까? 분명하게 밝혀 주시기 바랍니다.

총리가 말한 체제라는 말이 민주주의를 뜻하는 것이라면 그 체제는 군부독재에 의해서 이미 파괴되어 버렸습니다. 체제라는 말이 자본주의를 뜻하는 것이라면 그 체제도 이미 독점재벌들에 의해서 반신불수가 되어 버린 상태라고 생각합니다. 그리고 자본가들의 끝없는 탐욕과 정부의 잘못된 노동정책이 그 반신불수의 체제나마 위태롭게 하고 있다고 저는 봅니다.

작년 7~8월 이래 노동자들의 투쟁은 그 횟수도 엄청났거니와 그 세력 또한 그것이 일정한 이념적 목표 아래 조직된 힘으로 일시에 들고일어날 경우 정부의 존립을 뒤엎어 놓을 수도 있다는 가능성을 명백하게 보여 주었습니다. 이러한 관측이 과연 타당한 것이라면 이들 노동자들에게 계급 혁명의 이념을 심어 주려고 노력하는 사람들뿐만 아니라 이들에게 끝없는 고통을 강요하고 노조 활동마저 파괴해서 제 몫의 일부나마 찾으려는 노력마저 봉쇄함으로써 이들의 가슴에 분노와 증오가 응어리지게 하는 사람들 또한 명백히 민주 체제의 파괴를 재촉하는 집단이라 하지 않을 수 없을 것입니다. 양자 모두가 체제를 파괴하려는 세력이라 할지라도 전자는 뜨거운 인간애와 도덕적 이상에 불타고 있음에 반해서 후자는 이기적 탐욕에 눈이 멀고 있는 집단이라는 점에서, 그리고 전자가 외부에서 침투한 것이 아니라 후자 집단이 만든 착취의 구조 속에서 자생한 세력이라는 점에서 체제를 근본적으로 위협하는 세력은 후자의 집단이라고 저는 생각합니다.

노동부 장관!

나는 노조 제도를 파괴하려는 기도는 그 자체가 민주적 기본 질서에 도전하는 행위임을 전제로 다음 몇 가지를 물어봅니다. 1987년부터 지금까지 기업주가 노조 설립 신고 서류를 탈취한 사건은 모두 몇 건이나 됩니까? 노동자들이 노조를 설립해서 설립 신고를 하려 하였으나 신고증을 제때 내주지 않거나 반려

시킨 횟수, 또 설립 신고서가 먼저 접수되어 있다는 이유로 소위 유령 노조 때문에 신고서가 반려된 경우는 몇 건이나 됩니까? 노조 활동을 이유로 부당 해고된 사람은 몇 명이나 되며 부당하게 부서를 변경당한 사람은 몇 명이나 됩니까? 다 모르면 구제 신청 받은 건수 정도로 말씀해 주셔도 좋겠습니다. 기업주가 노동자를 납치한 사건은 몇이나 됩니까? 파업은 사업장 안에서만 하게 되어 있는데, 파업을 하였다 해서 통근차 운행을 중지하고 식당을 폐쇄하거나 단전 단수까지 하는 것은 과연 합법입니까? 이것이 합법이라면 과연 인간적인 조치인지 물어보고 싶습니다. 폐쇄한 식당에서 농성 노동자들이 쌀을 꺼내서 밥을 해 먹었다고 기업주가 노동자를 고소한 것은 또 몇 건이나 됩니까? 1980년 이후 노동자의 귀책사유라 해서 해고당한 노동자는 몇 명입니까? 이 같은 사업주의 탄압에 대해서 정부는 어떻게 대응하셨습니까?

법무부 장관!

1987년 이후 노사분규와 관련해서 구속된 사람 중에 노동자는 몇 명이고 사업주는 몇 명입니까? 뻔하게 사업주가 시킨 줄 알면서도 눈 딱 감고 행동대 몇 사람 구속한 것은 빼고 말씀하시는 것이 보다 양심적이라고 생각합니다. 사업주를 구속한 것은 한 건도 없지요? 그 엄청난 노동 탄압에 사업주가 관여한 것은 단 한 건도 없다는 말입니까?

얼마 전 현대정공에서 노동자가 문서 탈취 사건으로 구속된 일이 있습니다. 그 문서의 내용을 보면 경영자가 전 모라는 깡패의 신상이 적힌 메모를 가지고 구사대를 조직하려던 계획서가 그 안에 들어 있었습니다. 그런 계획서를 만든 사람은 멀쩡하니 돌아다니고 그런 계획서 뺏었다고 감옥 가고, 너무 불공평 안 합니까? 또 빙산의 일각을 말씀드리겠습니다.

지난 2월 부산 원창에서 한 여성 노동자가 남자 사원 3명으로부터 사설 고문실로 끌려들어 가서 폭행을 당하였습니다. 당시 관리자들은 옷을 벗겨서 폭행을 하고 심지어는 청산가리를 억지로 먹이려고 위협하기도 하였습니다. 그 노동자는 진단서까지 첨부해서 검찰에 고소를 제기하였습니다. 그에 대해서 검찰이 어떻게 하였는지 법무부 장관께서는 알고 계시는지 모르겠습니다. 너 말고 즉 네 말 말고 증거가 있느냐? 다그치기만 하고 아직 아무런 결말도 안 내고 있습니다. 장관이 검사로 재직했던 경험에 의하면 진단서와 피해자의 진술이 있어도 목격자가 없으면 공소 유지가 안 되었습니까? 저는 지금 그 청산가리가 묻은 옷을 보관하고 있습니다. 피해자는 이것 또한 어디서 만들어 온 것 아니냐고 물을까 봐서 증거로 제출할 의욕을 잃고 저한테 가지고 왔습니다. 다른 아무 증거도 없이 공갈을 당했다는 사장의 말 한마디만으로 구속된 노동자의 사건과 비교하면 너무 불공평하지 않습니까?

내무부 장관!

소위 구사대와 노동자들이 부닥치는 곳에서마다 경찰이 구사대는 내버려 두고 오히려 피해를 입은 노동자들만 경찰서로 끌고 가는 것은 무슨 이유입니까? 지난번 대한광학 구사대 사건에서는 구사대가 폭행하는 현장에서 경찰이 직접 지휘를 하였다고 노동자들은 주장하고 있는데, 물론 그런 일은 있어서도 안 되고 있을 수도 없는 일이겠지요. 답변을 요구하지 않습니다.

조금 큰 사업장에 분규가 생기면 안기부, 보안대, 경찰이 함께 관여해서 관계 기관 대책 회의를 한다는데, 안기부나 보안대가 노동문제에 관여하는 법적 근거는 어디 있습니까? 물론 이것도 있을 수도 없고 있어서도 안 되는 일입니까? 이 사건은 현대와 대한광학, 통일, 동아건설 등에서 구체적인 증거가 발견되었습니다.

작년 8월 창원 주식회사 통일의 분규 시에 노무과에서 발견된 문서에 의하면 회사가 안기부, 보안대, 경찰, 노동부에 연간 3,700만 원의 뇌물을 주기로 하는 계획서와 그중 567만 원은 6~7월 두 달 안에 실제 집행되었다는 것이 기록된 문서가 나왔습니다. 노동자들은 이 문서를 『노동자신문』에 보도했고, 보도지침으로 그 유명한 『말』지에도 역시 보도가 되었습니다. 저도 그 복사된 문서를 보았습니다. 보니까 그럴듯합디다. 남의 돈 거저먹기가 미안해서 노동자들을 철저히 조져 주는 것인지 아니면 관계 기관에 뇌물 주는 회사는 주식회사 통일뿐이 아니라서 철저히 회사 편을 들어주는 것인지 묻고 싶습니다. 이것도 역시 있을 수도 없고 있어서도 안 되는 일입니까? 사실 여부를 조사는 한번 해 보았습니까? 사실이 아니었다면 유언비어 유포죄로 처벌이라도 했습니까? 무슨 단체에서 유인물 한 장만 만들어도 빠짐없이 수집을 해 가는 것을 저는 보았습니다. 그 유명한 『말』지, 전국적으로 배포되는 『노동자신문』은 마침 못 보셨기 때문에 아직 수사에 착수하지 않으셨습니까?

노동부 장관!

노동운동을 탄압하는 데는 기업주나 공권력이나 모두 한통속입니다. 증거가 더 필요합니까? 기업과 공권력과 언론이 합세해서 노동자를 몰아붙인 사건 하나만 더 소개를 하겠습니다.

지난 2월 하순부터 시작된 울산 현대엔진의 노사분규가 바로 그것입니다. 처음 분규는 회사가 노조위원장을 해고한 데서부터 비롯되었습니다. 노동자들이 부당 해고 철회를 요구하면서 농성을 하자 회사는 식당을 폐쇄했고 전기와 수도까지 끊어 버렸습니다. 그에 맞서서 노동자들이 주먹밥을 해서 날라다 주자, 가족들이 주먹밥을 해서 날라다 주자 깡패와 청원경찰로 구성된 구사대는 이 밥마저 빼앗아서 불 질러 버렸습니다. 법원도 회사를 거들었습니다. 법원은 노동자 95% 이상의 지지를 받아 당선된 노조위원장의 직무를 정지시켰고, 그것도 회사가 후보 등록 효력 정지 신청을 한 단 하루 만에 노동자는 불러 보지도 않고 재판을 끝내 버렸습니다. 이와 같은 사건에서 노동자를 불러서 심신(審訊)을 하지 않은 경우를 저는 그 사건에서 처음으로 보았습니다. 노동자들은 전투경찰이 사복으로 갈아입고 구사대에 가담하는 것을 보았다고 주장을 하지만 노동자의 말은 증거가 안 되니까 그만두고 다른 증거를 대겠습니다. 노동자들이 농성을 하면서 무전기로 구사대 간의 교신 내용을 녹음해 놓은 것이 있습니다.

그 내용 일부를 소개해 보겠습니다. "감 잡았다", "전경들이, 지금 진입하지 않은 전경들이 카빈총을 반납하기 위해서 식사 후에 중대에 갔다 와야 한단다. 우리 버스 한 대, 우리 버스가 없으면 중공업 버스라도 한 대를 보내라 운운……" 답입니다. "버스 한 대가 있습니다. 지금 전경들이 타고 있습니다." "1번 이기철 반장 나오세요." "여기는 S6. 나오세요. 현재 전경들이 돌을 던져야 하는지 판단을 못하고 있으니 지시를 내려 주시기 바랍니다." "어제와 같은 효과가 날 테니 백골단 현장 배치", "전경과 백골단은 행동을 같이한다." 교신 중에 나오는 전경을 청원경찰이라고 우길지 모르지만 청원경찰은 청원경찰법 제8조 2항에 의해서 경찰서장이 도지사의 승인을 얻어서 총기를 대여해 주기 전에는 총을 가질 수 없습니다. 이 카빈총은 어디서 났습니까? 전경은 왜 끼어들고 돌은 왜 던집니까?

3월 9일 역시 같은 농성장에 불이 났습니다. 언론은 노동자들이 불을 낸 것으로 보도를 했습니다. 과연 노동자들이 불을 지른 것인지 구사대가 지른 것인지 한번 들어 봅시다. "신나라도……" 역시 교신 내용입니다. "신나라도 뿌려져 있으면 우리가 먼저 불을 놔 가지고 없애는 것이 어떻겠습니까?" "좋은 생각이다." "바람도 불고 춥고 한데 5층 옥상에 있는 사람들……." 5층 옥상에 노동자들이 그 당시 농성을 하고 있었습니다. "5층 옥상에 있는 사람들 난방도 시키고 하기 위해서 불을 많이 지핍시다."

내무부 장관!

즉각 이 구사대의 실체를 밝히고 이들을 방화죄로 구속시켜야 할 것이라고 생각합니다. 증거가 필요하시다면 녹음테이프는 제가 드리겠습니다. 그리고 테이프에 나오는 음성은 우리 노동자들이 어느 이사의 음성, 어느 부장의 음성 하나하나 다 집어내 주실 것이고 음성을 감정하면 누구의 목소리인지 다 나올 수 있을 것입니다. 이 사건에서 노동부는 또 무슨 짓을 했는지 한번 봅시다. 3월 16일에는 노동부 소장이 협상을 주선하겠다고 해서 노조 측이 나가니까 납치를 했습니다. 나가니까 구사대가 노조 간부들을 납치했습니다. 이 때문에 격렬한 싸움이 일어났고, 그 와중에서 청원경찰 1명이 사망했습니다. 결국 노동부가 회사의 납치를 도와주는 바람에 사고가 크게 되었습니다. 이 사건 이후 노동자 7명이 상해치사죄로 구속되었습니다.

법무부 장관!

그때 돌을 던진 노동자는 수십 명이고, 누가 던진 돌에 맞았는지는 밝혀져 있지 않습니다. 이한열, 이석규는 최루탄으로 죽여 놓고도 여럿이서 했는데 누가 했는지 모르기 때문에 누가 누구인지 모른다고 이렇게 발표를 했는데, 이 사건에서는 그 많은 노동자 중에 어떻게 용케 돌 던진 사람을 골라냈는지 누구 돌에 맞아 죽었는지 어떻게 참 용케 골라냈는지 경의를 표합니다.

민정당 의원 여러분!

믿기지 않습니까? 안 믿어집니까? 지난번 선거날 울산 동구에서 일어난 일 하나 말씀을 드리겠습니다. 동구 방어진 투표구에서 민정당 부녀 당원 두 사람이 부정투표함 두 개를 발견하고 항의를 했습니다. 부정투표함이든 아니든 의심되는 투표함을 발견하고 항의를 했고, 그에 의해서 민정당 후보마저 원천적 부정선거라고 하면서 선거 무효를 선언한 사실이 있습니다. 이것 어떻게 생각하십니까? 울산에서는 민정당도 별수 없는 모양입니다. 민정당원이 부정을 뻔히 보고도 백골단과 전경이 재벌 후보 편을 드니 꼼짝을 못했다는 소문입니다.

정부는 입만 열면 노사 화합을 외칩니다. 그러나 노조 한번 해 보려고 하다가 전기도 끊기고 수도도 끊긴 공장 바닥에서 스티로폼 한 장 깔고 앉아서 생라면을 씹고 있는 이 노동자가, 가족이 가져다준 주먹밥마저 빼앗아서 불태우는 광경을 바라보고 있는 이 노동자가, 그리고 끝내는 감옥에 갔다가 해고되어서 길거리에 내쫓긴 이들 노동자가 그들을 내팽개친 기업주와 이 땅 위에서 서로 화합해서 살기를 기대하십니까?

지금 이 시간에도 부산 대륙레미콘 공장에서는 40여 명의 노동자들이 80일이 넘도록 농성을 하고 있습니다. 노동자가 임금을 올려 달라고 해서 분규가 생긴 것이 아니라 노조한다고 월급을 오히려 깎으려 하다가 분규가 발생을 했습니다. 어떻게 하면 좋습니까? 이 노동자들이 농성하는 장소에는 부지 1,000평위에 15층짜리 호텔을 짓겠다는 사장의 원대한 꿈이 그려져 있는 조감도가 서 있습니다.

제주 새한병원, 고려남훈병원 6개월이 넘도록 노동자들은 길거리를 헤매고 있습니다. 직장을 폐쇄한 사장이야 재산도 많고 경찰에 끌려갈 염려도 없으니 아무 걱정이 없겠지만, 노동자들은 먹을 것도 없고 걸핏하면 경찰에 끌려가야 하니 어쩌면 좋습니까? 도움을 요청받은 국회의원은 이럴 때 뭐라고 대답을 해주어야 되겠습니까?

국무위원 여러분!

아직도 경제 발전을 위해서는, 파이의 크기를 더 크게 하기위해서는 노동자의 희생이 계속되어야 됩니까? 앞에 말한 문송면 군 사건, 지난 2월 조사 결과 그 공장 바닥에 수은이 떨어져있었던 사실은 이미 밝혀져 있었습니다. 그리고 밸브에서 수은

이 새고 있었다는 사실은 그 친구와 본인이 증언하고 있습니다. 이만하면 중대한 과실이 될 만도 합니다. 왜 구속하지 않습니까? 춘천에서는 사람이 죽지를 않아도 구속을 했는데, 서울 사람은 힘이 세니까 구속을 안 하시는 것입니까? 거꾸로 노동부 산재과 라는 데서 장례대책위원회를 해체하면 보상해 주겠다고 망발을 부리고 있는데, 장례대책위원회가 무슨 틀린 소리 합디까?

정말 슬픈 사건, 정말 치가 떨리는 사건, 바로 대림산업 이란 정유소에서 노동자들이 참사한 사건입니다. 이제 밝혀진 바에 의하면 일주일 전부터 이라크는 공격을 예고했고, 같은 날도 역시 방송이 반복되었다고 합니다. 회사 측에서는 이를 무시하고 노동자들에게 외부의 출입을 금지하고, 철조망을 치고 감시인을 고용해서 감시를 했다고 합니다. 사고 당시에도 공습경보가 두 번이나 울렸음에도 작업을 강행하도록 강요했다고 합니다. 평소 에도 대피하면 수당의 지급을 거절했다고 합니다. 명백한 살인 행위입니다. 파이의 크기를 더 크게 하기 위해서 이래야만 되는 것입니까?

월남전 생각이 납니다. 월남전에 대해서 온 세계가 비난을 하고 민족의 자율성을 들어서 비난하는 견해가 있었을 때 정부 는 슬그머니 여론을 이렇게 조성했습니다. '월남전에 참여해서 벌어 온 돈으로 우리의 경제가 발전되었노라'고 이렇게 사람들 을 속이려 했습니다. 바로 이 발상이야말로 돈이면 무슨 짓이든 다할 수 있다는 것입니다. 내 나라 백성을 몇 만 명이든 죽일 수 있다는 끔찍한 발상입니다. 저는 이렇게 묻겠습니다. 그런 발상 을 가진 사람들에게, 파이를 크게 해야 된다고 생각하는 사람들에게, 니네들 자식 데려다가 죽이란 말이야, 춥고 배고프고 힘없는 노동자들 말고, 바로바로 당신들의 자식을 데려다가 현장에서 죽이면서 이 나라의 경제를 발전시킵시다.

노동부 장관에게 묻겠습니다.

해외 파견 노동자의 안전 근로조건에 대해서 정부가 사전에 점검을 할 수 있는 통제 정책은 있었는가요? 만일 없었다면 새로 만드실 의향을 밝혀 주시기 바랍니다. 그리고 이 사건에 관련해서 적어도 대림의 책임자는 구속을 하고 정부의 외무 관계 당국자, 건설부·노동부 장관은 모두 사퇴해야 한다고 생각을 합니다.

국무위원 여러분!

아직도 노동자들에게 나누어 줄 돈이 없기 때문에 부득이 노동운동을 탄압하는 것입니까? 증권시장에서 주식 값이 상종가가 되면 하루 만에 30억의 재산이 늘어난다는 어느 재벌 총수가 있고, 하루 이자만 7,000만 원이 생긴다는 사람이 있다는 얘기를 들었습니다. 저는 어느 노동자들의 모임에서 1960년 이래 제조업 실질임금 상승률과 노동생산성 향상률을 대비하면 제조업 노동자가 현재 기준으로 매월 50만 원씩 손해를 보고 있고, 1960년 이래 누적된 손해를 계산하면 1인당 5,700만 원이 된다는 어느 대학교수의 강연을 들은 적이 있습니다.

노동부 장관!

믿어지지 않아서 장관에게 다시 물어봅니다. 이 말이 사실입니까? 비슷한 계산이라도 나올 수 있습니까?

국무총리!

지금 우리 경제는 근본적 개혁 없이는 경제 민주화가 불가능한 상태에 있다고 보지 않습니까? 재벌을 해체할 의향은 없습니까? 어제 경제 분야 질문에서도 나타났듯이 우리나라 경제 각 분야에서 재벌이 문제를 일으키고 있습니다. 그런 점에서도 재벌은 해체돼야 합니다. 재벌 총수와 그 일족이 독점하고 있는 주식을 정부가 매수해서 노동자에게 분배합시다. 이 말은 대기업을 해체한다는 뜻과는 다른 뜻입니다. 매수와 분배 모두 20년 거치 20년 분할 상환 정도이면 노동자들도 충분히 감당할 수 있을 것입니다. 집 없는 서민들, 중소 상공인들, 농민들을 위해서 부채 탕감과 아울러 토지도 모두 같은 방법으로 분배를 합시다.

법무부 장관에게 한번 묻습니다.

방금 제가 한 제안이 우리 헌법하에서 불가능한 제안입니까? 자본주의 제도하에서는 불가능한 제안입니까? 만일 그렇다면 저는 이렇게 물어보겠습니다. 제5공화국 부실기업 정리와 관련해서 탕감해 주거나 15년 거치 15년 상환 등으로 유예해 준 돈이 6조 원이라는데, 국민의 부담으로 특정인에게 이 엄청난 이익을 주는 것은 자본주의 제도하에서 허용되고 특정인의 재산을 연불로 매수해서 국민들에게 연불로 분배하는 것은 허용되지 않는다는 근거는 어디서 나올 수 있는 것입니까?

1985년 국제그룹을 해체할 당시 인수자를 선정한 사람은 누구입니까? 청와대에서 인수자를 일방적으로 결정하고 재산 평가도 인수자가 일방적으로 하게 해서 평가 과정에서 연합철강 한 기업에만 부정 실사로 270억의 부당 이득을 주었다는데, 이렇게 하는 것이 진정 자본주의입니까?

부실기업 정리할 때 은행이 인수자에게 탕감해 주고, 이자

유예해 주고, 종잣돈 주고 한 정도의 혜택을 주면 지나가는 거지라도 재벌 못 되라는 법 없을 것입니다. 부득이 정리를 할 양이면 하나의 제안을 합니다. 혜택을 좀 더 주고 힘이 좀 더 들더라도 그 기업 경영진과 관리자, 노동자에게 주식을 분배해 주어야 합니다. 담보를 얘기하시렵니까? 담보 없는 대출이 5조 원이라는 것이 어제 보도되었습니다. 수천 수만의 노동자의 양심이 담보가 될 수 없습니까? 돌멩이도 참, 담보가 되는데…….

지금 제가 하는 주장은 공연히 한번 해 보는 소리가 아닙니다. 우리 정부는 기를 쓰고 대한민국이 대한민국 임시정부의 법통을 이어받았다고 주장을 합니다. 그런데 해방 이후 지금까지의 경제정책을 보면 임시정부의 정책 이어받은 것 한 개도 없습니다. 제가 바로 재벌 해체와 토지 분배 등 경제개혁을 주장한 것은 임시정부의 정강 정책으로 돌아가자는 뜻입니다. 그래서 민족 자립 경제의 기반을 확고히 세우고 경제적 정의를 구현하자는 것입니다. 이 문제는 한국의 절대 빈곤층을 없애고 상대적 빈곤의 폭을 줄임으로써 앞으로 북한에 대한 개방에 대비하자는 뜻도 역시 있습니다.

다음은 권력형 부정의 수사와 재산 환수에 대해서 한마디 하겠습니다. 처음 저는 이 부정 축재 재산을 환수해서 토지개혁에 필요한 자금으로 쓰자고 할 생각이었는데, 어제 농촌 사정 얘기 들어 보니까 그런 욕심은 차마 못 부리겠습니다. 농촌 좀 보태 주시기 바랍니다. 문제는 돈을 어디 쓰거나 간에 반드시 그 규모를 밝혀서 환수를 해야 한다는 것입니다.

법무부 장관에게 한번 물어봅니다. 검찰은 아직은 증거가 없어서 수사를 할 필요가 없고 앞으로 국회가 고발을 해 오면 수사를 하겠다고 발표했습니다. 어느 정도의 증거가 나타나면 수사 개시의 단서가 될 수 있습니까? 전 국민이 보는 신문과 잡지가 혐의 사실을 연일 보도해도 수사의 단서로서 부족합니까? 검찰이 국회를 물 먹일 일이 있습니까? 검찰 말대로라면 국회가 검찰에 수사의 단서나 제공하는 검찰의 하위 수사기관입니까? 국회가 수사기관에서 수사의 단서조차 안 되는 유언비어에 현혹되어서 조사특위까지 만들었으니 여야 국회의원들은 모두 정신병자들입니까? 장관의 견해를 분명히 밝혀 주시기 바랍니다.

우리 헌법상 대통령은 현행범이 아닌 한 재직 중 형사상 소추를 받지 아니한다고 규정하고 있습니다. 이 말은 거꾸로 하면 전직 대통령이라도 수사와 소추의 대상이 되고 죄가 있으면 감옥에 가야 한다는 뜻입니다. 만일 장관이 차마 자기를 장관으로 임명해 준 사람을 수사하고 소추하기가 곤란하다면 스스로 자리를 물러날 용의는 없습니까? 굳이 자리가 아깝다면 전직, 현직 대통령에게 건의하십시오.

형사처벌을 받지 않으려면 전두환 씨 스스로 국민 앞에 부정의 방법, 규모와 내용을 밝히고 부정하게 빼돌려 놓은 재산을 모두 내놓은 다음 국민에게 용서를 구하라고 하십시오. 그러고 나서 국민들 사이에 사면을 해 주자는 여론을 은근히 조성해 보면 용서를 받을 수 있을지도 모릅니다.

물론 장관이나 노태우 씨의 입장을 이해는 합니다. 노태우 씨는 전두환 씨와 목숨을 함께 걸었던 거사의 동지이고, 그동안 해마다 떡 부스러기에 탐이 나서 모여든 사람들과 덕유산에 모여서 평생 동지임을 거듭 맹세하였습니다. 그리고 지난번 대통령 선거에서 노태우 씨가 전국에 뿌린 2조 원이 넘는다는 그 엄청난 돈도 주로 전두환 씨가 준 것이라 들었습니다. 노태우 씨가 전두환 씨를 차마 조사할 수야 있습니까? 범죄 조직도 의리를 목숨보다 소중히 한다는데 명색이 대통령까지 된 사람이 의리를 저버릴 수야 있겠습니까? 그러나 의리를 지키고 수사를 않겠다는 것까지는 좋은데, 우리 국민들은 결코 용서하지 않을 것입니다.

우리 노동자들은, 우리 농민들은 당신네 평생 동지들이 부정하게 긁어모은 돈이 그들의 피땀이라는 것을 분명히 알고 있습니다.

우리 국민들은 국회의 조사특위에 기대를 걸고 있습니다. 그 혐의자의 평생 동지들은 증인의 구인 제도를 내용으로 하는 국정조사법을 반대하고, 거부권까지 들먹이며 엄정한 조사를 방해하려 하고 있습니다. 심지어 일부 정치군인들은 전 대통령을 소환하거나 구속할 경우 가만히 안 있을 거라는 방자한 말로 국민을 은근히 협박하고 있습니다. 그러나 그 어느 경우에도 우리 국민들은 결코 좌시하지 않을 것입니다.

우리 전 국민들은 목숨을 걸고라도 맞서 싸울 것입니다. 일부 정치군인을 제외한 나머지 애국적 군인들도 국민들과 뜻을 같이할 것입니다. 아니 벌써 경고성 투쟁은 시작되었습니다. 3년째 계속되고, 금년 들어 이제 100일째로 접어드는 연합철강 노동자들의 투쟁은 권력의 부정과 비리가 바로 그들 자신의 생존의 문제임을 분명하게 인식한 투쟁입니다.

이 국회에서조차 권력의 부정과 비리를 밝혀내지 못할 경우

연합철강 노동자들의 오늘의 저 투쟁은 전 국민에게 확산될 것임을 분명히 경고하여 둡니다.

1988. 7. 8. 초선 의원 때 첫 대정부 질의

방위산업체 파업 투쟁은 정당하다

현대중공업 노동자 여러분, 반갑습니다. 제가 약골이 되어 가지고 추위를 잘 타서 여기 와서 노동자 여러분들의 잠바를 하나 얻어 입었습니다. 돼지처럼 뚱뚱해서 보기 싫더라도 잘 봐 주십시오. 그리고 저쪽 스탠드에 앉아 계신 분들, 응달이라 좀 추우시죠. (대중: "예.") 그래도 좀 참으십시오. 음지가 양지 될 날도 있고요, 쥐구멍에도 볕 들 날 있습니다.(웃음) 우리 노동자들 호주머니도 좀 두둑해지고 목에 힘 들어갈 날도 있겠지요. 조금만 참고 노력해 봅시다.

노동자 여러분, 제가 울산에 얼굴을 자주 내미니까 제가 다음 선거에 울산 동구에서 출마하려는 흑심을 품고 있다는 소문을 퍼뜨리는 사람들이 있는 모양인데, 여러분 사람 너무 치사하게 만들지 말라고 하십시오. 저는 그런 생각도 없고요, 또 그래서도 안 됩니다.

울산 동구는 그런 곳이 아닙니다. 저는 국회에 가서 저 자신은 노동자가 아니지만, 노동자의 이익을 대변하려고 노력해 왔습니다. 그런데 노동자의 이익을 위해서 무슨 일을 한번 해 보려고 하면 여기서 견제가 들어오고 저기서 로비가 들어오고, 그래도 눈 딱 감고 밀어붙여 보면 쪽수로 깔아뭉개 버리니 아무것도 되는 일이 없습니다. 그래서 이제 노동자 대표가 국회에 들어가야 합니다. 노동자 대표 몇 사람만 더 있어도 어깨에 힘이 좀 생기겠고요, 20명만 있으면 화끈하게 한번 해 보겠는데……, 노동자 대표 20명만 국회에 보내 주시면 국회를 한번 쥐고 흔들어 보겠는데, 정말 답답합니다.

이제 노동자는 노동자 대표를 뽑아야 합니다. 그런데 울산 동구 말고 노동자 대표 뽑을 만한 곳이 또 어디 있습니까? 바로 여기서는 여러분이 노동자 대표를 한 분 뽑아 주시고, 저는 딴 데 어디 가면 안 되겠습니까?(웃음)

동구에 흑심이 있네 없네 그런 소리 하면 안 됩니다.

방위산업체 노동자의 파업은 정당한가

여러분은 지금 파업을 하고 있지요. 법률상 방위산업체 노동자의 파업은 금지되어 있습니다. 현대중공업은 방위산업체입니다. 따라서 여러분의 파업은 위법입니다. 그런데 왜 파업을 합니까?(웃음)

여러분의 대답을 들어 보니 여러분은 파업의 정당성에 관하여 자신을 가지고 있는 것 같습니다. 그러나 지금 회사는 서태수 집행부와 짜고 여러분의 파업은 불법이다, 여러분의 요구는 무리하다, 집행부가 회사의 제시안을 받아들이기로 한 이상 그에 따르지 않고 파업을 계속하는 것은 부당하다는 선전을 계속하여 여러분을 분열시키려고 하고 있으므로 과연 여러분의 파업이 부당한 것인지 함께 생각해 봅시다.

여러분! 법이 먼접니까, 사람이 먼접니까? (대중: "사람이 먼접입니다.") 맞습니다. 사람을 위해 법이 있는 것이지 법을 위해 사람이 있는 것은 아닙니다. 따라서 사람을 잘살게 하는 법이라야 법이지 사람을 못살게 하는 법은 법이 아닙니다. 그것도 우리 모두가 다 함께 잘살게 하는 것이라야지 권력 있고 돈 있는 사람 몇 사람만 잘 먹고 잘살도록 만들어 놓은 법은 법이 아닙니다. 여러분, 지금도 사람 못살게 구는 법은 많습니다.

여러분, 저 산동네 철거민들을 생각해 보십시오. 지금 이 추운 겨울에도 무허가 건물이라 하여 집이 뜯기고 있습니다. 그들도 대한민국 국민입니다. 그들도 국민인 이상 허가든 무허가든 집이 필요합니다. 연탄불 넣어 놓고 하루 종일 시달린 피곤한 몸을 눕힐 아랫목이 필요합니다. 그 집 어린아이도 학교에서 돌아오면 저녁 먹던 상이라도 행주 갖고 잘 닦아서 펴 놓고 공부도 하고, 가족끼리 모여 앉아 얘기도 나눌 수 있는 따뜻한 보금자리가 필요합니다. 그들도 대한민국 국민인 이상 이 땅에서 우리와 함께 살아야 합니다.

그런데 무허가라고 그들의 집을 망치로 때려 부수고, 그 엄동설한에 사람을 길거리로 내쫓아 버립니다. 국가에서 그 사람들에게 집을 장만해 주거나 집을 지을 수 있는 무슨 조치를 해주기 전에 무조건 집부터 뜯는 것은 사람을 못살게 하는 짓이고, 따라서 그런 법은 법이 아닙니다.

오늘날 노점상 문제도 마찬가지입니다. 입에 풀칠이나 해보겠다고 나와 있는 노점상을 도로교통법 위반이라고 마구 부수어 버립니다. 신문에서 기업형 노점상이니, 자릿세니 하는 바람에 무슨 떼돈이나 버는 것처럼 보이지만 대부분의 노점상들은 포장마차 하나가 전 재산입니다.

말이 쉬워 포장마차지 결코 쉬운 일이 아닙니다. 밤새도록 오들오들 떨면서 오는 사람 가는 사람 쳐다보며 애를 태우고, 낮에는 시장 보고 장만하느라 잠도 제대로 못 자고, 일해도 수입은 한 달에 30~40만 원밖에 안 됩니다. 정말 죽지 못해 하는 일이지 반반한 일자리만 있으면 하라고 해도 할 사람 없습니다. 그런데도 아무런 대책도 세우지 않고 두들겨 부수기만 하는 것은 굶어 죽으라는 것이나 마찬가지입니다. 사람 죽으라는 법은 법이 아닙니다.

방위산업체 노동자에게 파업을 못 하게 하는 법도 마찬가지입니다. 이 법은 자본가들만 살찌우고 노동자들은 종살이만 시키겠다는 악법입니다. 파업은 노동자의 정당한 권리입니다. 노동자들에게 파업의 권리를 인정하는 것은 두 가지 이유입니다. 하나는 노동자들에게 파업의 권리를 인정하지 않고는 노동자들이 정당한 노동의 대가를 받을 수 없고 사람 대접도 받을 수 없다는 것이고, 또 하나는 노동자들에게 파업의 권리를 인정하지 않고는 자본주의 체제 유지가 불가능하다는 것입니다. 그리고 이 원리는 수백 년의 역사적 경험을 통하여 그 정당성이 증명되었고 오늘날 세계 여러 나라가 모두 인정하고 있는 노동자의 기본권이므로 이 권리를 짓밟는 법률은 악법이고 위헌입니다.

설사 헌법에 이를 제한하는 규정이 있어도 그 규정은 보다 높은 가치를 규정한 헌법 조항에 위반되어 위헌인 것입니다. 헌법 제10조는 "모든 국민은 인간으로서의 존엄과 가치를 가지며, 행복을 추구할 권리를 가진다. 국가는 개인이 가지는 불가침의 기본적 인권을 확인하고 이를 보장할 의무를 진다"고 규정하고 있고, 그 밖에 제11조는 평등권을, 제34조는 인간다운 생활을 할 권리를 규정하고 있는데, 이 조항들은 여러 헌법 조항 중에서도 가장 높은 가치를 가진 규정으로서 그 효력도 가장 높은 효력을 가지고 있으므로 이 규정에 위반하는 규정은 그것이 헌법의 규정이라 할지라도 위헌이 되는 것입니다.

그런데 노동자에게서 파업의 권리를 빼앗아 버리는 것은, 노동자가 사회적 지위의 향상과 인간다운 생활을 요구할 수 있는 수단을 빼앗아 버리는 것이기 때문에, 그 결과 인간으로서의 존엄과 가치를 유지할 수 없게 하기 때문에 헌법에 위반된다는 것입니다.

방위산업체 노동자들의 파업을 금지하는 이유는 안보 때문이랍니다. 맞습니다. 물론 안보는 중요합니다. 나라의 독립이 없으면 인간의 존엄과 가치도 인간다운 생활도 아무것도 없습니다. 따라서 노동자들도 국가가 위기에 있을 때는 파업은 고사하고, 하던 파업도 멈추고 젊은 노동자는 총 들고 전장으로 달려 나가야 하고, 늙은 노동자는 열심히 군수물자를 생산해야 합니다.

그러나 여러분!

지금 당장 군수물자가 바닥이 났습니까? 파업을 하다가도 일단 유사시에는 파업을 중지하고 즉시 생산에 들어가면 됩니다. 그렇게 하면 늦어서 곤란할 만큼 군수물자가 바닥이 나 버렸습니까? 군수물자를 만들어 수출하는 것도 우리 안보를 위한 것입니까? 아닙니다. 수출은 자본가들의 돈벌이를 위한 것이지 우리 안보를 위한 것은 아닙니다.

지금 당장 전쟁이라도 일어납니까? 밤낮 남침, 남침 하는데, 언제 남침한답니까? 과부가 간다 간다 하다가 아이 셋 놓고 간다 (재혼한다는 뜻)더니……, 박정희 시대부터 남침 남침 하는 소리를 하도 많이 들어서, 귀에 따까리(딱지)가 앉도록 많이 들어나서 이젠 믿을 수가 없습니다.

여러분, 서울 한번 가 보십시오. 서울은 돈을 처발라 놓았습니다. 거창한 빌딩, 정부 주요 기관, 좋은 학교, 문화시설, 중요하고 좋은 것은 모두 서울에 모아 놓고 돈 많은 사람, 잘나가는 사람은 몽땅 서울에 모여 있습니다.

휴전선에서 8분밖에 안 걸리는 곳에 돈과 사람을 몽땅 모아 놓고 밤낮 전쟁, 전쟁 하니 믿을 수가 없습니다.

북한의 금강산댐으로 수공을 하면 서울이 물바다가 되니 어쩌니 하면서 겁주어 놓고, 평화의댐 쌓는다고 초등학생 코 묻은 돈까지 꼬여 갔는데, 그것도 말짱 거짓말이고, 결국 공사업자 배만 불려 준 꼴이니 이런 사람들이 하는 말을 이제 누가 믿겠습니까? 이런 거짓말쟁이들이야말로 진짜 안보를 위태롭게 하는 역적들입니다.

여러분, 저는 결코 전쟁의 위험이 전혀 없다는 주장을 하지는 않습니다.

문제는 방위산업체라 하여 전시도 아니고 비상사태도 아닌 평시에 노동자들의 파업권을 박탈해야 할 만한 군수물자의 부족이나 위협은 없다는 것입니다. 만일 실제로 전쟁이 나거나 비상사태가 발생하였는데도 방산업체가 파업에 들어가서 나라의 안보가 위태로운 사정이 되었을 경우에는 공익사업에서와 같이 긴

급조정의 제도를 활용하여 파업을 자제하게 할 수 있습니다.

그런데도 우리 노동법이 방산업체의 파업을 원천 봉쇄하고 있는 것은, 사업주들 돈벌이를 도와주는 것 말고는 아무런 정당한 이유도 없는 것입니다.

그건 그렇다 치고 실제 법의 운용은 어떻습니까? 한 사업체에서 방산 부문 종사자가 5%도 안 되는 사업장을 왜 전부 방산으로 지정하고, 일반 사업체에서 흔히 생산할 수 있는 물건을 만드는 업체나 조그만 부품만을 생산하는 업체도 방산으로 지정합니까? 나중에는 여군 팬티만 만들어도 방산이겠네요. 그뿐입니까. 방산이 그리 중요한 것이라면 사업주가 휴업을 하거나 폐업을 해도 잡아넣어야지 왜 노동자만 파업을 한다고 잡아넣습니까?

여러분, 법은 국민 모두에게 이익이 될 때에만 정당한 법이고, 돈 있고 힘 있는 사람들 자기들만 좋도록 만들어 놓은 법은 악법입니다. 여러분은 정당한 법만 지킬 의무가 있지 악법은 지킬 의무가 없습니다. 아니, 오히려 악법은 따르지 않는 것이 국민의 의무입니다. 그러니까 여러분이 파업을 하고 있는 것 아닙니까? 파업은 여러분의 정당한 권리입니다. 어떤 중상모략에도 흔들리지 마십시오. 지금 여러분은 정당한 권리를 행사하고 있습니다.

힘센 사람이 우기는 것은 '경우'이고 힘없는 사람이 우기는
것은 '억지'인가?

여러분, 파업이 여러분의 권리라 하더라도 파업으로 주장하는
요구 조건이 정당한 것이라야 파업도 정당한 것이지, 요구 조건
이 지나쳐 부당하면 파업도 부당한 것이 됩니다. 여러분, 여러분
의 요구 조건은 정당합니까? (대중: "예.") 아니, 정주영 회장은
아니라는데요.

　　지난번 청문회 보셨습니까? 그때 평민당의 어떤 의원이 정
주영 회장에게 파푸아뉴기니에 갔다가 돌아온 현대건설 노동자
에게 돈 몇 천만 원 주면 될 걸 가지고 왜 밀고 당기고 싸우느냐
고 물으니까, 회장님 아니 증인님께서는, "경우에 맞는 돈이라면
몇 백 억이라도 내놓을 수 있지만 단돈 10원이라도 경우에 안 맞
는 돈은 줄 수 없다" 이렇게 말씀하셨습니다. 여러분 정말 옳은
말씀입니다. 단돈 10원이라도 경우에 안 맞는 요구를 해서는 안
됩니다.

　　그런데 여러분의 요구는 경우에 맞습니까? (대중: "예.") 이
거 정말 큰일났네요. 천하의 정주영 회장이, 이 나라의 대표적인
재벌 총수요 경제계의 지도자이신 정주영 회장이 경우에 안 맞
는다고 하는데 노동자 여러분이 뭘 알아서 경우에 맞는다고 우
깁니까? 서로 주장하는 경우가 다를 때는 어느 쪽 경우가 옳은
겁니까? 우선 정 회장께서 청문회에서 주장한 경우는 과연 합당
한가 한번 따져 봅시다. 당시 문제 된 사건은, 현대건설 파푸아뉴
기니 현장에 160명의 노동자가 나갔는데, 현장에서 일하는 원주

민 노동자들이 성질이 난폭하고, 복수의 전통이 있어서 자기네들끼리 서로 죽이는 일이 생기고, 한국인 노동자도 칼을 맞아 중상을 입는 일이 몇 차례 발생하자 130여 명이 대책을 요구하며 농성을 벌이다가 그중 일부는 회사의 설득에 주저앉고 90여 명은 회사의 만류를 뿌리치고 귀국하여 버린 사건입니다.

여기서 문제가 된 것은, 노동자들이 현장에 나갈 때는 사우디아라비아보다 작업 조건이 좋은 곳이라 하여 월급도 적게 받고 나갔는데 현장의 사정은 생명과 신체의 위협 때문에 불안해서 도저히 일을 할 수 없어서 돌아왔으니 귀국 여비와 그 때문에 일을 하지 못한 기간의 월급은 회사가 분담해야 한다고 주장하고, 회사는 노동자들의 이 요구를 들어줄 수 없다고 거절하는 바람에 노동자들이 회사에 찾아가 농성을 하다가 얻어맞고, 평민당사에 찾아가 수십 일씩 농성을 하는 사건이 생긴 것입니다.

요컨대 정주영 회장은 이 당시 노동자들의 주장이 경우에 맞지 않다는 것이었습니다. 사실 노동자들의 주장이 경우에 맞고 안 맞고는 당시 노동자들이 현장의 상황이 별로 위험하지도 않았는데 공연히 생트집을 잡아 귀국을 한 것이냐, 아니면 정말 불안해서 도저히 일을 할 수 없는 사정이라서 귀국하였느냐에 달린 것이었습니다.

법률적으로 말하자면 귀책사유가 어느 쪽에 있느냐 하는 문제입니다. 저는 현장을 가 보지 않아서 어느 말이 맞는지 알 수야 없었지만 노동자들의 말이 옳다고 믿었습니다. 여러분, 노동자들이 처자식 떼어 놓고 산 설고 물 설은 낯선 땅에는 왜 갑니까? 요새는 해외 취업이라 하여 국내보다 노임을 더 주는 것도 아닙니다. 오히려 국내보다 노임이 더 쌉니다. 그런데도 외국에 나가는 것은 노는 날이 없고, 잔업이 많고, 먹고 놀 데가 없어서 안 쓰니까 돈이 모인다는 것입니다.

그렇게라도 몇 푼 모아서 꼭 갚아야 할 빚이라도 갚고, 전세 방이라도 한 칸 마련하여 사글셋방 신세라도 면해 볼 욕심으로, 그중 좀 나으면 집이라도 한 칸 마련해 볼 욕심으로 독한 마음 먹고 나가는 것입니다. 그런 사람들이 왜 돌아옵니까. 그것도 한두 사람도 아니고 거의 전원이 농성을 하다가 절반이 훨씬 넘는 사람이 손해를 볼 각오를 하고 돌아와 버렸습니다.

정말 불안해서 일을 할 수 없는 사정이 아니고는 그렇게 돌아올 리가 만무한 것이 아닙니까? 그래서 저는 노동자들의 주장이 옳다고 믿고 그들을 도와주려고 애를 써 보았습니다. 그러나 결과는 결국 회장님의 '경우'가 이겼습니다. 결국 힘센 사람의 '경우'가 돈 없고 힘없는 사람의 '경우'를 이긴 것입니다.

여러분도 같은 경험을 하셨습니다. 1987년 7월 이전까지는 여러분은 회장님이 옳다는 대로만 따라갔을 뿐 여러분 스스로 나서서 경우가 이러니저러니 해 보지도 않았습니다. 그런데 1987년 7월부터 여러분도 경우를 내세우고 들고일어났습니다. 역시 회장님의 '경우'와 여러분의 '경우'는 달랐습니다. 그런데 오늘에 이르기까지 여러분들이 줄기차게 싸운 결과 여러분은 많은 것을 따냈습니다. 회장님의 일방적인 '경우'가 옳지 않다는 것을 증명한 것입니다. 그러나 그동안 여러분은 엄청난 고통을 겪어야 했고, 여러 사람이 감옥에 가고 해고가 되어 일자리를 잃었습니다. 그럼에도 아직 여러분은 받을 만한 대우를 받지 못하고 있습니다.

아직도 2만 4,000명의 힘보다 돈 많고 힘 있는 몇몇 사람의 힘이 더 세다는 증거입니다. 여러분, 이것은 옳지 않습니다. 돈과 권력을 가진 몇 사람이 주장하는 '경우'가 아니라 우리 모두가 함께 인정할 수 있는 '경우'라야 옳은 경우입니다.

여러분, 우리가 이렇게 이야기하면 돈 많은 사람들은 여러분들에게 요즈음 신발 공장이나 봉제 공장 노동자의 월급이 얼마인 줄 아느냐고 묻습니다. 여러분, 여러분의 노동이 힘들고 위험하다는 얘기는 잠시 참읍시다. 그 대신 사장님, 회장님 월수입이 얼마냐고 한번 물어봅시다. 왜 임금이 낮은 노동자하고만 비교합니까? 노동자와 자본가는 사람이 다릅니까, 계급이 다릅니까? 무지하고 힘없는 사람들이라고 죽어라고 부려 먹으면서도 협박과 거짓말로 월급을 쥐꼬리만큼 주어 놓고는 그 사람들 핑계로 다른 노동자들의 월급을 깎아내리려는 수작은 결코 용납되어서는 안 됩니다. 그 사람들의 월급에 비교해서 여러분의 월급을 깎으려 할 것이 아니라, 여러분의 월급을 올림으로써 그 사람들의 월급이 따라 오르게 해야 합니다.

또, 자본가들은 적자가 나서 월급을 올려 줄 돈이 없다고 합니다. 여러분 그 말이 사실이라면 노동자들도 자제해야 합니다. 회사를 망하게 해서야 안 되지요. 그런데도 지금까지 대부분의 노동자들은 막무가내로 밀어붙였습니다. 여러분, 왜 그렇게 되었습니까? 노동자들이 무식해서, 억지밖에 쓸 줄 몰라서입니까? 아닙니다. 자본가들의 책임입니다.

지금까지 자본가들은 너무 거짓말만 많이 해 왔습니다. 언제 자본가들이 이익이 많이 남았다고 자진해서 노동자들에게 나누어 주었습니까? 흑자 날 때 이익 빼돌려 부동산 투기나 해 두었다가 사업이 잘 안 될 때 노동자들이 조금만 뭐라 하면 공장 문 닫아 버리고 노동자들을 길거리로 쫓아내 버리겠다는 사람이 어디 한둘입니까?

흑자 날 때 부동산 투기 안 하고 사업을 늘리는 사람은 양반입니다. 그러나 그런 양반이라도 새로 늘린 사업체의 주식을 노동자에게 나누어 준 자본가는 없습니다. 오히려 사업을 핑계로 은행 돈 빌려서 여기저기 땅을 사고 공장을 지어서 사업으로는 적자가 나도 땅값, 공장 값이 올라 떼돈을 버는 것이 보통입니다. 공장을 지어 돌리는 것도, 은행 돈을 빌리는 것도 노동자들 없이는 안 되는 일인데도 그 몫을 노동자들에게 나누어 준 일 있습니까? 그러고도 적자 적자 하니 노동자들이 믿지를 않는 것입니다.

여러분, 적자 이 얘기를 하거든 이렇게 제의합시다. 현대중공업을 지은 이래 지금까지 얼마를 벌었고, 그 돈을 어디에 투자해서 그 재산은 얼마나 늘었는지, 현대중공업 재산을 현재 시세로 다시 평가하면 얼마나 되는지 한번 따져 보자고 합시다. 그렇게 따져도 정말 적자인지 한번 물어봅시다.

사실은 엄청난 흑자를 보았을 것입니다. 그렇게 남은 이익을 노동자들에게 절반만 나누어 달라고 합시다. 제가 이런 말을 현대 계열의 어떤 간부에게 했더니, 그분 말씀이 걸작입니다. 그건 회사 창설 시부터 고생한 노동자들 공장인데, 요즈음 노동운동 한다고 까부는 놈들은 주로 들어온 지 2~3년도 안 되는 놈들이랍니다.

여러분, 특히 들어온 지 얼마 안 되는 노동자 여러분, 그러면 그 엄청난 이익을 오래 근무한 노동자들에게 나누어 주자고 합시다. 현금으로 나누어 주려면 회사를 팔아야 하니까 주식으로 나누어 달라고 합시다. 그리고 여러분은 앞으로 남는 것을 받도록 합시다.

문제는 흑자냐 적자냐, 임금은 얼마가 적당하냐 하는 입씨름이 중요한 것이 아니라 무엇이 경우에 맞느냐를 결정하는 과정에서 노동자를 대등한 대화의 상대로 인정해야 한다는 것입니다.

우리 중공업이 자본금 얼마로 언제 시작해서 그동안 얼마만큼 불었고, 현재의 경영 상태는 어떻고 전망은 어떻다, 조선업은 경기를 많이 타는 사업이니 다른 사업 부문을 좀 더 넓히고 싶은데 무엇을 하면 좋겠는가, 국제경쟁력을 높이기 위해서 인건비를 줄이는 것 외에 다른 방법은 없는가, 인명 사고가 많은데 회사가 세워야 할 대책은 무엇이고 노동자가 할 일은 무엇인가, 진폐의 위험은 어떻게 할 것인가, 이렇게 함께 의논해야 합니다. 이렇게 한다면 적자가 날 때 노동자들이 왜 못 참아 줍니까. 월급을 깎아 달라면 깎아 주고 봐 달라면 봐 주십시오. (대중: "옳소.", 박수) 이렇게 해서 나온 결론이라야 비로소 경우에 맞는 것이 됩니다. 그렇게만 되면 파업이 거의 없어질 겁니다.

여러분은 파업하고 싶어 합니까? 재미가 나서 합니까? 말로 해서 안 되고, 자본가의 논리만 가지고 일방적으로 밀어붙이니까 어쩔 수 없이 파업을 하는 것 아닙니까?(박수)

여러분! 해고자 복직, 해고자 복직 하는데, 그건 여러분하고 무슨 관계가 있습니까? 여러분은 돈이나 챙기면 될 일이지……,

해고자들, 그 사람들 불순분자 아닙니까?(웃음)

해고자는 악법과 잘못된 사회제도의 희생자

노동운동은 여러분의 정당한 권리입니다. 노동법이 잘못되어 있으니까 여러분은 정당한 권리를 행사해도 범법자가 되어 구속이 되고, 그것을 이유로 해고됩니다. 그나마 시원찮은 법이라도 공평하게만 적용되면 해고자가 줄어들 겁니다. 노동자는 법을 조금만 어겨도 즉시 구속하고 처벌하면서, 사용자는 아무리 노조에 간섭을 하고 구사대를 만들어 폭력을 행사해도 보고만 있으니 노동자들이 점거 농성을 하고 시위를 하게 되는 것입니다.

집회·시위도 여러분의 권리입니다. 그런데 우리 법은 그것조차 인정하지 않습니다. 그러니까 법을 안 어기고는 노동운동을 할 방법이 없습니다. 결국 잘못된 제도와 편파적인 법의 운용이 구속자와 해고자를 만들어 내는 것입니다.

그런데 더욱 억울한 것은 해고자의 복직 문제는 재판을 해도 이기기 어렵다는 것입니다. 법이 잘못되어 있으니 불리할 수밖에 없는 것은 말할 것도 없고, 어쩌다가 하나씩은 너무 억지라서 법대로 해도 이길 것 같은데 이상하게도 현대 사건은 잘 안 풀립니다.

여러분, 왜 이렇게 잘못되어 있는지 저는 잘 모르겠습니다. 하여튼 우리 회장님께서 5공화국 시절 새마을본부, 일해재단 등을 통해서 전두환 씨 뒷주머니와 이순자 치마폭에 싸다 준 돈이

175억 5,000만 원이나 되니 그런 것인지……. 만사를 돈으로 삶아 버립니다. 이놈의 돈이 돌아다니면서 장관도 삶고, 국회의원도 삶고, 공무원도 삶고, 신문도 삶아 버리니, 법도 공권력도 모두 돈 편이 되는 모양입니다. 제가 이렇게 말하니까 현대 사건을 다루어 본 공무원 중에서 '나는 돈 먹은 일 없다' 이렇게 말할 사람이 있을지 모르겠습니다. 그러나 그건 눈 감고 아웅 하는 소립니다.

저도 판사도 해 보고 변호사도 해 보았습니다. 일단 높은 사람이 되고 보니, 끗발 좋은 자리에 가 놓고 보니 돈 없고 백 없는 사람들 사정은 알 수 없게 되어 있어요. 동창회에 나가도, 친구를 만나도, 사람이 찾아와도 주로 사장이나 이사나, 아니면 적어도 목에 힘깨나 주고 잘나가는 사람을 만나서 술도 먹고 밥도 먹고 하게 되고, 그러다 보면 밤낮 듣는다는 소리가, 요즈음 노동자들이 많이 달라졌다, 옛날에는 노동자들 면접할 때 임금이 얼만가는 안 물어보고 오히려 잔업 많이 합니까 이렇게 물었는데, 요새 노동자들은 한 달에 몇 번 놉니까 이렇게 묻는다, 노동자들 간이 커져서 술을 먹어도 맥주만 먹지 막걸리나 소주는 안 먹는다, 임금이 높아서 수출이 안 된다, 정말 걱정된다, 이런 것들입니다.

그런 얘기하면서 자기들 먹는 하룻저녁 술값이 노동자 한 달 봉급보다 더 많은 판이니 정말 씨도 안 되는 소리지만, 막상 듣고 보면 노동자들 때문에 한국 경제가 몽땅 망해 버리지나 않을까 걱정되기도 합니다. 결국 그런저런 사정으로 법률도, 행정도, 재판도, 신문도 돈 많은 사람들 편만 들게 되기는 마찬가지고, 그것이 다 돈의 조화이기는 마찬가지입니다.

결국 없는 사람들이 믿을 것은 자기들뿐입니다. 그렇기 때문에 해고자들이 노동운동에 나섰던 것이고, 그렇기 때문에 또 해고된 것입니다. 결국 해고자들이 믿을 곳은 같은 노동자 여러분뿐인 것입니다.

해고자의 문제는 노동자들 모두의 문제다

여러분, 해고자들이 어디 자기들만 잘 먹고 잘살려고 하다가 해고되었습니까? 돈이나 얻어먹고 슬그머니 뒤로 빠지거나 적당히 회사 하자는 대로 할 줄 몰라서 싸웠습니까? 모두 함께 잘살아 보자고 나섰다가 감옥 가고, 해고되고 한 것입니다. 따라서 해고자 문제는 여러분 모두가 함께 해결해야 합니다. 어떻게 해결합니까? 한 사람도 빠짐없이 단결해서 싸우는 수밖에 없습니다.

여러분, 가끔 놀러 가지요. 버스에 소주도 싣고, 콜라도 싣고, 고기도 싣고, 빵도 싣고 이렇게 놀러 가 보면 보통 놀 만한 곳은 버스에서 내려서 한참 걸어가야 합니다. 다른 사람들은 술 상자 들고 고기 들고 가서 연기 마셔 가면서 숯불 피워서 고기를 구워 놓으면, 그동안 뒷짐 지고 빈손으로 먼저 올라가서 그늘에 앉아 빈둥빈둥 놀던 사람들이 젓가락은 먼저 들고 설칩니다. 한술 더 떠서 고기가 너무 탔느니, 오늘은 고기가 좀 안 좋다느니 하는 이런 사람이 있습니다. 여러분, 여러분 모두를 위해 앞장서서 싸웠던 사람이 희생이 될 때 모른 척하고 자기는 이득만 챙기려는 사람은 젓가락만 들고 오는 이런 얌체하고 꼭 같은 사람입니다.

여러분, 여기 와서 들으니 해고자 한 분이 자기 복직은 안 되어도 좋으니 여러분 단체협약이나 잘하라고 했다는데, 여러분, 그 뜻이야 가상하지만 여러분은 그것을 받아들여서는 안 됩니다. 여러분이 사람 대접을 받으려 한다면 여러분 스스로 사람다워야 합니다. 여러분은 이 싸움에서 돈 한 푼도 못 올려 받더라도 동지로서의 의리는 꼭 지켜야 합니다. 여러분 모두가 비겁자가 되지 않으려면, 한 사람도 파업의 대열에서 이탈해서는 안 됩니다.

지금 이 파업도 불법 파업이라고 하는 마당이니 아마 여러 사람이 잡혀가서 구속되고 해고될지 모릅니다. 그때 여러분은 백 명이 잡혀가면 천 명이 함께 가고, 천 명을 잡아넣으면 만 명이 감옥 앞에 함께 가서 싸워야 합니다.

여러분, 이렇게만 된다면 여러분의 이번 파업이 이기고 지는 문제가 아니라 대한민국 노동자들의 사회적 지위가 달라질 것입니다. 여러분 중에 한 분이라도 꽁무니를 빼고 싶은 사람이 있으면 지금이라도 1987년도 인상된 월급 몽땅 도로 내놓고 사표 쓰고 '고향 앞으로' 가야 합니다.

단결은 노동자의 생명이다

여러분, 단결은 여러분의 생명입니다. 소수의 사람들이 다수를 부려 먹을 때 항상 쓰는 수법이 이간질입니다. 심지어 몇 명 안 되는 조직의 경우에도 지배자는 한두 사람만 살짝 불러 가지고 몇 푼씩 집어 주면서 이건 너만 주는 것이다, 아무한테도 말하지 마라, 해 놓고는 서로 감시하게 하고, 고자질시키고 해서 교묘하게 부려 먹습니다. 사람이 많은 경우는 지도부를 매수하고, 그것이 잘 안 되면 또 편을 갈라 싸우게 하여 힘을 빼 버립니다.

흔히 노-노 분쟁이라는 것도 대부분 사용자의 이간질과 분열 공작으로 생긴 것입니다. 순수한 노-노 분쟁은 가만히 두면 쉽게 해결됩니다. 그것이 해결이 안 되는 것은 끊임없는 이간질과 분열 공작 때문입니다.

여러분의 사업장에서도 마찬가지입니다. 여러분, '누가 우리 동료를 붉게 물들이려 하는가' 이런 플래카드를 기억하시지요. 여러분 사이에 붉게 물든 동료가 있었습니까? 이것이 바로 이간질 중의 하나입니다. 이미 서태수 집행부는 스스로 집행부의 의무를 포기하고 물러가 버리고, 여러분은 이렇게 파업 지도부 아래 단결하고 있는데 회사는 서태수 집행부만 적법한 집행부라 내세우고 그와 대화하겠다고 우기는 것도 분열 공작일 뿐 아무것도 아닙니다. 여러분은 어떤 이간질이나 분열 공작에도 굴복해서는 안 됩니다.

여러분, 반드시 승리하십시오. 오늘 여러분의 사기를 보니 여러분은 반드시 이기리라 믿습니다. 한 사람의 이탈도 없이 강철같이 단결하여 꼭 이기시길 바랍니다. 여러분이 이 싸움에서 승리하고, 더 나아가서는 여러분이 이 사회의 주인 노릇을 하는 사회가 될 때, 저는 골프채나 하나 사 갖고 골프나 좀 배울랍니다. 그날이 올 때까지 우리 함께 열심히 해 봅시다.

1988. 12. 26. 현대중공업 집회 연설

국회의원 사임서

존경하는 국민 여러분! 그리고 국회의장, 선배 동료 의원 여러분!

저는 지난 몇 년간 민중들과 함께 독재 정권에 맞서 길거리에서 맨몸으로 싸워 왔습니다. 그러다가 6·29 이후 민주주의를 한다기에 박해 받는 민중들의 이익을 대변해 보겠다고 국회에 들어왔습니다.

막상 들어와 보니 처음에는 국회가 제자리를 찾는 듯했습니다. 국정감사, 청문회를 통하여 부정과 부패를 분류해 내어 일부나마 국민의 권리를 찾아 주는 듯하였고, 지금껏 국민을 억압해 왔던 악법도 하나하나 고쳐 나갈 수 있을 듯하였습니다. 집권 여당의 반대와 방해로 진도는 더디고 성과는 시원찮은 것이었으나, 그래도 희망을 가지고 열성을 다하였습니다. 제 딴에는 힘에 버거웠든지, 그동안 밤잠을 편히 잘 수 없을 만큼 건강이 상했으나, 의욕과 보람으로 고통을 이겨 나왔습니다.

그런데 이제 상황은 다시 달라졌습니다. 민정당은 광주조사특위와 5공조사특위에 불참함으로써 국회를 포기하였고, 정부는 증인의 출석을 방해하고 있습니다. 이러한 행위는 불법입니다. 노태우와 정부 여당이 법치주의와 의회주의를 포기하였습니다. 그들이 즐겨 말하는 소위 자유민주주의를 포기하는 행위입니다.

특위뿐이 아닙니다. 노동상임위원회의 활동도 소용이 없습니다. 위원회 회의, 또는 국정감사 활동을 통하여 노동자에 대한 위법·부당한 행정 처리와 공권력 발동을 무수히 지적하고 그 시정을 요구하였습니다. 그러나 고쳐진 것은 단 한 가지도 없고, 오늘도 같은 위법·부당한 행정이 반복되고 있습니다. 오히려 감정적으로 국회의 지적에 역행하는 행위로 뒤통수를 치기도 합니다.

몇 가지 예를 들어 봅니다. 오늘날 공권력은 또다시 노동자들을 가혹하게 탄압하고 있습니다. 서울 지하철 파업 사건을 예로 들어 보겠습니다. 그동안 수차례의 분규는 모두 지하철공사가 1987년에 한 약속을 이행하지 않았기 때문에 일어난 것입니다. 그동안 공사는 각서 조항의 해석에 관하여 터무니없는 주장으로 노동자들을 기만해 오다가, 1988년 10월 국정감사에는 서울시장과 지하철공사 사장이 합의 각서에 대한 그들의 종전 주장이 생트집이었음을 인정하고, 즉시 노동자들의 요구대로 이행할 것을 약속하였습니다. 그런데 그 뒤 지하철공사 사장은 또다시 복잡한 핑계를 내세워 이행을 지체함으로써 오늘의 이 사태를 만들었습니다. 결국 시민의 발을 묶은 것은 노동자가 아니라 사장의 단체협약 불이행이고, 이는 처벌 받을 행위입니다.

노동자들이 시민의 발을 묶은 죄로 30여 명이 구속되어야 한다면, 역시 법을 위반하였고, 그것도 국회와의 약속을 위반하여 시민의 발을 묶은 지하철공사 사장은 입건조차 하지 않는가. 이 경우 국회는 무엇이고 국정감사는 어떤 의미가 있습니까.

예를 하나 더 들겠습니다. 지난 2월 국회 노동상임위원회는 그 결의로써 노동부로 하여금 부산 항만 노조의 구조적 비리를 조사·보고하게 하였습니다. 그러나 노동부의 조사 결과는 문제의 핵심에는 접근조차 하지 않은, 형식적인 것으로 끝이 났고, 그 과정에서 제가 제공하는 증거자료의 접수마저 회피하였습니다. 더욱 놀라운 것은 취업을 미끼로 여러 차례 돈을 받은 전과가 있고, 지금도 같은 혐의로 기소되어 있는 조합장에게 조사를 종료한 며칠 후 정부가 산업포장을 수여한 사실입니다.

악법 개정의 노력도 허사입니다. 지금도 현대중공업의 노동자들은 여럿이 구속되고 여럿이 쫓기고 있습니다. 그들이 쫓기고 있는 이유는 노동 악법이 그 원인입니다. 이번 국회는 노동쟁의조정법을 개정하여 방위산업체 노동자들에 대한 파업 금지 조항을 폐지하였습니다. 그런데 정부는 여야 합의를 거쳐 만장일치로 통과된 이 법에 대하여 거부권을 행사할 것이라고 합니다.

이제 노태우와 그 일파의 눈에는 국회 같은 것은 보이지도 않는 모양입니다. 회의에 불참하여 국회를 반신불수로 만들고 증인 출석을 방해하고, 위법·부당한 행위에 대한 시정 요구는 묵살하고, 의결된 법안을 거부합니다. 정말 막가는 행위입니다. 정부가 법을 지키지 않는데 국회가 무슨 소용이고 국회의원이 무엇을 할 수 있겠습니까.

저는 이러한 사태를 국회와 국민에 대한 모욕임은 물론, 그에 그치지 아니하고 의회주의, 즉 민주주의에 대한 정면의 도전이라 규정합니다. 그리고 개인적으로 깊은 치욕감을 느낍니다. 물론 사려 깊고 책임감 있는 의원이라면 이러한 경우라도 참을성 있게 의원의 신분을 유지하면서, 주어진 의원의 권한을 최대한 활용하여 민주주의를 지키기 위하여 노력해야 한다고 믿습니다.

그러나 현재의 저의 건강 상태는 이 같은 수모와 그로 인한 정신적 고통을 이겨 나갈 만한 상태에 있지 않습니다. 그리고 저는 지금 이 시간에도 온갖 박해를 무릅쓰고 싸우고 있는 대중투쟁이야말로 의정 활동에 못지않게 민주주의의 발전에 기여하는 것이라고 보는 입장에 있습니다.

따라서 저는 얼마 동안 건강을 위하여 휴식을 취하려는 것입니다. 그리고 건강이 회복되는 대로 박해 속에서 싸우고 있는 동지들의 투쟁 대열에 동참하려 합니다. 오늘 이 같은 결심을 함에 있어, 저를 뽑아 주신 부산 동구 주민들에 대한 죄책감은 오늘 이 결심을 뒤집고 싶을 만큼 무거운 것입니다. 그 밖에 지금까지 저를 지지하고 도와주신 여러분들에 대하여도 같은 심정입니다. 다만 용서를 빌 뿐입니다.

어느 길을 가더라도 억압 받고 소외된 사람들과 함께할 것을 다짐합니다. 계속 성원하여 주시기 바랍니다.

1989. 3. 17.
국회의원 노무현

1989. 3. 17. 13대 국회 노무현 의원의 「국회의원 사임서」

두려운 것은 패배가 아니라 패배주의다

부탁 받은 원고를 쓸 때면, 더욱이 고정 칼럼으로 다달이 내보내야 하는 글을 앞에 두고서는 그동안 쌓였던 피곤함이 한꺼번에 몰려온다는 느낌을 떨쳐 버릴 수 없다. 사건과 사건이 꼬리를 물고 위선과 진실이 뒤범벅되어 세상만사가 어찌 돌아가는지 도무지 감을 잡을 수 없는 데에도 까닭이 있겠지만, 또 다른 까닭의 하나는 엄중한 시국이 주는 견디기 힘든 압박과 그에 따른 무력감 때문이다. 도대체 이러한 무력감이 어디서부터 오는 것일까.

그것은 첫째로 정치가 들어설 여지도 없이 일방적으로 행사되는 힘의 논리로부터 주어진다. 무소불위를 자랑하던 독재 정권의 폭력은 6월항쟁을 통해 국민적 심판을 받았고, 힘의 논리가 아닌 정치의 장으로, 탄압과 저항의 악순환이 아닌 대화와 토론의 장으로 정치는 복귀할 수 있었다. 권력의 참주인인 국민 대중이, 공권력 아닌 사권력으로 전락한 독재의 하수인들에게 단호한 응징을 내린 것이다.

그러나 채 1년도 되기 전에 국회는 자신의 역사적 임무를 방치하고 권위조차 상실했으며, 정권은 이른바 공권력을 동원해 모든 문제를 풀어 나가고 있다.

'중간 평가'를 이용해 정치를 실종시키고, '문 목사 방북'을 이용해 '빨갱이 때려잡기' 소동을 벌이며, '동의대 사태'를 일체의 반정부 활동을 말살시키는 데에 십분 이용하고 있다. 4·13 때

호헌 지지를 하고 나선 세력들이 폭력 척결의 플래카드를 내걸
며 공공연하게 등장하고, 백색테러의 전과자까지 망라된 이들
집단에 재벌들은 30억 원의 자금을 선뜻 지원하고 나섰다.

많은 국민들이 정치권의 정치력 부재를 말하곤 한다. 그러
나 힘으로 밀고 나오는 권력과 과연 어떠한 대화를 할 수 있겠는
가. 공권력 개입의 중지 요구와 합리적 해결책의 제시가 지금까
지 받아들여진 적이 있는가. 민주화의 일정이 중단된 채 5공 시
절의 그 인물들이 자신의 권력을 놓고 있지 않은 지금 도대체 무
슨 협상이 가능하며 어떤 문제를 풀 수 있단 말인가.

무력감을 느끼게 하는 두 번째 까닭은 국회에서 만들어진
법의 무시와 자의적 집행이다. 우리는 최근 '집회 및 시위에 관한
법률' 개정안이 어떻게 짓밟히고 거부되었는지를 알고 있다. 동
서와 남북을 막론하고 세계의 노동자들이 5월 1일 노동절 기념
행사를 하고 있는 그 시간 이 땅에선 도합 5,000명이 넘는 노동
자와 학생이 연행당했고, 합법적 절차를 밟은 후 평화적 집회를
열겠다는 주최 단체의 거듭된 천명과 야당의 요청에도 불구하고
기념집회는 힘으로 봉쇄되었던 것이다.

국회가 만장일치로 통과시킨 법마저도 거부권을 행사하고,
군 수사기관까지 참가한 '합동수사본부'를 만들어 불법 연행, 강
제 해산, 무더기 구속 등을 자행하고 있다. '동의대 사태'를 전후
해 시위대의 폭력만이 거론될 뿐 지난번 울산 사태 때도 확인되
는 주민에 대한 백골단의 무차별 폭행과 노동 현장의 구사대 폭
력은 왜 처벌 대상이 되지 않는 것인가.

기립 박수를 받으며 세계인에게 약속했던 7·7선언도 폐기

한 채 70 고령의 노인에게, 그것도 제 발로 걸어 들어온 사람에게 '지령에 의한 잠입·탈출죄'를 어거지로 두드려 맞추면서, 파렴치한 행위로 구속된 전두환 씨의 사촌 형에게는 고령을 이유로 집행유예가 선고되었다. '특정경제범죄가중처벌법'에 저촉되는 전씨의 처남에게 집행유예가 선고될 때 76명이나 되는 동의대 농성 학생들은 엄청난 죄목이 붙여져 구속되었다. 사건 수사에 성역이 없다면 야당 총재를 부르는 저들이 왜 전두환 씨와 그 공범자의 수사에는 벽을 쌓고 있는지 국민들이 이해할 수 있으리라고 생각하는가.

세 번째는 여론의 왜곡이다. 나는 '동의대 사태'에 대한 중앙 일간지의 사설을 보며 엄청난 왜곡과 과장을 역겹게 지켜봐야만 했다. 재단의 비리가 문제시되었을 때 문교부에서 충분히 조사할 의무와 권리가 있음에도 불구하고 지금까지 방치하다가 기다렸다는 듯이 공권력을 동원해 무모하게 진압한 점에 대해선 일언반구 언급도 없고, 심지어 감금된 전경을 태워 죽인 것인 양 써놓은 작자들까지 있었다. 그 이후 단 한마디 사과도 없이 말을 바꾸는 이들에게 과연 지식인으로서의 양식이 있는가조차 의문이다. 그리고 이러한 여론의 왜곡과 진실 보도에 대한 외면이 노동쟁의에 대해선 더더욱 극심하다는 것을 국회 노동위에 들어와서 뼈저리게 느낀 것은 두말할 나위도 없다.

힘의 논리와 정치의 파행, 법과 상식의 무시, 위선과 심술로 가득한 사이비 여론을 지켜보며 어디서부터 뚫고 나가야 할지 막막할 뿐이다. 이것이 정치 부재의 제도권에서 느낄 수밖에 없는 고통이자 무력감에 빠진 자기변명이 될 수 있을 것이다.

그러나 경찰 중립화, 사법부의 독립, 언론의 민주화를 포함하여 권력의 수족이기를 거부하는 우리의 노력마저 사라졌다고 믿지는 않는다. 성과는 적고 진척은 더디다 할지라도 우리 국민은 그것을 지지하고 또한 요구하지 않는가. 정당하고 의로운 권력을 세우기 위해 싸워 온 위대한 우리 국민들이 말이다. 우리의 길이 승리만으로 이루어질 수는 없을 것이다. 그러나 우리가 두려워하는 것이 패배가 아니라 패배주의이듯이, 나 역시 그리고 이 땅의 민주화를 위해 뜻을 같이하는 많은 사람들이 무력감을 벗어나 함께할 수 있는 때가 곧 오리란 것 또한 나는 믿는다.

『노동문학』 1989년 6월호, 「두려운 것은 패배가 아니라 패배주의다」

제대로 하기 힘든 국회의원 노릇

직업으로서의 정치는 적자투성이

국회의원이 정치 활동을 하려면 적어도 한 달에 1,000만 원쯤 있어야 겨우겨우 버텨 낼 수 있다. 전화 받는 사람을 한 명 두고 지구당을 운영하면 한 달에 300만 원쯤 들고, 지역신문을 내고 조그만 행사라도 꾸릴라치면 한 달에 500만 원쯤은 든다. 나는 지구당에 급여를 주는 사람을 따로 두지 않았기에 한 달에 겨우 300만 원이 들었다.

의정 활동을 하는 비용으로는 한 달에 400만 원쯤 들어간다. 자료 조사비가 들고, 함께 토론을 할 때는 밥값과 숙박비가 들고, 전문가를 초빙하여 자문을 구하게 되면 거마비도 드려야 하고, 지역을 순회하는 정당 행사가 있거나 조사단이 꾸려져 활동하게 되면 따로 출장비가 없어서 현역 의원이 부담하게 된다.

그 두 가지 일만 해서 700만 원인데, 그걸로 모든 활동 경비가 충당되기는 어렵다. 의원회관 사무실을 유지하는 데 드는 통신 비용과 소모품 비용도 적지 않다.

그뿐 아니라, 이를테면 당을 통합하거나 창당하는 과정에서 아침부터 저녁까지 식사 시간대를 이용해서 회의를 갖게 되는데, 이때 들어가는 밥값이 만만찮다. 나는 초선 의원이었기에 모임을 주도하는 쪽이 아니어서 그렇게 많은 비용이 들지는 않았지만, 당직을 가지고 있거나 모임을 주도하는 의원은 엄청난 비용이 들어간다. 정치적 비중이 높은 인물일수록 비용이 많이 드는 것은 아마도 그쪽 비용이 많이 들기 때문일 것이다.

내가 받은 세비는, 당비 50만 원을 제하고 나면 250만 원이 약간 넘는 액수였다. 곧 직업으로서 정치는, 생활에 필요한 수입을 전혀 보장해 주지 못한다. 그렇다고 해서 다른 직업처럼 더 열심히 일한다고 해서 수입이 더 보장되는 것이 아니다. 거꾸로 더 열심히 하면 할수록 적자투성이가 된다.

그러다 보니 가까운 친구나 친척이 죽어난다. 나는 세비를 집에 가져가 본 적이 없다. 생활비는 아내가 다른 재원으로 충당했다. 친구나 친지들에게 전화해서 돈 내놓으라고 하는 것은 합리적이라고 생각하지 않지만 현재 한국에서 야당 정치인이 할 수 있는 최선의 방식이다. 달리 정치 비용을 떳떳하게 조달할 통로가 보장되어 있지 않기 때문이다.

바람직한 것은 합리적인 후원회 제도가 마련되고, 의원들이 돈을 내서 정당이 운영되지 않아도 될 만큼 정당에 대한 정부 보조가 있어야 한다. 그리고 세비도 올라야 한다.

그러나 우리나라에서는 세비를 올린다 하면 모든 언론이나 국민이 벌 떼처럼 일어나서 국회의원들 도둑놈 취급해 버리고, 정당 지원금을 올리자고 하면 뒷돈이 풍족한 여당이 야당을 물 먹이려고 반대해 버린다. 비록 후원회 제도가 있기는 하나 여당 의원 쪽에는 서로 후원 회원이 되려고 줄을 서지만 야당 의원들은 공개적으로 후원자를 확보하기가 불가능하다.

내가 친구들에게 신세 지는 것이 사실은 후원금이다. 비합

법적인 범위를 넘지 않는 규모의 후원금인데, 그 후원금을 주는 이들이 그 사실을 절대 비밀로 해 달라고 한다. 그래서 후원해 주는 친구는 자주 만나지 못하고, 후원 안 해 주는 친구는 자주 만나게 된다.

붉은 꽃과 검은돈

흔히들 신문 잡지에서, '지역구 관리' 하면 화환을 돌리거나 상갓집에 부조금 내는 이야기가 먼저 나오는데, 그것은 잘못된 발상이다. 꽃 보내고 조의금 보내는 것을 국회의원의 정상적인 정치활동이라고 보기 어렵다. 그런 비정상적인 곳에 들이는 돈을 정치 비용으로 계산하는 것은 잘못이다. 또 이를 인지상정으로 여기고 당연한 지역구 활동으로 여기는 언론의 보도 태도도 문제가 있다. 물론 개인적으로 친면이 있고 국회의원으로서 필요한 경우에 그런 인사를 할 수 있지만, 득표 활동의 하나로 여기저기 꽃을 보내는 것은 문제가 있다.

유권자들도 더러 모순된 생각을 가지고 있다. 국회의원이 화환을 보낸 것을 보면 "그런 데 돈 써도 되느냐", "주례를 서고 다니면 국회의원 일은 언제 하느냐"는 비난을 한다. 그러나 막상 자기 동네 의원이 상갓집이나 예식장에 얼굴을 내밀지 않으면, "상 당했는데 와 보지도 않더라", "꽃 한 송이도 안 보내더라", "인사장도 안 보내더라"는 비난을 하는 이중적인 태도를 보인다.

통상적으로 연하장을 보내고, 주례를 서고, 시장이나 등산로 입구에서 부지런히 인사하는 것으로는 여론 수렴이 되지 않는다. 그저 얼굴을 알리고, 유권자의 감성에 호소해서 친화력을 키우는 것일 뿐 바람직한 정치 활동에 들지 않는다.

내 지역구만 보더라도 5만 가호가 있는데, 200원짜리 연하장을 한 집에 한 장씩만 보내도 우표 값까지 해서 1,500만 원이 들게 된다. 만일에 생일 카드를 주민 모두에게 보낸다면, 유권자가 13만 명이니 우표 값만 해서 1,300만 원이 든다. 세비만 가지고 그 경비를 대는 것은 불가능하다. 꽃값이나 부조금이 많이 들어가게 되면, 정치인은 그 자금을 조달하려고 정신없게 되고 때로 검은돈을 만지게 된다.

거기다 지구당 활동이나 당원 교육도 원칙으로는 당원들의 당비로 검소하게 해야 하는데, 당원 교육이라고 해서 국내 명승지란 명승지는 다 찾아다니니—간부 당원들은 해외여행까지 하는 수준이다—지구당 활동 잘한다고 해서 예사로 칭찬할 게 못 된다. 오히려 흔히 지구당 운영을 잘한다고 알려진 곳이 더 많은 문제를 안고 있는 수가 있다.

지난 선거에서도 평소에 지구당을 잘 관리했다고 알려진 지역구에서는 전혀 표가 나지 않게 돈을 썼다. 주민을 엮어 놓고 당원들 사이에만 돈을 돌리니까 밖으로 전혀 노출되지 않는 그런 형태가 되었다. 언론에서는 선거 풍토에만 관심이 높은데, 앞으로는 지구당 운영에 대한 견제가 있어야 한다고 본다.

내가 바람직하다고 보는 지역구 활동은 지역에서 벌어지는 중요한 행사에 참여하는 것, 지구당원과 토론하는 것, 소식지를 배포하는 것 들인데, 좀 더 욕심을 부리면 지역구 안에 소비자 운동, 환경보호 운동, 농산물 직거래 운동, 자원 재활용 사업 같은 자생적인 시민운동 단체를 조직하고, 시민들이 참여할 수 있는 여러 행사를 개발하는 것이다.

"뭐 했냐? 뭐 했냐?"

나는 지역구 주민들로부터 "중앙 일에 열중하고 지역구에는 소홀하지 않았느냐"는 말을 들었다. 내가 그렇게 비춰지게 된 것은 중앙 언론에는 자주 얼굴을 드러내면서도 상대적으로 지역구에는 얼굴을 내밀지 않았다는 것과 매스컴에 자주 나왔으니 지역구 관리를 안 했을 것이라는 선입견이 함께 작용했기 때문이다. 가장 결정적인 것은 결국 그 지역의 여론을 어떻게 만들어 내느냐인데, 정치적 상대방이 "찍어 줬더니 코끝도 보이지 않는다. 뭐 해 줬노?", 중앙에서 잘했지만 하는 전제를 달지만 "우리한테 뭐를 해 줬느냐?", 이런 말을 집요하게 조직적으로 퍼뜨린 결과이다. 그런 반문들은 유권자들에게 정서적으로 설득력을 얻게 된다. 그래서 유권자들은 나를 괘씸하게 여겼다.

그러나 내가 지역구 관리를 안 했다고 비난한 것은 사실보다 과장되어 있다. 일반적으로 의정 활동을 열심히 하는 의원들은 지역구에 자주 내려가기가 어렵다. 나는 부산에 한 달에 두 번 갔는데 한 달에 네 번 내려간다고 해서 주민들 눈에 다르게 비춰지는 것은 아니다.

나는 지난 4년 동안에 가족들 데리고 국내 여행 한 번 못해 볼 정도로 바빴다. 유권자들이 자꾸 얼굴 보자고 하면 국회에서 일하지 말고 지역구에서 살라는 말이 되는데, 그렇다면 차라리 내 생각에 국회의원을 둘 뽑았으면 좋겠다. 얼굴만 맨날 보는 국회의원하고, 일하는 국회의원하고.

부산 동구의 유권자가 13만 명인데, 하루에 100명씩을 만나면서 3년 반 동안 돌아다녀야 한 번씩 얼굴을 보게 된다. 그것도 토요일 일요일 없이 다녀야 한다. 그게 유권자들에게 무슨 의미가 있겠는가?

그래서 국회의원이 된 사람을 두고 "되고 나니 안 보이더라"라는 말을 퍼뜨리면 무조건 거기에 해당되게 된다. 그리고 또 "지역에 뭐 해 줬냐?"는 말을 해도 국회의원은 할 말이 없게 되기 십상이다. 국회의원이 되었다고 지역을 금방금방 변화시키고 발전시킬 수 있는 것이 아니다. 부산에서 동구와 서구의 경우에, 서구는 여당 대표 의원을 배출한 곳이고 동구는 내 지역군데, 서구나 동구는 모든 것이 같다. 오히려 동구 예산이 서구보다 한 푼이라도 더 많다. 그리고 아무리 열심히 해도 "뭐 했냐? 뭐 했냐?" 하면 또 그 말이 설득력을 얻는다. 이제는 내가 허삼수 씨를 두고 그렇게 할 차례이다. 그러나 나는 그런 게임은 안 할 생각이다. 거꾸로 그런 말을 누가 만들어 내면, "자주 오면 안 된다" 그렇게 이야기해 볼 생각이다.

감당하기 어려웠던 의원직

지난 의회 활동을 하면서 나는 두 번에 걸쳐 국회의원직을 그만 두려고 했다. 첫 번째는 국회가 파행적으로 운영이 되는 것에 항의해서, 두 번째는 3당 야합으로 국회가 무용지물이 되어서 사퇴서를 냈다. 그런데 첫 번째 사퇴서를 낸 주된 원인은 국회의 파행적 운영에도 있었지만, 의원 생활 자체를 감당하기 어려워서였다.

의원이 되기 전에 내가 했던 변호사라는 직업은 꽤 자유로운 직업이었다. 조직에 얽혀 있지도 않고, 다른 사람과의 관계에서 별다른 제약이 없었다. 내가 재야 활동을 할 때도 자유의사에 따라서 옳고 바른 일을 한다는 신념으로 했을 뿐이지 분명한 성과나 결과에 얽매이지 않았다. 올바른 일을 한다는 한 가지 이유만으로도 보람을 느꼈다. 그런데 국회의원이 되고 나니 올바른 기준을 세워 행동한다 하더라도 결과를 얻어 내지 못하면 항상 책임을 져야 하는 그런 처지로 변했다.

지금도 어디서 사람을 만나면, 개인택시 면허 제도의 불합리성을 이야기하고, 고쳐 달라 하고, 예술인들은 국가 지원이 없다고 한다. 그렇게 국회의원에게 하는 개인의 요구가 구체적이다. 그런데 그것은 혼자 힘으로 할 수 없고 집단 속에서 풀어 나가야 하니, 결과를 쉽게 얻어 낼 수 없어서 늘 갈등에 싸였다. 본시 정치가 그런 것이라고 각오하고 들어오면 문제가 안 되는데, 나는 그런 마음의 준비가 없었다.

가장 감당하기 어려웠던 것이 철거민, 노점상, 노동자, 학생들을 만났을 때였다. 재야에서 함께 있으면서 변론해 주고, 같이 싸울 때는 최선을 다하는 것만으로 서로가 만족할 수 있었다. 특별히 나 개인에게 무엇을 기대하거나 요구하지는 않았다. 그런데 국회의원이 되고 나니 그 사람들이 나를 보는 눈이 아주 달라졌다. 나는 박해 받지 않는 자리에 있고 그 사람들은 박해 받는 자리에 있게 되었다. 나는 그들과 항상 떨어져 있는 자신을 발견하게 되었다. 그들은 내가 해결해 주지 못하니까 원망스럽고, 나는 나대로 그들에게 미안해하는 그런 부담스러운 관계로 바뀌어 버린 것을 감당하기가 어려웠다. 국회의원 하기가 싫어졌다.

그러던 차에 내가 현대중공업에서 노동자들 앞에서 했던 발언으로 파문이 일었다. 그때 나는 정치인이라는 이유로 전혀 터무니없이 매도당해도 항거할 수 없었다. 또 청문회 하러 나갔더니 여당 의원이 한 사람도 안 나오고, 따라서 증인도 안 나오고 하는 일이 누적되어서 결국 사퇴서를 냈다.

여러 사람의 만류로 사퇴서를 거두었지만, 그로 해서 정치인으로서의 각오를 새롭게 하게 되었다. 내가 설정한 삶의 기준에 따라 자기만족하고 살기보다는 불만족스럽더라도 구체적인 현실 속에서 조그마한 결과라도 만들어 내는 것이 의미 있다고 여기게 되었다.

예전에는 반드시 되어야 할 일이 안 되고 부조리하게 되면 좌절감을 느끼고 분노를 삭이지 못했는데, 지금은 대단히 넉넉해졌다. 나쁘게 말하면 유들유들해지고 능글능글해진 것이다. 당장 바꿀 수 없다 하더라도 현실에서 할 수 있는 일은 하자! 이상은 이상대로 가지고 있되 현실에서 빚어지는 일을 사실대로 받아들이는 자세로 임하게 되었다. 그래서 의회에서 부닥치는 한계와 좌절을 말하라면 지금은 예전처럼 그렇게 심각하지 않다.

피할 수 없는 언론의 공세

인간적으로 겪은 갈등과 고충은 이루 다 얘기할 수 없다. 시간이 없어서 가족과 함께 보내지 못한 것은 약과이고, 감수성이 예민한 우리 집 아이들까지 걸핏하면 욕설 전화를 받아야 했다. 밤 두세 시에 술주정하는 전화까지 받아야 했다. 세비 인상할 때는 내가 관여한 일이 아닌데도 우리 집 전화가 불이 나서 이름값을 치르게 되었다. 나뿐 아니라 가족 모두의 생활이 조심스러웠다. 개인적으로 그러했지만 정치적으로는 어느 정치인도 누리지 못한 행운을 누린 셈이다. 자화자찬하자면 화려한 데뷔라고 할 수 있었다.

그런데 지난해에 『주간조선』에 실렸던 기사 때문에 이번 선거 기간에 부산에서 대단히 좋지 않은 여론이 형성이 되었다. 내가 만난 친구들 중에서 그것을 거론하지 않은 사람들이 없었을 만큼. 그 기사가 지역구에서 조직적으로 돌려졌다. 그리고 그 기사에 대해서 내가 뭐라고 말할라치면 "신문에 났다는데", "그것도 『주간조선』에 났다는데" 하는 식으로 말을 받았다.

나의 행동을 두고 한때 언론에서 소영웅주의라는 말도 했다. 내가 해 온 정치가 현실을 돌파하고 현실을 거부하는 것이 많았다. 그게 언론이나 일반인들에게 도대체 익숙하게 보일 리가 없었을 것이라고 여겨진다. 한 사람의 정치인이 노동자의 집회에 가서 연설하는 것이 지극히 자연스러운 것인데도 노동운동 자체를 불온하게 여기는 시각에 젊은 기자들은 나를 이상한 짓을 하는 망둥이로 볼 수밖에 없었다.

일반적으로 기자들도 오늘 현실에서 살고 있기에 현실을 토대로 자기 관점을 잡을 수밖에 없다고 생각한다. 그렇다고 볼 때에 나는, 언론이 너무 현실에 안주하는 것이 아니냐, 벌어진 일을 기정사실로 두고 보는 게 아니냐, 어떤 현실을 타파해 나가려는 몸부림을 너무 불안한 관점으로 보는 게 아니냐는 생각이 든다.

언론 모두를 놓고 어떻다고 말할 수는 없으나, 때로 악의적인 태도를 취하는 언론들을 만난다. 특히 지난해 민주당 대변인이 되었을 때에 『조선일보』에 나갔던 프로필은 프로필이 아니고 욕설이었다. 『주간조선』에 실렸던 기사도 악의적이었다. 그것은 내가 아무리 세련되게 행동한다고 해도 피해 갈 수 있는 것이 아니었다. 정치적인 음모가 있었기 때문에 도저히 막을 수 없는 일이었다고 본다. 언론으로부터 받은 피해는, 내가 타협을 거부하고 현실을 바꿔 나가려는 것이 부정적으로 비춰질 수 있는데, 그 때문에 지불한 약간의 대가로 본다.

"우리 집 머슴으로 들어오면 대환영이다"

이번에 떨어졌는데, 아내는 전혀 내색이 없고, 위로 한마디도 없다. 오히려 은근히 차제에 정치를 그만두었으면 하는 눈치이다.

그런다고 적극적으로 말리거나 그런 표현을 하지는 않았다. 집안일을 놓고 아내와 대립은 있지만, 정치를 하느냐 마느냐, 어떻게 하느냐에 대해서는 거의 간섭을 하지 않는다. 완강하게 간섭했던 적이 한 번 있었는데, 내가 1989년에 사퇴서를 냈을 때에 국회에 복귀하도록 간섭했다. 그런데 복귀시켜 놓고도 그 전처럼 정치를 그만뒀으면 하는 희망을 계속해서 표시해 오고, 지금도 그런 생각을 품고 있는 듯하니 묘한 일이다. 가끔 나한테 가장으로서 책임을 다하지 않는 사람이라고 불평을 한다.

그리고 선거 얘기가 나오고 내조 이야기가 나오고, 선거 때에 "왜 사모님은 지역구에 얼굴도 보이지 않습니까?" 하는 원망 섞인 말이 전해 오면, 나한테 하는 이야기인데 "내가 내 남편 하나 빼앗겼으면 됐지 나까지 가서 절하고 다녀야 되나", "나는 억울하다. 나는 억울하다. 싫으면 돌려주면 얼마든지 나는 환영한다"고 말한다. 비난 전화라도 받고 나면 "싫으면 돌려주면 될 것 아니냐, 나는 좋다. 당신들 머슴으로 맘에 안 들면 우리 집 머슴으로 들어오면 대환영이다"라는 말을 한다.

아이들이 고등학교에 다녀서 현실적으로 아내가 부산에 내려가기가 힘이 들고 또 그렇게 의욕적이지도 않다. 아내는 학교를 찾아가지 않으면 아이들이 내신 성적에서 불이익을 받을지 모른다는 불안감을 가지고 있다. 그러나 남편이 정치인이어서 그런지 학교에 얼굴을 내밀기가 어렵다고 한다. 너무 나선다는 말을 듣게 될까 봐.

당선보다 더 소중한 것

나는 1김에 대한 지지의 바람과 1김에 대한 거부의 바람이 증폭되어 낙선했다. 낙선하고 나자 "이제는 지역구 관리 잘하라" 이렇게 말하는 사람도 있는데, 나는 주된 원인을 바람이라고 생각한다. 지역구 관리를 아무리 잘했다고 하더라도 그 바람을 이겨내지는 못했을 거라는 생각이 들기 때문에. 지역구 관리는 의정보고를 시작하고부터 유권자들을 상당히 설득해 냈고, 거의 설득이 된 것으로 느꼈기 때문에 지역구 관리 소홀로 낙선했다는 것은 부수적이고 부차적인 원인으로 본다.

지난 13대 국회의원 선거 때에 분 바람은 김영삼 이름으로 상징화된 민주주의 바람이었고, 이번에는 김영삼 이름으로 상징화된 지역감정 바람이었다. 지난번이 역사를 한 발 앞으로 밀어나간 순풍이라면, 이번 것은 역사를 반 걸음이라도 되돌려 놓은 역풍이었다. 큰 바람은 개인이 혼자 돌파해 내기는 어렵다.

선거전에 돌입하기 전에 좀 위험하다는 예견은 했었다. 그렇지만 지역구를 옮길 수는 없었다. 당선을 목표로 했다면 지역구를 옮기는 것이 가장 현명한 것이었을 테지만, 지역구를 옮기지 않은 것은 당선보다 더 소중한 것이 있었기 때문이다. 이번 선거에서 유리한 고지를 점령하려 했다면 우리는 합당을 하지 않았을 것이다. 김대중 씨와 통합을 안 하고 버티는 쪽이 부산 지역은 더 낫고, 통합을 했더라도 지역구를 서울 쪽으로 옮기는 게 낫다는 계산이 뻔하게 나왔다.

이런 결과를 예견했냐 안 했냐는 의미가 없다. 정치인은 늘 상대적으로 조금이라도 더 유리한 입지를 택하게 된다. 그런데 우리는 상대적으로 불리한 쪽을 그것도 두 번에 걸쳐서 선택했다. 그러나 그 두 번의 선택이 낙선과 바꿀 만큼 의미 있는 일이었다고 생각한다.

3당 야합이 이뤄진 뒤에 내가 집요하게 추구해 온 것은 야당을 살리자는 것이었다. 노동자들의 정치 세력화도 필요하고 그 밖에 개혁과 새로운 변화가 필요하지만, 정치인이 그런 문제를 해결하려면 우선 올바른 정치 구조가 필요하다. 보수 야당이냐 진보 야당이냐 이전에 우선 야당이 존재한다는 것 자체가 대단히 중요하다. 그 기본 전제 위에서 야당의 성격을 논의할 수 있는 것인데, 3당 야합이 되면서부터 한 지역에 야당이 깡그리 없어져 버렸다. 그래서 어떻게든 야당이라는 조직을 복원해 내는 일이 우리에게 가장 시급한 일이고 중요한 일이 되었다. 그 일이 되고 나야 다른 일을 할 수 있었다. 그래서 야당 조직을 복원해 내는 일에 주력했고, 지금도 그렇다.

올해 말에 있을 대통령 선거를 놓고, 정권 교체도 중요하지만 그 이후에도 정치는 계속되어야 하므로 합리적인 정치를 할 수 있는 토대를 어떻게 형성할 수 있느냐가 중요하다고 본다. 곧 야당이 국민들 사이에 굳건하게 뿌리내리는 일이 중요하다.

당장의 대선에 매몰되지 말아야 한다. 대선의 결과가 전국에서 야당을 전멸시키거나 한 지역에서 야당을 전멸시키는 구조가 되어서는 안 된다. 그렇게 된다면 정권 교체의 의미도 없다.

앞으로 거기에 역점을 두어서 지역성을 극복해 나가고 전국적으로 야당이 골고루 분포하는 정치 구조를 복원해 내는 작업에 주력하려고 한다.

『샘이깊은물』1992년 5월호, 「제대로 하기 힘든 국회의원 노릇」

이 청년을 누가 내게 보냈을까

인과응보라는 말을 우리는 많이 듣고 있다. 원인은 반드시 결과를 만들고 결과 역시 원인 따라 보답을 받는다는 의미도 될 것이다.

오늘의 현실에서 우리는 더욱더 인과응보의 오묘한 섭리를 깨닫게 된다. 저 서슬이 푸른 권력의 그늘 아래서 무슨 일이든 마음대로 할 수 있었던 사람들…… 심지어 신성한 종교까지도 짓밟아 법난으로 지탄 받은 사람들이 역사의 준엄한 심판대에 올라 있음을 볼 때 인간이 가장 두려워해야 할 것이 인과응보며 중생들이 인생을 얼마나 겸허하게 살아야 하는지를 새삼 깨닫게 한다.

내가 마치 대단한 인생철학이라도 설파하듯이 늘어놓다 보니 조금 주제넘다는 생각이 들어 부끄럽게 느껴지며, 이 역시 오만이라서 인과응보의 교훈을 다시금 깨닫게 되는 결과가 오지 않을까 하는 두려움도 생긴다. 그러나 내가 체험한 아주 소중한 교훈이기에 이해를 부탁드리고 싶다.

내가 이른바 인권 변호사라는 이름으로 처음 국회의원에 당선된 뒤, 때마침 전 국민의 시선을 한데 모은 5공 청문회 덕택으로 많은 사람의 입에 오르는 정치인이 되었다. 이것은 정치 초년생으로는 더할 나위 없는 행운이었음을 나는 잘 알고 있다.

그러나 이른바 청문회 스타라는 이름값을 톡톡히 치렀다. 사람들은 내가 무슨 문제이든 해결해 줄 수 있는 능력을 가진, 그야말로 요술 방망이를 가진 사람인 줄 알고 찾아와서 여러 가지 어려운 일들을 막무가내로 부탁했다.

그러나 이들이 부탁하는 일들이 억지스러울 때도 있지만 조용히 애정을 가지고 들어 보면 모두가 안쓰러운 사연이고 서민들의 삶에서는 그만큼 절실한 것이기도 했다.

만일 내게 힘이 있다면 모두 해결해 주고 싶은 그런 일들……. 그러나 과연 내가 해결해 준 일이 얼마나 되는지를 생각하면 부끄러운 마음을 금할 수 없다.

내가 처음에 얘기한 소중한 체험도 그 무렵에 있었던 일이다. 그러니까 지금부터 무려 7년 전의 일이다.

어느 날 의원회관으로 청년 몇 명이 찾아왔다. 전혀 기억이 없는 생면부지의 청년들……. 그 가운데에는 소년이라고 할 수밖에 없는 아주 나이 어린 사람도 있었다. 그들은 자신들이 종로의 '딸배'라고 했다. '딸배'가 바로 신문 배달을 의미한다는 것도 그때 처음 알았다. 그들이 나를 찾아온 이유는 다음과 같았다.

당시 그들은 아주 열악한 조건에서 배달을 하고 있었는데, 이제 자기들도 권익을 찾아야 한다는 것이었다. 청문회를 보면서 또는 사회를 풍미하는 민주화의 열풍 속에서 그들도 이제 자각을 시작한 것이다. 그러기 위해서는 단결을 해야 했고 그러자니 이 역시 기득권 세력과 첨예한 마찰이 빚어질 수밖에 없었다. 기득권 세력들은 '딸배'들이 대항할 수 없을 만큼 강한 힘을 가졌고 또 그 힘은 막강한 언론사를 배경으로 했다.

나는 생각했다. 과연 내가 무엇을 할 수가 있을까. 현실적으로 그들에게 어떤 도움을 줄 수 있을까. 솔직히 그들에게 희망을 안겨 줄 어떤 시원한 대답도 갖고 있지 못했다.

그들이 내게 말했다. 그냥 자신들이 투쟁하고 있는 현장을 한번 방문이나 해 달라고 했다. 그것만으로도 자기들은 용기를 갖게 된다고 했다.

종로의 한 동네 다 무너져 버릴 것 같은 한옥 집에서 나이 어린 '딸배'들이 말 그대로 인권의 사각지대에서 노예 같은 생활을 하고 있음을 쉽게 알 수가 있었다. 전기가 끊기고, 폭력배들이 폭력을 휘두르고, 일곱 명이 해고되는 등…… 막상 그 모습을 보자 내 가슴 저 깊은 곳에서부터 분노가 끓어오르기 시작했다. 이들이 무슨 짓을 했다고 폭력을 동원하는가. 나는 물러설 수가 없었다. 최루탄이 비 오듯이 쏟아지는 속에서 한 발도 물러서지 않던 투지가 되살아났다. 나는 내가 아는 법 지식을 동원해 불법적인 일들을 조목조목 지적했고 말문이 막힌 관리인의 모습을 보면서 딸배들의 얼굴은 한 가닥 희망의 빛이 돌았던 것으로 기억된다. 물론 그다음 날, 그 신문사의 기자 한 사람이 의원회관에 나타났다. 기자의 첫마디는 이랬다. "정치가가 정치나 잘하면 되지 이런 일에 왜 참견이냐"고. 나도 대답했다. 기자는 기사나 잘 쓰라고…….

그 후 딸배들은 3년이나 재판을 진행했다. 그리고 승리했다. 그 뒤로도 '딸배'들은 이 사건을 계기로 권익을 찾는 데 더욱 용기를 가질 수 있었고, 그 결과로 생활 조건은 향상이 되었다고들 감사해했다. 그로부터 7년이란 세월이 흘렀다. 7년은 내게 무척 긴 세월이다. 그동안에 3당 야합이 있었고, 그것을 거부했던 나는 원칙과 명분만으로 국회의원과 부산시장 선거를 치렀다.

　그런데 바로 며칠 전의 일이다. 전화가 온 것이다. 전혀 예상치 않은 사람으로부터였다. 하루에도 수없이 많은 전화를 받는 나로서도 이 전화만큼은 특별하지 않을 수가 없었다. 전화를 한 사람은 바로 '딸배'였다.

　7년 전, 바로 자신들의 권익을 지키기 위해서 나를 찾아왔던 '딸배'의 지도자. 정말 오래간만이었다. 그는 아직도 '딸배'들을 위해 일하며, 한복 디자이너로도 활동을 하고 있었다. 정말 반가웠다. 이런 얘기 저런 얘기 끝에 그가 나에게 한 말은 또 한번 나로 하여금 인과응보를 생각하게 했다.

　그는 이번에 은혜를 갚겠다는 것이다. 무슨 은혜를 갚느냐고 했더니 그냥 웃기만 했다. 그리고 나중에 그 웃음의 의미가 자원봉사라는 것을 알았을 때 어떻게 받아들여야 할지 조금은 망설여졌다. 물론 더없이 고맙다는 생각을 하면서도……

　남에게 뒤떨어지지 않게 인생을 제법 치열하게 살았다는 생각을 하면서도 늘 가슴속에 남는 의문이 있다. 나는 과연 인생을 후회 없이 살고 있는가. 이다음 내가 이 세상에 없을 때 내 자식들은 아비를 부끄럽지 않게 생각할 것인가. 내가 마지막 가는 바로 그 순간에 나 스스로에게 자신 있게 할 수 있는 단 한마디. "너는 이 세상에 도움이 되는 인간이었다"라고 할 수 있는가.

　시인 윤동주 선생은 하늘을 우러러 한 점 부끄러움이 없기를 소망했다. 내가 어찌 감히 윤동주 선생과 비교를 할 수 있을까만, 그래도 나 역시 소망하는 것은 하늘은 아니더라도 내 자식에게만은 부끄럽지 않은 아비가 되고 싶은 것이다. 그러기 위해서 나름대로 혼신의 노력을 하고 있다. 그리고 지금까지 살아오면서 한 가지 분명한 것은 인생은 자기가 살기 나름이라는 것이다. 나쁘게 살면 나쁜 결과가, 바르게 살면 좋은 결과가 나타난다는 것이다. 인생은 그냥 흘러가는 것 같지만 거기에는 오묘한 부처님의 섭리가 있음을 나는 확신한다.

"하늘 그물이 성긴 것 같지만 아무도 빠져나가지 못한다"는 성현의 경구가 새삼스럽다.

『해인』 1996년 3월호, 「이 청년을 누가 내게 보냈을까」

비움과 채움의 미학

한 해를 접고 또 새로운 한 해를 시작하면서 우리는 스스로에게 많은 다짐과 약속을 한다. 마음의 창고 속에 뒤죽박죽으로 섞여 있던 생각과 감정의 편린들을 하나하나 끄집어내어 버릴 것은 버리고, 필요하고 소중한 것들은 가지런히 정돈하는 것도 이맘때의 일이다. 이렇게 비우고 정리하는 가운데 나를 둘러싼 많은 사람들을 다시금 돌아보는 여유를 갖게 되는 것이다.

나는 마음의 창고를 정리할 때마다 '내 속에 내가 너무도 많음'을 새삼스레 깨닫게 된다. 잡다한 욕심, 미움과 시기, 편견과 아집, 편안함의 갈구와 게으름……, 결코 좋아 보이지 않는 감정의 흔적들이 나의 생각과 행동을 지배하려고 호시탐탐 노리고 있는 것이다. '내 속의 나'를 비우고 또 비우는 일을 얼마나 되풀이해야 부처님처럼 온화한 미소를 띠게 될지 보통 사람인 나로서는 아득한 일로만 여겨지지만, 모자라고 어설픈 대로 부처님의 가르침을 따라 탐욕과 미움과 불의함을 끊임없이 비워 가야겠다는 마음을 다져 본다.

한편으로 이맘때면 내 마음의 창고 속에 채워야 할 아름다운 가치들을 떠올리게 된다. 비판과 질책을 고마운 마음으로 받고 더 나은 모습을 갖추기 위해 노력하는 겸허함과, 적절치 못한 성화에도 차분하게 대처할 줄 아는 온유함과, 많은 국민들이 마음속에 그리고 있는 꿈과 사랑을 고스란히 나의 것으로 여기며 하나둘씩 현실로 만들어 가는 신실함과, 눈앞의 이익이나 불의와는 타협하지 않고 높은 이상을 바라볼 줄 아는 담대함과, 나를 아껴 주는 사람들이 보여 주는 사랑을 곱게 다듬어 더 큰 사랑으로 승화시킬 수 있는 지혜로 내 마음의 창고를 채워 가고 싶다. 그리고 막걸리 한 사발에 흥이 겨워 누구이든 어깨동무하고 흘러간 옛노래를 흥얼거릴 줄 아는 '서민적'이 아니라 '서민 자체'의 소탈한 마음을 계속 간직하고 싶다.

참으로 묘한 것은 소중한 가치들은 채우면 채울수록 더 큰 여유를 우리에게 가져다준다는 사실이다. 미움을 비우다 보면 어느새 마음속에 사랑이 가득하다. 불의한 마음을 비우다 보면 평안이 물밀 듯 밀려든다. 그리고 용서하지 못한 가운데 터져 나오는 성냄을 비우다 보면 자연스레 긍휼의 마음이 그 자리를 메우게 된다. 부처님의 대자대비하심도 끊임없는 번뇌의 과정 속에 비우고 또 비우면서 마침내 자기를 얻는 순간 자기마저 버림으로써 솟아난 희열과 같은 것이 아니겠는가.

나는 마음을 다스려야 할 일이 생길 때면 앙굴마라(央堀摩羅) 이야기를 떠올린다. 아시다시피 앙굴마라는 무자비한 살생을 자행하던 폭한이었다가 후에 부처님의 제자가 된 사람이다. 그는 자신이 저지른 악행을 참회하기 위해서 고행 길에 나섰다. 그의 얼굴을 아는 사람들이 그를 가만둘 리 만무했다. 어느 날 처참히 두들겨 맞아 피투성이가 된 앙굴마라는 부처님을 찾아가 물었다. "세상에서 제일 어려운 것이 무엇입니까? 저는 저를 해치려고 칼을 휘두르는 사람을 미워하지 않는 것이라는 걸 깨달았습니다." 부처님은 웃으면서 그에게 화답했다. "훌륭하다, 앙굴마라야. 그렇지만 너를 죽이려는 사람을 미워하지 않는 것만으로는 충분치가 않다. 세상에서 제일 어려운 것은 그 사람에게 '당신이 바로 부처요'라고 말하는 것이다."

나는 미움을 비우고 사랑을 채우는 데 있어서 앙굴마라와 비교하기도 부끄럽다. 참선을 거듭하여 목숨에의 집착을 비우지 않는 이상 나를 해치려는 자를 미워하지 않음은 쉬운 일이 아닐 것이다. 그렇지만 나는 화살 같은 세월의 흐름 속에 느림의 여유를 가지고 금년 한 해도 비움으로써 채워 가고, 채워 감으로써 비워 가는 자비의 변증법을 체험해 가려고 한다. 그래서 조금이라도 더 부처님의 미소를 닮아 가기를 소망해 본다.

금년 한 해 우리 사회는 또 무엇을 비우고 무엇을 채워 가야 할까? 나라 살림이 어렵다 보니 "묵은 빚들은 다 비워 주고, 많은 돈으로 채워 달라"는 대답을 하는 분들도 있을 것이다. 세속적이라고 치부할 수도 있겠지만 먹고사는 일만큼 중요한 일이 또 있으랴. 이 문제에 관한 한 나는 우리 국민들이 이기적인 마음을 비우고, 자신감이란 에너지로 마음의 창고를 채워 가길 바란다.

어릴 적 우리 마을에는 제방이 하나 있었다. 그리 튼튼히 지어진 것이 아니어서 큰비가 오면 늘 제방이 무너지지나 않을까 걱정을 해야 했다. 걱정하는 마음이야 하나인데 대응하는 모습은 어찌 그리 딴판일까. 홍수 경보가 나면 마을 사람들은 제방을 보수하러 달려가는 쪽과 짐을 싸서 도망치는 쪽으로 나뉘었다. 도망치는 사람이 많을수록 제방이 무너질 확률은 그만큼 높아지게 마련이다. 비가 그치고 어설픈 제방이 홍수의 무게를 용케도 버티어 내면 도망친 사람은 욕을 먹고, 물집이 지도록 열 내어 삽질을 한 사람은 영웅 대접을 받았다.

나는 어렵고 힘든 시기일수록 우리 국민들이 제방으로 달려가는 사람들의 마음을 품었으면 좋겠다. 눈앞에 닥친 상황이 두려워 피하려고만 한다면 위기 아닌 상황도 위기로 돌변하게 된다. 우리 국민들의 역량에 대해 나는 강한 확신을 가지고 있다. 기성세대는 1960년 87달러에 불과하던 1인당 GNP를 지난해 8,581달러까지 끌어올린 주역들이다. 서구에서 200~300년 걸려 해낸 일을 불과 40년 만에 이룩한 것이 바로 우리 기성세대의 실력인 것이다. 신세대 역시 도전 정신이 투철하고 의식도 건강하며, 특히 첨단 분야에서의 능력이 탁월한 편이다. 세계 어디에 내놓아도 손색없는 젊은이들이다. 여기에 우리는 수차례의 경제 위기를 슬기롭게 극복한 경험도 가지고 있다. 경험만큼 큰 자산은 없다. 결국 문제는 자신감인 것이다.

우리 국민들이 스스로의 역량에 대해 믿음을 갖고 적극적인 자세로 대응할 때 위기는 이미 기회다. 그러나 불안을 과장하고 증폭시켜 스스로 자신감과 희망을 내팽개친다면 우리 사회는 붕괴될 수밖에 없을 것이다. 혼자 도망치려는 마음을 비우자. 그리고 그 공간을 자신감으로 채우자. 그러면 경제 회복도 덤으로 따라와서 나라의 금고가 두둑해지리라 믿는다.

한편으로 나는 금년 한 해가 국민들이 서로 믿고 화합하는 '어울림 원년'이 되었으면 좋겠다. 정치판부터 시작하여 생활의 작은 부분에 이르기까지 서로를 이해하고 존중하는 푸근한 분위기가 조성되기를 소망한다. 이를 위한 비움과 채움의 미학은 분명하다. 불신과 적대의 감정, 특히 지역주의를 비워 갈수록 사랑과 관용의 마음은 가득하게 될 것이고, 마음의 창고를 관용으로 채우면 채울수록 불신과 적대의 감정은 자취를 감출 것이다.

지역주의는 민주적 역량을 인정받는 우리 국민이 아직도 떨쳐 버리지 못한 멍에 중의 하나이다. 그동안의 정치과정 속에서 경험한 대로 지역주의는 모든 정치적 판단 기준을 무력화시켜 정치발전을 가로막는 한편, 사회 속에서 끊임없이 또 다른 대립과 갈등의 전선을 양산해 내고 있다는 데에 문제의 심각성이 있다. 불신과 적대의 감정 역시 마찬가지다. 민주주의를 바로 세우기 위한 투쟁의 역사 속에 우리의 의식 한 편을 차지해 버린 이 감정들은 우리가 안고 있는 정치 사회적 갈등의 바탕을 이루고 있다. 경제적으로 힘든 추위야 서로의 체온을 나누며 능히 견뎌 낼 수 있지만, 불신 속에 서로 반목하고 시기하는 세상은 경제적 풍요에도 불구하고 버텨 내기 힘든 것이다.

비싼 대가를 치르고 이루어 낸 민주주의를 보다 높은 차원으로 끌어올리고, 살맛 나는 세상을 만들기 위하여 이제는 관용의 문화를 우리 사회 전반에 뿌리내려야 할 것이다. '관용'은 상대방을 존중하고, 상대의 의견도 정당할 수 있다는 전제하에 대화와 타협으로 합리적인 결론에 이르려는 상대주의적 자세이다. 원효 스님의 화쟁사상이나 한국 불교사에 면면히 이어져 내려온 원융회통의 정신도 모두 이와 맥을 같이하는 것이다. 원효 스님의 말씀과 같이 어떠한 대립적 주장들도 일심(一心)의 경지에서 보면 결국 평등하다. 조금만 떨어져서 보면 수많은 쟁론들이 얼마나 하찮은 아집에 얽매어 있는지를 알게 된다.

신사년 올 한 해는 정치인부터 모든 국민에 이르기까지 상대방의 이야기에 좀 더 귀 기울이고, 서로의 처지를 이해하려고 노력하는 날들로 채워졌으면 좋겠다. 경제 위기에 대한 두려움과 이기적 대응, 그리고 지역주의를 비롯한 불신과 적대의 감정을 모두 비우고, 그 빈자리를 자신감과 관용의 문화로 차곡차곡 채워 갔으면 싶다. 마음의 창고를 비우기가 쉽지 않으면 절에 가서 기도를 하자. '절'은 '절을 많이 하라'고 '절'이라고 한다지 않던가. 비우고 또 채우기 위해서 올해는 나도 자주 절에 올라가야겠다.

『해인』 2001년 1월호, 「비움과 채움의 미학」

내가 『조선일보』와 싸우는 이유

우리 사회에는 여러 가지 언론이 존재한다. 어떤 언론이 보수적 관점을 가지고 있는지 아니면 진보적 관점을 가지고 있는지는 그다지 중요한 문제가 아니다. 중요한 것은 논조를 불문하고 언론은 사실을 보도해야 하고, 사실의 취사선택에 있어서 합리적 균형을 유지해야 하며, 그 방법이 정당해야 한다는 것이다. 그러나 우리 사회에는 그렇지 않은 언론, 다시 말하면 언론의 정도에서 크게 벗어난 언론이 적지 않다. 대표적인 언론이 바로 『조선일보』다.

『조선일보』의 교만함

그렇다면 『조선일보』는 어떠한가. 이것은 우리가 『조선일보』와 싸워야 하는 이유이기도 하다.

첫째, 『조선일보』는 자신의 의도에 맞추기 위해 사실을 왜곡·조작해 국민들을 호도하고 있다. 이는 스스로 언론이기를 포기한 것이다.

둘째, 『조선일보』는 의도를 가지고 치밀한 계획 아래 정치를 좌지우지하고, 자신의 입맛에 맞는 권력을 창출하려 한다. 특정 정치 세력과의 유착을 통해 정권을 창출하는 데 기여함으로써 한 차원 높은 권언 유착을 현실화하려 하고 있다. 정치권력은 국민이 선택하는 것이지 언론이 선택하는 것이 아니다. 그러나 『조선일보』는 권력 의지를 노골적으로 드러내면서 국민 위에 군림하려 한다.

셋째, 『조선일보』는 역사의 흐름을 거슬러서 민족 화해를 방해하고 분단 고착화를 집요하게 시도하고 있다. 『조선일보』가 목적을 위해 수단 방법을 가리지 않는 것은 잘 알려져 있는 사실이지만, 특히 이 점에 있어서는 더욱 그렇다.

『조선일보』의 역사는 일제와 독재 정권에 결탁해 기생해 온 특권 세력의 역사를 대표하고 있다. 일제 때 천황 폐하 만세를 부르며 신문 제호 위에 일장기를 올려놓은 신문이 『조선일보』이다. 지식인, 학생, 서민, 노동자들이 민주주의와 최소한의 생존, 언론 자유를 부르짖다 고문을 당할 때에도 그들의 권리를 위해서는 한마디도 한 적이 없는 신문이 바로 『조선일보』이다. 바로 그 『조선일보』가 민주화된 마당에 민주 세력을 자처하면서 권력을 자신들의 뜻대로 이끌어 가려고 하고 있다.

언론이라면 당연히 정권을 비판할 수도 있고 자신의 노선을 주장할 수도 있다. 하지만 정부와 개혁 세력에 대한 『조선일보』의 무차별한 공세는 언론으로서 지켜야 할 최소한의 선을 넘어선 것이다. 우선 방법이 정당하지 않다. 최소한 언론이라면 공격이나 비판은 자신들의 의견으로 하되, 사실만은 객관적으로 보도해야 한다.

그러나 『조선일보』는 객관적 사실 자체마저도 자신들의 취향에 따라 왜곡하고 여기에 교묘하게 제목을 붙여서 독자들의 판단을 흐리게 해 왔다. 특히 최근에는 외신 기사를 인용 보도하면서 자신들의 구미에 맞추기 위해 엉뚱한 오역을 일삼기도 한다. 세상을 있는 그대로 더 정확히 보기 위해 쓴 안경이 오히려 객관적 사물을 때로는 확대시키고 때로는 축소시켜 버린 셈이다. 이것은 분명 언론의 징도가 아니다.

『조선일보』의 더욱 심각한 문제는 정치를 자신들의 의도대로 좌지우지하려는 교만함이다. 『조선일보』는 자신들의 지면을 통해 민주당의 재집권을 방해함으로써 자신들의 구미에 맞는 정권을 창출하겠다는 의도를 분명하게 드러내 왔다. 『조선일보』의 주요 간부가 사석에서 "다음 대선에서 민주당의 정권 재창출은 없다"고 단정하는가 하면, 이회창 총재에 대해서는 온갖 방법을 동원해 조언과 충고를 아끼지 않는다. 『조선일보』의 조언에 따라 한나라당이 시행하고, 이것을 다시 『조선일보』가 대서특필하는 이상한 관계이다. 『조선일보』가 한나라당의 기관지인지, 이회창 총재가 『조선일보』의 대변인인지 구분이 가지 않을 정도이다.

『조선일보』 사주는 신문 제작에서 손을 떼라

김영삼 정부 시절에도 『조선일보』는 자신들이 지원했던 정권이 대북 유화정책과 개혁 정책을 시행하자 그 순간부터 문민정부를 흔들기 시작했다. 그러한 기조 아래 『조선일보』는 또다시 이회창 편들기를 통해 차기 대선에서 특권 세력을 부활시킴으로써 개혁을 차단하려 하고 있는 것이다.

이처럼『조선일보』가 보여 주는 부도덕한 행태의 근원을 거슬러 올라가면 문제는 '사주'로 귀착된다.『조선일보』의 사주는 지금 '언론의 자유'가 마치 '언론 사주의 자유'와 동의어인 것처럼 착각하고 있다. 그러나 '언론의 자유'와 '언론 사주의 자유'는 분명히 다른 것이다.

언론의 자유는 두말할 필요가 없는 기본권이다. 하지만 그것이 '언론 사주의 자유' 아니 '언론 사주의 탈세 특권'이라는 말은 결코 아니다. 언론의 자유는 바로 '기자의 자유'이다. 이는 언론 사주라도 침해해서는 안 된다. 언론의 자유는 세금을 탈세하는 등 국민 위에 군림하고 초법적 특권을 행사하는 특권이 아니다. 따라서『조선일보』의 사주는 신문 제작에서 손을 떼고『조선일보』기자들에게 언론의 자유를 되돌려 주어야 한다. 대주주는 경제적 이익을 얻는 데 그쳐야지 인사권과 편집권까지 좌우해서는 안 된다.

국세청의 세무조사 결과 발표를 놓고『조선일보』와 한나라당에서는 '언론 탄압', '언론 길들이기'라는 목소리가 높다. '차기 대선을 겨냥한 언론 정비 작업', 심지어는 '김정일의 답방을 준비하는 사전 정지 작업'이라는 색깔론까지 동원하고 있다. 그렇다면 세무조사를 통해 과연 언론은 길들여졌는가? 그래서 정부에 대해 일방적으로 매서운 비난을 퍼붓던『조선일보』의 논조가 사뭇 부드러워지기라도 했는가? 오히려 더욱 노골적으로 정부를 비난하며 독자들을 선동하고 있지 않은가?

『중앙일보』의 계열사였던 보광그룹에 대한 세무조사가 이를 반증해 주고 있다. 보광의 세무조사와 사주의 구속에도 불구하고 『중앙일보』는 지금까지도 건재하며 예전과 다름없이 정부를 향해서 막강한 공격의 칼날을 세우고 있다.

세무조사가 '언론 길들이기', '대선을 겨냥한 언론 정비 작업'이라는 주장은 애초부터 설득력이 없는 것이다. 그것이 목적이라면 최소한 언론과 그런 거래를 할 수 있는 마지막 카드인 세무조사를 직접 꺼내들 어리석은 정권은 없을 것이기 때문이다. 정부가 언론에 대한 세무조사와 그 결과를 공개적으로 밝힌 것은 그 자체가 언론과의 거래나 타협을 전제로 한 것이 아님을 충분히 입증하는 것이다. 김영삼 정부가 세무조사를 해 놓고도 발표하지 않았던 선례를 돌이켜 볼 때, 이번 세무조사의 정당성은 충분히 설명이 되고도 남음이 있다.

이제는 흥정도 언론 장악도 모두 의미가 없는 것임이 입증되었다. 권력이 세무조사를 하지 않는 동안에는 모든 언론들이 은근히 권력의 눈치를 보았을 것이다. 그러나 이제는 세금을 내면 된다. 세금을 다 내고 나면 권력은 언론과 흥정을 도모할 거리가 없어지게 된다.

『조선일보』도 마찬가지이다. 권력이 두려워할 말을 못하거나, 그것을 은폐하기 위해서 큰소리를 치는 경우는 이제 없을 것이다. 언론과 권력은 각기 제 갈 길을 가면 되는 것이다. 마침내 국가의 조세권은 정당하게 행사되는 것이고, 『조선일보』는 자신의 약점 때문에 조심스러워했던 보도의 자유를 행사하게 되는 것이다. 각기 정도(正道)로 돌아가는 것이다. 과거에 권력과 언론이 결탁, 유착했던 비정상적 상태가 정상적인 상태로 돌아가는 것이다.

『조선일보』는 스스로 어두운 과거 청산해야

TV 광고를 보면 젊은이들이 전철을 타려고 줄을 서면서 "지킬 것은 지킨다"고 말하는 장면이 있다. 그것은 실정법도 아닌, 사회적 합의이자 약속이다. 기사와 사설을 통해 사회적 합의와 약속을 강조해 온『조선일보』가 지금 왜 그렇게 하지 않는가? 왜 『조선일보』와 한나라당은 헌법이 정한 의무 가운데 유독 납세의 의무에 대해서만은 침묵으로 일관하고 있는 것인가?

우리나라의 언론은『조선일보』등에 의해 지나치게 독점되어 온 것이 사실이다. 그 언론들의 철학은 냉전과 국수주의 그리고 개발 일변도의 이데올로기이다. 평화적 정권 교체가 이루어지기까지 사회 전반의 민주주의는 발전을 이루어 왔지만 언론은 여전히 과거의 불균형한 구조를 그대로 물려받은 채 지금까지 이어지고 있다.

오늘날에는 갈등을 조정해 사회를 통합하는 역할이 특히 중요한데, 지난날에는 이러한 역할을 공권력이 일종의 폭력을 동원하여 수행해 왔다. 그러나 6월항쟁 이후에는 그러한 공권력이 무력화되었다. 폭력으로 하던 것을 이제는 말로 해야 한다. 그런 대화와 토론, 타협을 통한 공론(公論)의 마당이 바로 매스컴이다. 그런데 우리 사회의 현실을 보면 사회를 구성하는 세력들 간에 힘의 불균형이 극심하다. 언론을 보면 편향적 시각을 가진 한두 매체가 압도적인 독점을 바탕으로 일방적인 시각을 국민에게 주입시키고 있다. 그 중심에 바로『조선일보』가 서 있다. 이제 사회의 보편적 인식에 맞게 균형이 이루어져야 한다. 공정한 경쟁을 위해서도 그렇고, 우리 모두가 군사독재와 개발독재에 물든 사고의 한계를 뛰어넘어 세계를 내다보는 사고로 나아가기 위해서도 그렇다.

이제 정부는 제자리로 돌아갈 것이다. 언론에 대해서 불법을 밝히면서 법의 적용도 일반 시민과 똑같이 할 것이다. 그것이 정부가 할 수 있는 최선의 역할이다.

『조선일보』는 어두운 과거를 스스로 청산해야 한다. 『조선일보』 사주는 비리의 실체가 드러난 마당에 국민에게 사죄하고, 기자들에게 언론의 자유를 돌려주든가 아니면 언론사 경영에서 손을 떼야 할 것이다. 『조선일보』 기자들은 스스로 숭고한 권리를 지키기 위해 본연의 자세로 돌아가야 한다. 언론 자유의 본질을 침해하는 데 맞서고, 최소한의 양심을 지키기 위해 항거하는 용기를 가져야 한다. 시민들은 언론의 편파 보도에 매몰되지 않는 분별력을 가져야 한다. 잘못된 보도에 대해서는 항의하는 당당한 시민이 돼야 한다. 왜곡 보도를 일삼으면서 역사 발전을 가로막는 『조선일보』와 맞서 싸워야 한다.

월간 『말』 2001년 8월호, 「내가 조선일보와 싸우는 이유」

'가치 문화의 시대'를 열자

인류는 얼마나 더 생존할 수 있을 것인가

지금 한국에서 무엇이 가장 중요한가. 어쩌면 쓸모없는 고민일 수도 있지만 제가 항상 고민하는 문제는 인류가 이 지구상에서 얼마나 더 살 수 있을 것인지 하는 것입니다. 결론을 내릴 수는 없지만 다만 한 가지 아주 불안한 것은 자연의 섭리에 의해 정해진 인류의 수명을 인간이 스스로 단축해 버리는 일은 없을 것인가 하는 문제, 인간이 과연 하느님이 정해 놓은 만큼 살 수 있을 것인가 하는 문제입니다. 가끔 이 문제에 대해 생각도 해 보고 제 생각을 말하기도 하는데 오늘은 그냥 가끔 이런 싱거운 생각도 한다는 정도만 말씀드리겠습니다.

지금 한국은 어디쯤 와 있는가

한국이 지금 어디쯤 왔는가, 최종적인 목표가 정확하게 어디인지는 모르지만 과연 어디쯤 왔는가, 이런 생각도 해 봅니다. 흔히들 선진 민주국가들만큼 되는 것을 1차적 목표라고 한다면 한국은 얼마쯤 더 뛰어야 걸어갈 수 있을 것인가. 선진국들이 여유를 가지고 걸어가고 있다고 표현한다면 현재 한국은 이를 따라잡기 위해 열심히 뛰어가고 있거든요. 과연 얼마쯤 뛰었으며 앞으로 얼마쯤 남았는가 하는 문제에 대해서 가끔 생각을 해 봅니다.

제가 오늘 아침에도 사무실에서 참모들과 이 문제에 대해 이야기를 좀 해 보았는데 대체적으로 75% 정도 이루었다고들 이야기를 하더라고요. 여러분들은 어떻게 생각하십니까? 대체로 수긍하시죠?(예.)

왜 이런 문제를 제기하는가 하면 한국이 지금 성취해야 할 과제가 무엇인지를 찾기 위함입니다. 한국이 앞으로 무엇무엇을 더 성취해야 하는지 그 과제를 구체적으로 한번 생각해 보자는 것입니다.

해방 후 한국이 이루었어야 할 과제들

1945년 우리나라가 일제의 식민지 지배로부터 해방이 되었을 때, 지금 돌이켜 보면 무엇무엇을 했어야 했을까요?

제일 먼저 민주국가를 건설했어야 합니다. 자주독립국가를 건설했어야 했고요. 조금 살기 넉넉한 경제 건설을 했어야 할 것으로 생각하고, 민족이 하나로 되는 통합된 국가를 건설했어야 했을 거라고 생각합니다. 이때를 출발점이라 했을 때 지금 우리가 성취한 것은 무엇이며 성취하지 못한 것은 무엇인가.

민주국가를 건설한다고 했는데, 자유당 독재 시절을 거쳐서 4·19혁명으로 잠시 민주주의 맛을 보는 듯하다가 5·16군사쿠데타로 인해서 다시 독재 체제하로 들어가 버리고 말았습니다. 민주주의는 끊임없이 짓밟혀 왔고, 1987년 6월항쟁에 와서야 비로소 한국도 선진 민주주의국가에서 겪었던 시민혁명과 유사한 역사적 경험을 성취했고, 그로부터 10년이 지난 1997년에 와서야 비로소 정권 교체라는 역사적 고비를 넘어왔습니다. 그럼 지금 이제 남은 것은 무엇이냐? 곰곰이 생각해 봐야 합니다. 이 시점에서 정권 교체까지 이루어지고 민주 정부가 들어섰다고 하는데, 한쪽에서는 지금 독재라고 이야기하고 있고 언론 탄압을 이야기하고 있고 이 정부의 인기가 땅바닥으로 떨어져 내리고 있습니다. 그리밖에 못하냐. 이제 무엇이 남았으며 무엇이 이루어졌는지 한번 생각해 봐야 할 것입니다.

한 국가 공동체는 통합되어야 합니다. 국민들은 하나로서 공동의 목표를 가지고 어떤 지향에 대해서 공감하면서 전략적 합의를 가지고 새로운 역사를 향해서 나아가야 하는데, 한국의 통합 수준은 얼마나 되는가.

남북은 분단되어 있고 동서는 서로 말이 통하지 않을 정도로 심각하게 분열되어 있습니다. 정치적 의제에 대해 국회에서 여야 간에 서로 말이 통하지 않습니다. 국민들 사이에서도 무엇이 이 시기에 소중하냐고 정책을 내놓고 의견을 물으면 지역 간에 서로 말이 상이합니다. 말이 통하질 않습니다. 이런 상황이고요.

경제는 상당히 발전했죠. 좀 벌었습니다. 반도체 기술은 세계 일류고 인터넷 기술은 일본을 앞질렀고 전반적 기술 경제 수준은 곧 선진국 수준을 따라갈 것이라는 것이 한국의 자신감입니다. 이것을 놓고 많은 사람들이 한국이 근대화되었다고 이야기합니다. 근대화는 성취되었다고 하는데, 한국에서 과연 근대화가 성취되었습니까?

산업화가 성취되었다는 것에 대해서는 동의하겠습니다. 그러나 근대화라는 것은 물질문명의 발달 수준에 의해 평가되는 산업화를 의미하는 것이 아니라 정신문화, 가치 문화적 측면에서 근대적 요소를 성취했을 때 그것을 우리는 비로소 근대화라고 이야기하는 것입니다. 서구 근대 문명이라는 것은 단순히 산업혁명의 완성에 따른 산업화만을 의미하는 것은 아니거든요. 계몽주의로부터 비롯된 서구 이성주의와 합리주의 문화라는 것이 거기에 수용될 때 비로소 근대화가 되었다고 이야기할 수 있는 것인데, 한국이 과연 그와 같은 의미에서의 근대화가 되었는가.

그래서 오늘날 근대화 세력이라고 스스로 주장하는 사람들과 그것을 근대화 세력이라고 별 생각 없이 받아쓰는 많은 사람들, 그리고 심지어 우리 민주당에서까지도 근대화 세력이라고 이야기하면서 무슨 민주화 세력과 근대화 세력이 손잡자고 이야기하는 데 대해서 과연 이 언어 사용이 올바른지에 대해 한번 의문을 제기해 봐야 하거든요. 민주화 세력과 근대화 세력, 민주화 안 된 세력이 어떻게 근대화 세력이라고 말할 수 있느냐, 민주화 세력과 산업화 세력이 손잡자고 한다면, 손잡아지는 것인지는 모르겠지만 그건 틀린 말은 아니지요. 한국이 성취한 것은 산업화 한 가지다 이겁니다. 통합은 멀었고 민주화는 어느 정도 왔습니다. 그래서 한국은 소위 근대화된 선진 민주국가와 어깨를 나란히 겨루기 위해서는 해결해야 될 많은 문제들이 남아 있다고 생각합니다. 그러나 너무 점수를 깎아 버리면 기가 죽을 수도 있으니 적어도 75% 정도 왔다 앞으로 25리를 따라잡으면 된다. 그럼 따라잡기 위해 앞으로 25리에 남은 것이 뭐냐 그 말씀을 오늘 드리려고 합니다.

한국 민주주의의 남은 과제 1 ─ 대화와 타협의 문화

우선 그동안 우리는 오랜 세월 동안 민주주의를 하기 위해 투쟁해 왔습니다. 그 결과 민주주의는 얼마만큼 성취되었는가. 저는 민주주의의 남은 과제를 타협의 문화라고 생각합니다. 그동안 민주주의 역사에서 겪는 시민혁명, 시민 봉기와 같은 역사적 경험을 이루었고 정권 교체도 했습니다. 그러면 민주주의 다 된 거냐? 아니다. 타협의 문화가 성숙할 때 비로소 한국의 민주주의가 제 궤도에 들어서게 된다 저는 그렇게 생각합니다. 그래서 지금 우리가 성취해야 할 중요한 과제 중의 하나를 타협의 문화로 잡고 한번 말씀을 드려 보겠습니다.

타협의 문화 그게 뭐냐, 옛날의 역사는 투쟁의 역사였지 않습니까. 투쟁이 제일의 가치였거든요. 저도 그랬고요. 여기 계신 많은 분들도 학교 다닐 때 투쟁을 했습니다. 그것도 민주주의를 위한 투쟁을 했습니다.

민주주의가 뭐냐, 첫 번째는 민주주의라는 사상, 인간의 존엄과 가치, 국민주권, 이런 것들을 내용으로 하는 민주주의 사상이 싹트던 시대를 1단계라고 할 수 있을 것입니다.

민주주의의 2단계는 시민혁명을 통해서 일단 시민이 역사의 전면에 등장하고 권력에 개입하기 시작하는 것입니다. 그 이

전에는 권력은 시민들과는 관계없는 것이었거든요. 권력에 개입하기 시작한 것이 시민혁명 이후부터의 일입니다. 그 이후부터 이제 치열하게 기득권 세력들과 투쟁을 하면서 엎치락뒤치락하면서 민주주의 제도를 만들고 발전시켜 왔습니다.

그런데 지금 선신국들은 한국적 민주주의와 무엇이 왜 다른가? 같은 대통령제인데 남미에서는 독재가 되고 미국에서는 민주주의가 되는가. 똑같은 내각제인데 서구 유럽에서는 민주주의가 되고 아시아의 내각제는 민주주의가 안 되는가. 도대체 어떤 차이인가?

제도의 차이는 아닌 것이죠. 이것은 역사의 차이가 있습니다. 즉 혁명의 역사, 정권 교체의 역사의 차이로부터 기인한 것이라고 생각합니다. 또한 역사를 토대로 한 행태의 차이가 있습니다. 역사의 차이는 시민들의 의식과 행동 양식을 다르게 합니다. 그중에서도 특히 적극적 참여의 수준이 다르기 때문에 민주주의의 수준의 차이가 나는 것입니다. 그래서 민주주의의 세 번째 단계에서는 시민적 참여의 수준이 되어야 비로소 민주주의가 후퇴하지 않고 제 궤도에 올라갈 수 있습니다. 그래서 참여 민주주의가 대두되고 있는 것입니다. 새로운 시대의 과제로 참여 민주주의를 제기하고 있습니다.

또 다른 관점에서 민주주의 발전 과정을 보면 투쟁 없이 민주주의 없고 끝까지 투쟁하면 민주주의는 망한다는 가설을 세울 수 있습니다. 민주주의 주체인 시민이 권력에 개입하기 위해 지배 세력의 권력에 끊임없이 도전할 때 싸움을 해서 얻어 냈습니다. 투쟁을 통해 민주주의를 쟁취해 내는 과정이 민주주의의 역사입니다. 투쟁 없는 민주주의는 없습니다. 벤치마킹한 민주주의는 또 다른 대가를 치르지 않으면 민주주의로 갈 수 없습니다.

그러나 끝까지 투쟁만 하면 민주주의는 존재하지 않습니다. 왜냐하면 민주주의가 절대적 체제를 용납하지 않는 철학적 기초 위에 있기 때문입니다. 또한 민주주의는 상대주의에 기초하고 있는 제도이기 때문입니다. 민주주의에서는 진리란 말을 잘 쓰지 않고 보편적 합의, 보편성, 보편적 가치라는 말을 씁니다. 민주주의가 추구하는 것은 대화와 타협의 문화이고, 이것을 통해 합의를 이끌어 나가는 과정을 말합니다.

한국은 민주주의가 왜 안 되나? 전환기이자 과도기이기 때문입니다. 민주주의 사회에서는 여러 집단 간 계층 간 철학과 이해관계가 다릅니다. 이를 타협으로 이끌어 가야 하는데, 이해관계가 다르면 갈등, 투쟁이 생깁니다.

그동안 이해관계가 다른 사회적 갈등을 어떻게 해소해 왔는가. 이때까지는 권력이 주먹으로 해결해 왔습니다. 누가 들고일어나면 중앙정보부나 안기부에서 전화만 하면 제압이 되었습니다. 덤비면 재미없거든요.

그런데 민주화 투쟁, 6월항쟁 이후 그런 방법이 이제 잘 통하지 않게 되었습니다. 그다음의 정권은 그것이 부당하다고 싸운 사람들이기 때문에 주먹으로 과거처럼 할 수도 없고, 또한 권력과 싸워 승리한 시민들이 권력에 대해 겁을 먹을 리도 없습니다. 이제 갈등의 문제를 국가가 나서서 힘과 주먹으로 해결할 수 없는 사회가 되었기 때문에 모든 문제가 투쟁으로 불거져 나옵니다. 한약 분쟁, 의약 분규, 교원 충원 문제, 구조조정에 따른 공기업 정리해고 문제, 새만금 등 이제는 주먹으로 안 됩니다. 합의와 타협으로 해결해야 됩니다. 표결이 있지 않냐? 국회에서 표결을 마구잡이로 붙이면 몸으로 막습니다. 국회에서 어떤 경우에 표결을 몸으로 막으면 정당하고 어떤 경우는 부당한가? 경우가 다릅니다. 옛날에는 말도 안 되는 법은 국회의원들이 몸으로라도 막아야 된다고 했었습니다. 찬성하는 사람도 많았지요. 그러나 요즘은 몸으로 막으려고 하면 '아니 뭐 하는 거냐' '표결로 해야지'라고 비난합니다. 그 차이는 타협의 과정을 얼마만큼 거쳤느냐는 것이지요.

국회에서 여야 간에 쟁점이 10개가 있으면 처음에는 서로 간에 입장이 다 다릅니다. 하지만 상임위나 소위원회에서 토론을 하다 보면 타협선이 만들어지고 거의 해결되어집니다. 그래서 쟁점이 두 개 혹은 세 개 정도로 좁혀지면 좀 더 이야기를 해 가지고 마지막 합의로 통과시키면 되는데 국회의원들은 유권자들의 눈치를 봐야 하기 때문에 '나는 이 안에 대해서 찬성한다. 혹은 반대한다'는 것을 공개적으로 보여 주기 위해서 표결을 하는 것입니다. 즉 통과되더라도 서로 간에 얻을 만큼 얻었다고 판단되었을 때 표결로 처리하는 것이거든요.

타협이 민주주의의 원칙입니다. 이제 타협을 통해 문제를 풀어 갈 수밖에 없는데, 지금까지 민중들을 협상의 테이블에 앉혀 준 적이 없습니다. 타협의 경험이 없기 때문에 타협의 기술이 없습니다. 그래서 자기 고집을 가지고 끝까지 달려가는 사회적 현상이 일반화되어 있습니다.

적어도 김대중 대통령의 정치적 역량을 평가할 때 이러한 정치적 상황을 보고 평가해야 됩니다. 왜 이리 힘이 없냐고들 이야기합니다. 그러나 지금은 힘으로 밀어붙일 수 있는 시대가 아닙니다. 이제는 대화와 타협을 통한 문제 해결 방식이 우리 사회의 새로운 정치 문화로 자리 잡아 가야 합니다. 우리의 큰 숙제입니다.

이것을 하자면 가장 중요한 조건이 있습니다. 서로 말이 통해야 타협이 될 거 아닙니까. 한나라당 대변인은 국가원수에 대해서 왜 그처럼 모질고 독한 말만 골라서 논평을 내느냐? 자질이 모자라서인가? 아닙니다. 지역 정서가 버티고 있기 때문입니다. 그렇게 험하게 비판을 해야만 고향에 가서 인기가 올라가고 아니면 인기가 떨어지기 때문입니다. 싸우면 박수, 타협하면 욕이 나오는데 어떤 정치인이 타협에 나서겠습니까? 타협의 경험도 기술도 없습니다. 지역 구도가 한국 정치의 가장 큰 장애물입니다.

타협이란 관용의 철학을 기본으로 하는 것입니다. '당신도 나도 이 시대에 함께 공존할 권리가 있다' 이것이 안 되는 것이 이스라엘과 아랍입니다. 이스라엘은 그 땅이 2,000년 전에 자기네 땅이었다고 주장하지만 아랍에서는 "무슨 소리냐. 너희는 시효도 모르냐. 이 땅은 이미 우리 아랍 땅이 된 지 오랜데 억지 부리지 마라" 하면서 맨날 전쟁입니다. 공존할 수 없다는 생각을 가지고 있기 때문에 합의가 안 됩니다. 공존할 수 있는 권리를 함께 가지고 있다는 것을 인정해야 됩니다. 상대방이 가진 권리도 존중받을 가치가 있다는 것을 인정하는 것이 관용입니다.

관용의 철학의 기초는 상대주의입니다. 민주주의는 상대주의 철학에 기초한 정치제도입니다. 관용이야말로 민주주의를 성공시키기 위한 사고의 기반이라고 할 수 있습니다.

서로 다른 의견을 가지고 합의를 이루어 나가려고 했을 때 필요한 것이 대화입니다. 서로 다른 의견을 같은 결론으로 모아 나가는 것, 타당한 결론을 찾아 나가는 과정에서 쓰는 것이 토론입니다. 대화와 토론의 문화가 타협의 문화의 기반이 됩니다.

앞으로 한국에서 제대로 민주주의가 되려면 토론 문화를 꽃 피워야 됩니다. 그리고 토론을 잘하는 사람이 모든 조직의 리더가 되어야 합니다. 〈심야토론〉처럼 구경꾼들 앞에서 상대를 꺾어 버리는 것을 목적으로 하는 토론이 아니라, 마음을 열고 저 사람의 모순과 내 의견의 모순을 찾아 나가는 것이 토론의 과정입니다. 진실, 타당한 결과로 나아가기 위해 우리 논리의 모순을 하나하나 발견하고 검증해 나가는 과정이 토론입니다. 토론 잘하는 사람이 조직의 리더가 되었을 때 조직의 문화가 꽃피고 조직의 효율성이 향상됩니다.

GE의 잭 웰치 회장의 경우도 토론을 잘하는 사람이었습니다. 현장의 일개 기술자의 발언을 존중해 주고 그와의 대화를 통해 좀 더 효율적인 것을 찾아 나가는 방법을 전체 조직 안에 퍼뜨렸습니다. 경쟁력 강한 조직으로 만들었습니다. 토론의 문화가 발전되어야 돈도 잘 벌고 민주주의도 잘하는 방법입니다.

그렇다면 준거할 교본이 없나? 모든 것을 하나하나 검증하기는 불가능합니다. 컴퓨터 프로그램을 짜는데 C언어로 짜면 유통성이나 호환성은 좋은데 시간이 오래 걸립니다. 그래서 비주얼 베이직이나 델파이로 짜는데 개발된 모듈이 많기 때문에 대강대강 꿰맞추면 속도가 아주 빨라집니다. 이처럼 효율적으로 개발된 툴(tool)이 무엇이냐 하면 바로 합리주의입니다.

민주주의 정치제도는 합리주의의 토대하에서 합리주의 원칙을 가지고 출발해야 됩니다. 동양과 서양의 구분이 필요 없습니다. 기술 개발을 위해서도 민주주의를 해야 됩니다. 합리주의 문화와 소통이 되지 않으면 거래도 안 되고 장사도 안 됩니다. 타당한 결론을 찾아 나가는 과정, 합의를 찾아 나가는 과정에서 툴이 합리주의입니다.

힘센 사람이 왜 양보합니까? 가령 사과 하나를 유치원생과 대학생이 갈라 먹어야 할 경우 대학생이 배가 무지 고프다면 합의가 되겠습니까? 그냥 먹어 버리면 되는 거죠. 적어도 나 혼자 먹으려고 했을 때 상대방이 안 된다고 막아 나서서 치고받고 싸우다 보니 도저히 승부가 날 것 같지 않아서 서로 간에 '야 이러지 말고 우리 반씩 갈라 먹자'고 하려면, 서로 간에 힘이 비슷해야 이런 타협이 가능하겠죠?

많은 사람들과 집단들이 이해관계를 놓고 치열하게 싸울 경우 이것을 잘 조절해 나가야 되는데 이 조절이 이루어지는 조건은 힘의 균형입니다. 특히 제도의 장(場)인 입법, 행정, 사법의 장에서 힘이 비슷해야 대화가 시작되고 타협이 이루어집니다. 한쪽은 너무 강하고 한쪽은 너무 약하면 일방통행이 됩니다. 정치의 장에서도 세력균형이 갖추어져야 합니다. 오늘날 국회가 그동안 소외받았던 많은 사람들의 권리와 주장을 잘 대변하고 있는지는 다시 한 번 되돌아보아야 할 것입니다. 호남의 경우도 마찬가지입니다. 그동안 호남 사람들은 국방부 장관도, 검찰총장도 할 수가 없었습니다. 그래서 오직 한 분 김대중 선생님이 대통령 될 때까지 무조건 찍자고 해 왔잖습니까? 이래서는 안 되는데 세력의 균형이 이루어지지 않으니까 일방적인 행동을 할 수밖에 없었던 것입니다.

오늘날 그래도 정치인들은 국회에서 여론의 눈치를 봅니다. 여론은 언론이 만드는 것입니다. 그동안 정치권력이 국민들을 속여 왔습니다. 하지만 이제는 힘이 없어졌습니다. 제가 그래도 집권 여당의 최고위원인데 요새 보면 먹을 거 정말 없어졌습니다.(웃음) 옛날 권력이랑 다릅니다.

그런데 욕을 할 때는 전혀 망설이지 않고 마구 욕을 해 대면서 언론 탄압한다고 하는데, 여러분 요즘 일부 신문 한번 보십시오. 권력이 언론 탄압하는지 언론이 권력 탄압하는지? 앞으로 권력은 과거의 권력과 다르며, 이미 많이 달라졌습니다. 권력이 국민 위에 군림하던 시대가 아닙니다.

그럼에도 불구하고 대강 국민들을 속이면서 떵떵거리는 집단이 하나 있죠, 언론입니다. 책임지지도 않고 하고 싶은 대로 쓰고, 자기 마음에 드는 소리만 씁니다. 이 정권에 도움이 되는 말은 받아쓰지 않거나 조그맣게 쓰고 이 정권을 공격하는 말은 사실이건 아니건 누군가 말만 하면 대문짝만하게 씁니다. 공은 10분의 1로 깎아내리고 과는 열 배로 뻥튀기해서 보도하고 있습니다. 그러나 저는 아주 다행스럽게 생각하는 부분이 있습니다. 만약 이들 언론이 이 정권을 죽이겠다고 작심하고 아주 표 나지 않게 지능적으로 공격을 한다면 어찌 해 볼 도리가 없을 텐데, 지금 사주가 감옥에 있으니까 사주한테 충성을 하려고 그러는지 마구잡이로 민주당에 상처를 냅니다. 너무 표가 나게 공격을 해

대니까 국민들이 읽으면서, 해도 너무한다고 느끼는 국민도 있습니다.

여론의 장을 장악하고 있는 것이 미디어입니다. 이 미디어의 장에 세력균형이 이루어져야 됩니다. 민중의 소리와 기득권자의 소리가 비슷비슷하게 나와야 합니다. 그런 균형이 잡혀야 한국에 소위 공론이 만들어지는데 민중의 소리는 안 들립니다. 호남의 소리도 안 들립니다. 호남이 다 해 먹는다는 소리는 들리는데 호남이 어렵다는 소리는 전혀 안 들리더라고요. 호남뿐만 아니라 우리 노동자들은 얼마나 속이 타겠습니까…… 세력균형이 이루어져야 합니다. 제도정치의 장에서, 그리고 여론의 장에서 세력균형이 이루어져야 대화와 타협의 문화가 생겨날 수 있습니다. 이것이 한국 민주주의의 최대의 과제라고 생각합니다. 대화와 타협의 문화는 한국 민주주의의 최대 과제입니다. 우리 국민들은 성숙한 민주주의 발전을 위해 관용의 정신, 대화와 토론 문화, 합리주의에 대해 깊이 생각해야 합니다.

한국 민주주의의 남은 과제 2 ― 사회 통합

지금 이 시기 두 번째 가장 중요한 것이 사회 통합입니다. 사회 통합을 위해서는 계층 통합과 동서 통합을 이루어야 합니다.

앞으로는 계층 통합이 중요한 시대로 갑니다. 시장경제, 4대 부문 개혁, 세계화라는 말 속에는 작은 정부, 규제 완화, 민영화, 노동의 유연화의 의미가 들어 있습니다. 이것을 시행했을 때 빈부 격차가 심해지지 않는 나라가 없습니다. 노동자들의 실질소득은 떨어지고 있습니다. 소비 수요가 떨어질 수밖에 없습니다. 경제가 침체하게 됩니다. 지속적인 성장을 위해서도 분배의 문제가 중요합니다. 사회 통합을 위해서 '이 세상이 뒤집어졌으면 좋겠다'고 생각하는 사람을 줄여야 됩니다. 그래서 생산적 복지 정책이 나온 것입니다. 지속적인 수요 창출을 위한 분배가 필요합니다.

동서 통합이 중요합니다. 분열은 인류 공동의 적입니다. 역사의 경험상 불행을 남겨 주지 않았던 적이 없었습니다. 한국의 역사는 분단 때문에 민주주의가 지체되었고 친일 잔재가 청산되지 못했습니다. 6월항쟁 이후 야당의 분열, 민주 세력의 분열 때문에 왜곡된 민주주의의 길을 걸어왔습니다. 민주주의가 구박받고 있습니다. 분열은 역사를 왜곡시킵니다. 고통이 따르고 있습니다.

한국 민주주의의 남은 과제 3 ― 가치 문화의 시대

외부 세계에 대해 마음을 열어야 됩니다. 인류는 씨족사회에서 부족사회, 봉건사회에서 민족국가, 세계화로 발전해 왔습니다. 사람은 경제활동의 영역과 일치하는 단일한 정치 단위를 이루길 원합니다. 거기에서 보편적 가치를 실현하기를 원합니다. 경제 영역이 통합되면 생활 영역의 통합을 원합니다. 경쟁력을 강화하려고 합니다. 비용을 줄이기 위해 임금을 깎는 등의 전략을 씁니다. 세계화의 논리의 귀결입니다.

다른 의미에서 보면 민족국가 시대에는 국가의 가치가 최상의 가치였습니다. 중세에는 신과 교회가 모든 가치 체계의 정점이었습니다. 신이 원하면 목숨도 내놓아야 했습니다. 근대에는 국가를 거역하면 죽음이었습니다. 17세기에서 19세기를 거쳐 오면서 신의 시대에서 국가의 시대로 전환되었습니다.

그렇다면 국가는 영원한 것인가? EU는 국가로 이행 중인가? EU 소속 국가들은 국가로서 탈색되는 중입니다. 앞으로의 질서는 누가 지배할 것인가?

세계의 보편적 가치가 지배할 것입니다. 양심이 수용할 수 있는 가치 체계, 도덕적 윤리적 가치. 21세기는 가치의 시대일 것입니다. 강자도 혼자 강자일 수 없습니다. 혼자 안전을 방어할 수 있는 최강자는 없습니다. 새로운 시대에 접어들었습니다. 새로운 가치 체계, 사고방식을 가져야 합니다.

동북아의 새로운 시대에는 일본, 중국과의 관계를 어떻게 풀어 나가야 하나? 열린 문화, 열린 사고가 필요합니다. 배타성을 걱정스럽게 생각해야 됩니다.

부정부패도 옛날만큼 심각하지는 않습니다. 요즘에는 상당 부분 투명해진 것이 사실입니다. 지금 우리 사회에서는 연고주의가 문제이고 더 위험합니다. 연고의 틀 속에서 횡행하는 불공정한 거래들, 끼리끼리 해 먹는 풍토가 한국의 장래를 어둡게 하고 있습니다. 연고와 집단 이기주의의 문화를 깨야 합니다.

합리적이고 공정한 시대로 가야 됩니다. 사회가 통합되려면 결과에 있어서 균형, 과정에 있어서 공정한 사회가 되어야 합니다. 사람의 생각을 바꾸기가 쉽지 않습니다. '정직하면 손해 본다' 이렇게 교육합니다. '경쟁에서 이겨야 된다'는 것이 지배적 가치이자 문화입니다. 특권주의, '권력과 맞서면 패가망신한다'. 줄을 잘 서야 됩니다. 강자에게 약하고 약자에겐 강해야 됩니다.

간절한 소원입니다. 강자에게 당당해야 됩니다. 『조선일보』에 찍힐까 봐 정치인들 고개 숙이고 있습니다. 떨치고 일어나야 한국의 장래가 있습니다.

정정당당하게 승부하는 새로운 시대로 가야 합니다. 세계시장의 원리가 거기에 있습니다.

인간의 의식이 바뀌어야 합니다. 많은 제도 개혁의 과제가 거부당하고 있습니다. 제도 개혁된 것도 의식이 따라주지 않고 있습니다. 인간의 의식을 바꾸려면 역사를 바꾸어야 됩니다.

미국의 경우 정의의 깃발을 든 사람들이 이겼습니다. 링컨이 통합의 깃발을 들고 승리했습니다. 한국에서는 정의로운 사람들이 모두 죽임을 당하거나 망해 버렸습니다.

이제 정의로운 사람들이 승리하는 당당한 역사를 만들어 가야 합니다. 아이들이 건강한 역사를 만들어 나갈 수 있도록 정의롭고 착하게 일하는 사람, 군대도 가고 원칙을 지키며 살아가는 사람이 잘되는 역사, 당당하게 할 일 하는 사람들이 성공하고 주도해 나가는 새로운 역사를 만들어야 합니다.

자랑스러운 떳떳한 역사를 쓸 수 있습니다.

가치의 시대를 만들어 나가야 합니다. 가치를 존중하는 시대, 원칙을 존중하는 시대, 원칙을 지켜 성공한 사람이 이 시대를 주도해 나가야 합니다.

이들이 전면에 서야 됩니다. 불의에 당당하게 맞섰던, 자부심을 가졌던 사람들이 이 사회를 주도해 나가야 합니다. 지금 김대중 대통령은 역사상 가장 강력한 야당과 가장 악의적인 언론의 저항을 받으며 가장 첨예한 지역 간 대결 구도하에서, 대화와 타협의 문화는 성숙하지 않았고, 주먹을 쓸 수도 없는 한계 속에서 역사를 열어 나가고 있습니다. 김대중 대통령을 도와주어야 합니다.

민주주의에 뿌리를 두고 개혁을 지향하면서 국민들을 통합해 나가려는 확고한 결의를 가진 사람들이 이 나라의 정치를 주도해 나가야 합니다. 새로운 역사를 만들어 가야 합니다. 민주주의 이전에 사람이 사람을 신뢰할 수 있는 지도자가 나와야 안심하고 정치를 맡길 수 있습니다.

규범을 존중하고 지키는 가운데 사회의 신뢰가 만들어집니다. 원칙, 규범을 소중하게 생각하는 가치의 시대, 원칙의 시대를 만들어 가야 합니다. 또 원칙만 가지고 해결할 수 없는, 공존의 지혜를 개발해 나가는 정신문화를 살찌워 나가야 합니다. 사랑과 자비. 할 수 있는 사람이 누구입니까?

강제한다고 되는 게 아닙니다. 이걸 할 수 있는 인격적 토대를 갖춘 사람이 주도해 나가야 합니다. 시민들이 자발적으로 가치를 지향하고 감시하지 않아도 잘 돌아가는 성숙한 사회로 가게 됩니다. 각 분야에서 모델을 만들고 정치의 영역에서는 원칙을 지키고 신뢰를 지키고 자기를 희생하고 했던 사람이 빛 보는 사회로 가도록 우리 다 함께 노력해야 할 것입니다.

2001. 10. 25. 원광대학교 행정대학원 특강 연설

노무현이 만난 링컨

어느 때부터 제가 대통령이 되겠다고 말을 하기 시작했습니다. 많은 분들이 제게 무엇을 했느냐를 묻지 않고 무엇을 하겠느냐 비전을 내놓으라고 했습니다. 비전을 생각해 봤습니다. 제 마음에 가장 드는 비전, 그것은 전두환 대통령이 5공 때 내놓았던 '정의로운 사회'였습니다. 노태우 대통령이 내놨던 '보통 사람의 시대'도 상당히 매력 있는 비전이었습니다. 신한국, 세계화, 정보화, 개혁. 문민정부의 비전도 참 좋았습니다. 저는 국민의 정부의 비전은 달달 욉니다. 민주주의, 시장경제, 생산적 복지, 남북화해, 노사 협력, 지식 기반 사회. 저도 그렇게 말하면 됩니다, '저도 할 수 있습니다.' 그러나 이렇게 말할 때 제 가슴은 공허합니다. 그 말을 누가 못 하냐, 누가 무슨 말을 하느냐가 중요한 것이 아니라 누가 할 수 있느냐가 중요한 것 아니겠습니까.

오늘 아침에 저는 유종근 전북 지사가 지으신 『유종근의 신국가론』이라는 책을 읽었습니다. 한국에 미래가 있는가, 한국에는 두 개의 선택밖에 없다. 선진국으로 가느냐 아니면 퇴보해서 주저앉느냐 그 두 가지의 선택만 있을 뿐이지 제자리에 멈출 수 있는 방법은 없다, 어떻게 할 거냐, 선진국으로 가야 한다. 선진국으로 가기 위해서 무엇을 해야 하는가. 경제를 발전시켜야 한다, 경쟁력을 길러야 한다, 기술을 혁신해야 한다, 지식 기반 사회로 가야 한다, 다 맞다 이겁니다. 그러나 그 모든 것은 다 우리 한국이 할 수 있지만 우리 한국이 할 수 있을지 없을지 아주 의문스러운 하나의 조건이 있다, 신뢰, 협동이라는 이 사회적 자본을 한국이 제대로 구축하느냐 못 하느냐에 한국의 미래가 달려 있다. 앞으로 사회에 있어서의 생산성은 생산요소의 투입에 있는 것이 아니라, 기술혁신에 있는 것이 아니라, 그 토대가 되는 사회적 신뢰를 어떻게 구축해 가느냐 여기에 달려 있다, 이렇게 써 놓았습니다.

제가 정말 하고 싶었던 이야기가 쓰여 있어서 정말 반가웠습니다.

문제는 그 사회적 신뢰를 우리가 어떻게 만들어 갈 것이냐, 원칙이 있는 사회를 우리가 어떻게 만들어 갈 것이냐, 모든 사람이 규범을 존중하는 사회를 우리가 어떻게 만들어 갈 것이냐 거기에 대한 해답이 마땅히 없다는 것입니다. 1997년 저는 정치적으로 무소속에 있었습니다. 1996년에 3김 청산을 외치면서 민주당에 잔류했습니다. 1996년 4·11총선에서 저는 실패했습니다. 1997년 연말에 국민회의에 다시 입당했습니다. 정말 자존심이 상하는 일이었습니다. 3김 청산을 외치던 제가 3김 중의 한 분이 이끌고 있는 국민회의에 입당한다는 것이 정치적으로 말을 바꾸는 것 같기도 하고 또한 자존심이 상하기도 했습니다. 그러나 저는 단호히 국민회의에 입당했습니다. 세대교체도 좋고 3김 청산도 좋지만 이 나라 역사에서 우리가 반드시 해야 될 것이 하나 있다. 조선 건국 이래로 600년 동안 우리는 권력에 맞서서 권력을 한 번도 바꾸어 보지 못했고 비록 그것이 정의라 할지라도, 비록 그것이 진리라 할지라도, 권력이 싫어하는 말을 했던 사람은 또는 진리를 내세워서 권력에 저항했던 사람들은 전부 죽임을 당했다. 그 자손들까지 멸문지화를 당했다. 패가망신했다. 600년 동안 한국에서 부귀영화를 누리고자 하는 사람은 모두 권력에 줄을 서서 손바닥을 비비고 머리를 조아려야 했다. 그저 밥이나 먹고 살고 싶으면 세상에서 어떤 부정이 저질러져도, 어떤 불의가 눈앞에서 벌어지고 있어도, 강자가 부당하게 약자를 짓밟고 있어도 모른 척하고 고개 숙이고 외면해야 했다. 눈 감고 귀를 막고 비굴한 삶을 사는 사람만이 목숨을 부지하면서 밥이라도 먹고 살 수 있었던 우리 600년의 역사!

제 어머니가 제게 남겨 주었던 가훈은 "야 이놈아, 모난 돌이 정 맞는다", "계란으로 바위 치기다", "바람 부는 대로 물결치는 대로 눈치 보며 살아라." 1980년대, 시위하다가 감옥 간 우리의 정의롭고 혈기 넘치는 젊은 아이들에게 그 어머니들이 간곡히, 간곡히 타일렀던 그들의 가훈 역시 "야 이놈아, 계란으로 바위 치기다. 그만둬라. 너는 뒤로 빠져라." 이 비겁한 교훈을 가르쳐야 했던 우리 600년의 역사, 이 역사를 청산해야 한다.

권력에 맞서서 당당하게 권력을 한번 쟁취하는 우리의 역사가 이루어져야만이 비로소 우리의 젊은이들이 떳떳하게 정의를 얘기할 수 있고 떳떳하게 불의에 맞설 수 있는 새로운 역사를 만들어 낼 수 있다.

그것을 해야겠기에 또다시 영남 사람 노무현이 호남 당에 들어갔습니다. 그리고 정권을 교체했습니다. 이제 누가 권력 앞에서 권력이 두려워서 말 못하는 사람 있습니까? 권력의 눈치를 살피면서 아는 것을 말하지 못하는 사람 있습니까? 이제 새로운 역사가 시작되고 있는 것입니다. 이 역사가 좌절하지 않고 계속해서 꽃피어 나갈 때 우리 한국의 원칙이 바로 서고 신뢰가 바로 서는 사회가 오게 되는 것입니다. 한 시대의 가치와 사람들의 생각과 행동하는 방식은 역사로부터 비롯되는 것입니다. 역사로부터 배우는 것입니다. 이제 우리 한국이 선진국으로 진입하기 위해서 사회의 원칙과 신뢰를 바로 세우려고 한다면 우리의 역사를 다시 만들어 가야 합니다. 정의가 승리하는 역사, 원칙이 이기는 역사를 다시 만들어 가야 하는 것입니다.

1988년 13대 국회 당선되고 난 뒤에 2년 뒤에 3당 통합이 있었고, 그리고 14대 총선은 통합민주당으로 부산에 출마해서 떨어졌습니다. 1995년 부산시장 선거 또 떨어지고 그리고 1996년 종로에 도전했다가 또 떨어졌습니다. 그리고 나서 1998년 7월 21일 종로 보궐선거에서 제가 다시 국회의원에 당선됐습니다. 정말 귀한 배지였습니다. 6년의 공백을 뛰어넘어서 다시 반쪽짜리 국회의원에 제가 당선된 것입니다. 이 자리에 계신 종로 많은 당원 동지 여러분의 지원에 힘입어서, 여러분들의 노고로 제가 국회의원에 당선된 것입니다. 종로에서 국회의원에 당선됐으면 종로를 위해 일해야지요. 국회의원 수첩 딱 끄집어내면 맨 첫 번째 사진이 올라오는 그 영광스러운 자리에서 기분도 좀 내야지요. 종로 국회의원 좀 즐겨야 합니다. 그러나 저는 6개월도 되지 않아서 다시 부산에 가서 선거를 치르겠다고 선언을 하고 부산으로 내려갔습니다.

정말 걱정했습니다. 종로에서 저를 지원해 주었던 많은 유권자들이 '유권자를 배신한 것 아니냐'라고 손가락질할까 봐 정말 가슴 졸였습니다. 그러나 정말 고맙게도 종로의 많은 유권자들은 '당신 뜻을 알겠다, 가 봐라, 그런데 되겠냐?' '해볼랍니다.' 그렇게 해서 부산에서 1년 반 가까이를 뛰었습니다. 모두들 제가 당선된다고 했습니다. 모든 여론조사에서 제 당선을 점쳤고 부산에서 정치 평론을 한다는 모든 사람들은 이번에는 노무현이 된다 했습니다. 그러나 작년 4월 13일 저녁 부재자투표를 깨고 지역 투표함을 열자마자 이미 대세는 결정됐습니다. 노무현의 패배였습니다.

이 마음을 달랠 방법이 없습니다. 울어야 합니까, 통곡을 해야 합니까. 제 아내 보기 미안해서도 할 수 없는 일이었습니다. 마음을 달래기 위해서 책 하나를 꺼냈습니다. 『세계를 움직인 명연설집』. 거기 링컨 대통령이 두 번째로 당선돼서 취임사로 했던 연설문을 읽었습니다. 두 번, 세 번 읽었습니다. 그러면서 저는 정말 가슴 뭉클한 감동을 느꼈습니다. 4년 동안 그 지루하고 힘든 전쟁을 이제 거의 승리로 마무리 지어 가는 마당에 두 번째 대통령에 당선된 링컨 대통령의 연설이라면 당연히 '이제 우리는 적을 섬멸하고 승리를 눈앞에 두고 있습니다. 우리는 정의가 이긴다는 것을 역사 앞에 증거하고 있습니다. 여러분 기뻐하십시오. 곧 전쟁은 끝날 것입니다. 그리고 우리는 승리할 것입니다' 이렇게 나가야 하는데 이런 얘기는 한마디도 없습니다. 적도 없고 동지도 없고, 승리도 없고 패배도 없고, 정의도 없고 불의도 없는 연설문. 단지 '우리는 지난 4년 동안 전쟁에 시달렸습니다. 너무 오랫동안 남과 북이 함께 전쟁으로 고통 받고 있습니다. 우리는 이 전쟁을 하루라도 빨리 끝내야 합니다. 우리는 같은 성경을 읽고 같은 하나님을 섬기면서 각기 하나님에게 상대방을 응징해 달라고 기도드렸습니다. 그러나 하나님은 그 어느 쪽의 기도도 들어주지 않으신 것 같습니다. 이제 우리는 서로 용서해야 합니다. 이 전쟁이 끝나면 그동안 쌓아 왔던 증오의 탑을 무너뜨리고 하나가 되어야 합니다. 서로를 끌어안아야 합니다. 어떻게 하나가 될 것인지를 함께 걱정해야 합니다.' 이런 이야기로 연설을 끝맺고 있습니다.

저는 그저 링컨을 노예해방을 시켰던 사람으로 단순하게 생각했습니다. 이 연설문에 나타난 그의 철학은 이미 그저 정치를 하는 정치인이 아니라 위대한 사상을 가진 사상가의 그것이었습니다. 미국의 역사가 이렇게 부러울 수가 없었습니다. 미국이 오늘날 세계에서 너무 힘자랑을 많이 하고 있어서 많은 사람들이 미국에 대해 여러 가지 평가를 하고 있는 것은 사실입니다만, 저는 항상 정의의 깃발을 들고 또 정의의 편이 승리해 왔던 역사를 가지고 있는 이 미국의 역사에 대해서 정말 큰 부러움을 느꼈습니다. 우리도 링컨 같은 대통령 한번 왜 나올 수 없는가. 왜 정의의 깃발을 세워서 당당하게 승리하는 우리의 역사는 없는가. 해방이 된 우리 한국의 목표는 갈라진 나라가 아니라 하나로 합쳐진 통일된 자주독립국가가 아니었겠습니까. 그리고 그 위에 민주주의가 꽃피는 그런 나라. 그러나 우리는 그렇게 하지 못했습니다.

민족 정기를 바로 세우는 일도, 역사의 정통성을 바로 세우는 일도 우리는 하지 못했고, 좌우로 나뉘어서 싸우고 친일파들이 한국 정치의 실권을 잡아서 그들에게 필요한 역사 이외의 모든 역사를 지워 버리고 친일의 역사를, 그들의 역사를 우리는 감수해야 했지 않습니까. 왜 이 왜곡된 역사를 우리는 가지게 됐습니까. 분열 때문이었습니다. 해방 이후 민족해방운동 세력이 하나로 합치지 못했기 때문에 남한에서는 정치의 주도권을 일본에 뺏기고 말았지 않습니까. 1987년 6월항쟁에 우리 민중은 승리했습니다. 군사정권은 항복했습니다. 그러나 그 이후의 민주화 진행의 과정은 더디기 짝이 없고 혼란스럽기 짝이 없습니다. 개혁이 제대로 이루어지지 않고 엎치락뒤치락하면서 혼란을 더하고 그래서 많은 국민들은 개혁 피로증에 빠져 개혁 자체를 싫어하는, 이제는 개혁이라는 말 자체를 국민들 앞에 꺼내기 조심스러운 상황이 되어 버렸습니다. 수십 년 군사독재 기간 동안 특권이 판치고 특혜가 판치고 부정과 부패, 부조리가 판을 치면서 성실하게 땀 흘려 일한 많은 사람들이 고통을 받아 왔다면 이제 민주 정부가 출범한 새로운 시대에는 부정과 부패, 특권과 비리가 청산되고 깨끗한 사회, 투명한 사회, 그리고 보다 더 민주화된 사회, 중산층과 서민들이 역사의 주인으로 당당하게 발언하고 당당하게 대접받는 사회, 그리고 골고루 잘사는 새로운 사회를 건설해야 하지 않겠습니까.

지금 이 시기 개혁은 흔들리고 있습니다. 기득권 세력이 개혁을 흔들고 있습니다. 왜 이렇게 됐습니까. 왜 민주 세력이 흘금흘금 기득권 세력의 눈치를 살펴야 되는 상황에 도달했습니까. 분열 때문입니다. 김영삼 대통령, 그분은 정권을 잡았지만 그 기반의 절반은 수구 세력입니다. 지역적으로 절반의 정권이었습니다. 김대중 대통령, 600년 만에 정권 교체를 이루어 냈지만 지지 기반에 있어서 지역적으로 절반의 정권이었습니다. 그들을 포섭하기 위해서, 포용하기 위해서 이것도 아닌 저것도 아닌 화합의 정책을 펼 수밖에 없었고 그것이 오늘 개혁의 방향을 이렇게 혼미하게 만들어 놓은 것 아니겠습니까. 이제 1년 뒤에 우리는 다시 대통령 선거를 해야 합니다. 이 시기에 다시 동서 대결 구도로 선거를 치를 것입니까? 동서 대결 구도로 선거를 치르면 누가 이기더라도 절반밖에 지지를 받지 못하는 정권이 되고 말 것입니다. 이제 우리 한국의 역사를 바로잡고 동서를 하나로 화합하고 그리고 원칙이 바로 서는 사회, 신뢰가 존중 받는 사회를 만들기 위해서는 반드시 이 지역 갈등과 분열을 극복해야 합니다. 내년 12월 대통령 선거를 치르고 개표하는 그날, 이제 영남에서도 호남에서도 그리고 이 서울에서도 다 함께 환호하고 박수 치는 그런 선거를 우리는 치러 내야 합니다.

제가 영남 사람으로서 호남 당에 있으므로 호남에서 나를 지지해 달라 저는 그렇게 얘기하지 않습니다. 나는 그저 영남이니까, 태생이 영남이니까, 이것저것 볼 것 없이 영남의 지역감정으로 나를 지지해 달라 이렇게 이야기하지 않습니다.

저는 1990년 3당 통합 때 야당이 여당으로 가는 것은 정도가 아닐뿐더러 더 중요한 것은 이제 여당과 야당을 호남과 비호남으로 나누어 놓으면 영원히 정치는 정책의 대결이 아니라 지역 대결이 될 것이고 그렇게 되면 우리 정치는 망하고 말 것이다.

그래서 저는 3당 통합에 참가할 수 없다고 통합을 거부했습니다. 그리고 작은 민주당을 만들어서 영남 지역에서 무너진 야당을 다시 세우기 위해서 열심히 뛰었습니다. 성공하지 못했습니다. 성공하지 못한 대로 작은 당을 가지고 1991년 연말에 우리는 평민당과 당을 하나로 합쳤습니다. 여당과 통합하는 것이 아니라 야당끼리 통합을 해야 그것이 진정한 통합인 것이지요. 그 통합한 이래, 그 통합에 책임을 지고 1992년 부산에서 14대 총선에 출마했습니다. 물론 떨어졌습니다. 그러나 저는 민주당을 지켰습니다. 부산시장 선거에 출마하려고 할 때 내 모든 친구들은 무소속으로 출마하라고 했습니다. 그러나 제가 민주당을 탈당하는 순간 부산시장에 당선되더라도 그것이 무슨 의미가 있겠습니까. 우리 민주당이 영남에서도 지지 받고 호남에서도 지지 받는 전국적 정당이 됐을 때 그때 정치의 지역 구도를 극복할 수 있는 것이고 그래야 한국 정치가 비로소 제자리에 갈 수 있다, 바로 설 수 있다, 그 목표 하나를 위해서 저는 또 도전하고 또 도전했습니다. 그리고 마침내 2000년에는 종로 지역구를 버리고 부산에 가서 다시 도전했습니다.

저는 한 번도 호남을 버린 일이 없습니다. 그러나 그렇다고 단 한 번도 내 고향 영남을 적대한 일도 없습니다. 끝까지 나는 고향에 신의를 지켰고 내 고향을 위해 뛰었습니다. 나는 호남에서 그냥 인기 있는 정치인이 아니라 호남의 누구에게도 당당할 수 있고 호남의 누구에게도 신뢰 받는 정치인입니다. 나는 비록 영남에서 당선될 만한 표를 받지 못했지만 영남의 누구도 저를 비난하지 못할 만큼 당당합니다. 그리고 영남에서 저를 찍지 않은 사람도 정치인으로서의 신뢰성에 대해선 저를 인정해 주고 있습니다. 감사합니다. 저는 할 수 있습니다.

저는 여러분의 도움으로 민주당의 대통령 후보가 될 것입니다. 그리고 그 누구도 해 보지 못했던 일을 해낼 것입니다. 호남에서도 지지 받고 영남에서도 이회창 총재를 앞서는 지지를 받아 낼 것입니다. 그리고 민주당을 국민 정당, 전국 정당으로 만들어 낼 것입니다. 저는 민주당의 후보가 되는 순간 국민들에게 정계 재편을 제안할 것입니다. 지금의 이 정치 구도로는 싸움밖에 할 것이 없습니다. 지역끼리 싸우니까 국회의원들도 국회에 가면 지역끼리 싸워야 합니다. 싸우지 않는 국회의원은 자기 고향에서 인기가 떨어집니다. 이 지역 구도를 가지고는 싸움밖에 할 것이 없습니다. 정치가 제대로 되려면 지역 구도를 해체하고 이념과 정책에 의해서 당을 다시 만들어야 합니다. 가능합니다. 이것은 1990년 3당 통합으로 붕괴된, 파괴된 한국의 정치 구도를 다시 재건하는 것입니다. 제대로 된 정치를 할 수 없는 이 왜곡된 정치 구도를 헐어 버리고 국민을 위해서 진정한 정치를 할 수 있는 정책에 의해서 당당하게 경쟁하고 인물에 의해서 평가 받는 정상적 정치를 만들어 가는 정계 재편입니다. 따라서 이것은 역사의 순리에 맞습니다. 이 정계 개편은 옛날 권력이 하던 정계 개편과는 달리 뒷방에서 겁주고 돈 주고 쑥덕쑥덕하면서 밤중에 야반도주하듯이 보따리 싸 들고 이 당 저 당으로 도망가는 그와 같은 정계 재편이 아니라 당당하게 국민들에게 제안하고 국민들의 지지를 받고 그리고 그 국민들의 심판을 받아서 지역의 유권자들이 명령하는 대로 국회의원들이 당당하게 자기가 가야 할 곳을 찾아가는 정정당당한 정계 개편이 될 것입니다.

　　실감이 안 나실지 모르지만 저는 가능하다고 굳게 믿고 있습니다. 지역 구도 속에서 1997년 12월 많은 양심적인 정치인들이, 많은 개혁적인 정치인들이 어디로 갈 것이냐를 고민하고 있을 때 3김 청산이라는 말, 그 한마디를 믿고 무슨 새로운 정치를 기대하면서 한나라당에 많은 사람들이 입당했습니다. 가 본 결과, 이것은 새로운 정치가 아니었다. 권위주의를 청산하자는 것이 그들의 목표였는데 한나라당의 권위주의는 3김 뺨치는 권위주의였다, 마음에 안 들면 다 잘라 버려, 많은 한나라당 의원들이 남북대화와 화해를 지지하는데 이회창 총재는 사사건건 남북대화를 반대하는 냉전주의를 가지고 있다, 가슴을 칠 일이었다, 한 달, 하루라도 한나라당에서 정치를 이회창 총재와 함께한다는 것이 고통인 많은 개혁적 정치인들이 있습니다. 이들에게 명분과 기회가 주어지고 국민의 지지가 모아진다면 왜 움직일 수가 없겠습니까. 그들은 이제 정계 개편하면서 지방자치 선거 치르고, 정계 개편 완성하면서 대통령 선거 치르고, 2003년 2월 새정부가 출범할 때는 우리 민주당이 여대 국회로서 안정된 정치적 토대 위에서 이제 본격적인 개혁을 그리고 본격적인 남북대화를 진행해 나갈 수 있는 그런 정당으로 그런 정권으로 새롭게 출발하게 될 것입니다, 여러분.

　노무현이 말은 제법 잘하는데 진짜 정권 잡겠나 염려하시는 지지자 여러분들께 분명하게 말씀드리겠습니다.

　저, 성공할 수 있습니다. 저, 부산상고밖에 졸업하지 않았습니다. 그러나 사법시험에 합격했고, 그리고 변호사로서도 성공했고 그리고 국회의원에 도전했고 그리고 또 장관도 했습니다. 하는 것마다 저는 실패하지 않았습니다. 제가 하면 다 됩디다. 이번엔 대통령에 도전합니다. 해냅니다.

　계보가 없지 않냐, 계보 정치의 시대는 물러가고 있습니다.

저는 계보보다 더 큰 것이 있었습니다. 1993년 김대중 대통령께서 영국에 가시고 민주당이 이제 자기들의 힘으로 살아 나가야할 때 저는 전당대회에 당당히 도전해서 최고위원에 선출됐고 그리고 그다음 당내 경선, 또는 다음 선거를 위해서 저는 지방자치실무연구소를 만들었습니다. 앞으로의 시대는 계보 정치의 시대가 아니라, 앞으로의 시대는 중앙집권의 시대가 아니라 분권의 시대, 지방화 시대로 간다. 이 지방화의 새로운 걸음을 한 발 앞서가는 사람이 많은 지방원들과 손을 잡을 수 있을 것이고 그들과 뜻을 같이함으로써 비록 계보는 아니라도, 비록 보스와 부하의 관계는 아니라도 정치적 동지가 될 수 있다 이렇게 해서 연구소를 만들었는데 그 연구소에 손님 많았습니다. 오늘도 여기 많이 왔습니다. 제 계보는 아니지만 정정당당한 원칙으로 정책을 앞세우고 옳은 일을 하면 동지는 모이게 되어 있습니다.

해낼 수 있습니다.

무게가 없지 않냐, 무게 좀 잡아 보겠습니다, 저도. 앞으로 머리가 좀 뻣뻣한 사람, 전두환 대통령처럼 머리를 깎을 순 없고, 저도 머리에 후카시 좀 넣겠습니다. 넣고 목에 힘 좀 주고, 배 좀 내밀고 힘 한번 줘 보겠습니다. 그러나 그런다고 무게가 잡히겠습니까. 잡히지 않습니다. 저는 그저 가난한 시골, 농군의 아들로 태어나서 한 번도 도련님 대접 받아 본 적 없고, 그저 그렇고 그런 사람으로 자라서 변호사가 되고 난 뒤에도 이제는 좀 잘 먹고 잘살고 이제는 좀 잘 차리고 그야말로 본때 좀 나게 살고 싶었습니다만, 어떻게 바람이 잘 못 불어 가지고 춥고 배고픈 사람들 무료 변론해 주고, 그 사람들 감옥 갔을 때 면회 다니고, 그리고 그 사람들 도와주다가 제가 감옥까지 한 번 가 버리고 이러다 보니까 품위 있고, 정말 근사하고 품위 있게 그리고 무게 잡히게 자신을 가꾸지 못했습니다만, 다행스럽게도 제가 여러분께 소개 드린 링컨 대통령, 그는 대통령 당선 될 때까지 연방 하원의원 딱 2년밖에 없고 11년 동안 계속 떨어지고 놀다가 대통령에 당선됐는데, 이 양반이 빗질을 잘 못해서 항상 머리에 새집을 짓고 다니니까 사람들이 항상, 링컨을 비웃는 언론이 '빗질 좀 하고 다녀라' 그리고 별명이 시골뜨기 대통령이었습니다만, 그러나 그는 세계 역사에 최고의 기록을 남기는 위대한 지도자가 되지 않았습니까. 저도 아직 별로 세련되지 않고, 별로 광나지 않고, 별로 무게 안 잡히지만, 저도 이제 대통령 되면 링컨처럼 해낼 수 있습니다.(관중들 노무현 연호.) 연설 좀 합시다. 연설 방해하는 박수는 사절합니다.

할 수 있습니다.

이제 민주주의 시대로 가고 있습니다. 국민이 주인인 시대로 가고 있습니다. 빌 클린턴의 외모에 무슨 힘이 들어가 있습니까. 영국의 토니 블레어 수상의 아랫배에 힘이 들어가 있습디까. 그들은 부드럽고 가볍고 그리고 쉽게 가까이할 수 있는 서민의 모습을 가지고 있습니다. 저는 그래서 여러분들께 새로운 대통령 상을 하나 제시하려고 합니다. 친구 같은 대통령이 되겠습니다. 노무현 대통령은 친구 같은 대통령으로 여러분 가까이 새로운 서민의 시대를 여는 그런 대통령이 되려고 합니다. 공권력으로 강한 권력이 되는 것은 아닙니다. 낮은 사람, 겸손한 권력이 강한 권력을 만듭니다. 링컨 대통령이 그 어려운 정치적 상황을 헤쳐 내고 그 엄청난 반대와 비판을 제압하고 마침내 전쟁에 승리하고 노예를 해방할 수 있었던 그 힘은 신념이었습니다. 확고한 신념 그리고 용기 그리고 강한 실천력, 그것은 외모의 위엄에서부터 오는 것이 아니라, 함부로 뽑아 드는 공권력의 칼이 아니라, 강한 철학적 도덕적 신념과 그 신념을 지켜 낼 수 있는 용기와 결단, 그리고 추진력인 것입니다. 저도 할 수 있습니다. 저는 가볍지 않습니다. 많은 국회의원들이 금배지 하나를 위해서 이 당 저당 줄을 바꾸었을 때 저는 금배지 무시하고 저 스스로 옳다고 생각하는 자리에 굳건히 버티고 서 있었습니다. 바위처럼, 태산처럼 제가 서 있어야 할 곳에 서 있었고 가야 할 길을 걸어갔습니다.

　이제 제 얘기가 너무 길었다 싶습니다. 비전을 말씀드리겠습니다. 정의로운 사회, 그거 제가 한번 하겠습니다. 보통 사람의 시대 그것도 제가 한번 하겠습니다. 세계화, 정보화, 김대중 대통령께서 열심히 하고 계십니다. 제가 그대로 인수하겠습니다. 어떻습니까. 남북대화에 성공하면 2020년 우리 한국에는 1억에 가까운 내수 시장이 열리고 7억에 가까운 동북아 시장이 열립니다. 그 동북아의 새로운 질서 속에서 우리는 평화와 번영을 구가하는 선진 국가가 될 것입니다. 그것을 김대중 대통령이 하고 계십니다. 제가 인수인계하겠습니다. 분쟁과 갈등이 있는 곳에, 분쟁과 갈등으로 국민들이 불안한 시기에 저는 그 분쟁의 현장에 가겠습니다. 현대자동차 그것 때문에 전 국민이 불안해할 때, 의약 분업 전 국민이 불안해할 때, 저는 현장에 나설 것입니다. 노사정위원회에 직접 임석하겠습니다. 우리 농민들의 문제를 어떻게 풀어야 할지 모두 엄두를 내지 못하고 있는 이 시기,

저는 대통령이 되면 농민 대표들과 행정 부처와 학자들과 함께 테이블에 앉아서 의논하고 토론해서 정책을 만들어 내겠습니다. 갈등이 있는 현장에 항상 가겠습니다. 시간이 있어야 갈 것 아닙니까? 대통령이 바쁜데, 1년 전에도 했고 올해도 하고 내년에도 해야 되고, 우리가 일상적으로 집에 청소하듯이 조금씩 조금씩 개량해야 되는 일이라면 저는 모든 일을 총리에게 맡겨야 된다고 생각합니다. 대통령은 아직 과거에 주먹으로 해결하던 우리 사회의 많은 갈등 해소와 조정 문제를 직접 관장해야 합니다. 국가의 전략 기획 업무를 직접 관장해야 한다고 생각합니다. 행정 개혁과 재정 개혁이라는 이 중요한 문제, 그리고 전략적 사업 과제 이런 문제에만 전념해야 된다고 생각합니다. 그래서 권력을 나누는 수직적 피라미드가 아니라 수평적 네트워크로서 상호의 토론과 협력을 통해서 민주적으로 문제를 풀어 가는 새로운 정치 모델을 한번 만들어 보이겠습니다.

열심히 해보겠습니다. 정말 감사합니다.

이 지루하고 긴 얘기들을 귀담아 들어 주시고 또 중간중간 제게 격려의 박수를 주셔서 제가 얘기를 좀 길게 해 버렸습니다만 지금까지 우리가 경험하지 않았던 새로운 정치의 시대, 새로운 시대로 우리는 넘어가야 합니다. 그 일을 제가 한번 해보겠습니다. 노무현은 어쩐지 불안하다 이렇게 얘기하는 분들이 있습니다. 그렇습니다. 모두들 그것을 당연한 것으로 수용하는 낡은 정치 행태에 대해서 저는 저항해 왔기 때문입니다.

대장이 가방 들고 54명 국회의원 거느리고 야당하다가 여당으로 가면 찍소리 하지 말고 따라가야 하는데 안 간다고 버티니까 이게 이상한 정치인이 된 것이지 제가 잘못한 게 뭐 있습니까.

제가 새로운 것을 한 것입니다. 저는 지금까지 한 번도 어느 계보에 줄 서 본 일이 없습니다. 올바른 방향의 올바른 정치를 함께하고 있을 때 저는 동지들과 함께했을 뿐입니다. 저보다 훌륭한 경험을 가진 경륜을 가진 선배님들이 앞서서 정치를 이끌어 갈 때 저는 군말하지 않고 선배로 깍듯이 모시면서 정치를 배웠습니다. 제게 정말 감동을 주시고 정치를 제대로 배워 주신 우리 김원기 고문님이 자리에 계십니다. 박수 한번 주십시오.

저더러 가끔 독불장군이라고 하는 사람들이 있는데 제가 독불장군인지 아닌지 그건 김원기 고문님에게 한번 물어보십시오. 김원기 고문님이 기라고 하면 제가 독불장군이고 아니라고 하면 제가 독불장군 아닙니다.

이제 낡은 생각을 바꿔야 합니다. 가슴에 뭔가 답답함은 있는데요, 막혀서 더 이제 할 말이 없습니다. 하고 싶은 건 많지만 오늘 얘긴 여기서 마무리 짓도록 하겠습니다. 그동안 제가 여러 차례 대통령 후보 경선에 나서겠다고 선언을 했더랬는데 아직 공식이 아니라고 보는가 싶습니다. 그래서 오늘 공식 선언 하냐고 자꾸 묻기에 공식 안 공식이 어딨냐고 그랬더니 공식으로 해야 신문에 써 준대요. 그래서 오늘, 제 오늘 얘기를 대통령 후보 경선에 나서는 공식 선언으로 받아들여 주시기를 바랍니다.

저는, (노무현 연호) 저는 우리 당의 당쇄신발전특별위원회에서 어떤 경기 규칙을 만들어 주더라도 저는 그 규칙을 받아들일 생각입니다.

저의 승리를 보장하는 것은 작은 규칙이 아니라 뜨거운 여러분의 가슴이라고 생각하기 때문에 설사 불리하든 유리하든 저는 그 규칙을 전부 수용하고 그리고 힘껏 싸울 것입니다.

그리고 반드시 승리할 것입니다. 만일 승리하지 못한다면 깨끗이 승복할 것입니다. 그러나 분명히 여러분들께 말씀드리고 싶은 것은 제가 승복하는 일은 없을 것입니다. 이길 것이니까요.

도와주십시오. 이제 제 정당성을 여러 가지로 말씀드렸습니다만 아무리 제가 정치를 바르게 해 왔다 하더라도, 아무리 제가 통합을 위해 노력했다 하더라도, 아무리 정도를 걸어왔다 하더라도, 아무리 새로운 미래를 만들어 나갈 비전을 가지고 있다 할지라도 이겨야 하는 거 아니겠습니까. 이겨야 됩니다. 저는 이길 수 있습니다.

제가 이기는 첫 번째 이유는 아까 말씀드린 대로 제가 후보가 되는 대로 정계를 재편해 버리고 이회창 후보는 영남 일부분에서 고립될 것이기 때문에 제가 이긴다는 것입니다. 두 번째로 이 서울과 경기 지역에서는 우리 당의 지지도가 아주 나쁘지 않을 때는 이회창 총재에게 항상 제가 앞섭니다. 수도권 경쟁력을 가지고 있습니다. 호남의 표와 영남의 표를 함께 받으면 그 누구보다도 많은 표를 제가 받게 되어 있기 때문에 저는 이깁니다.

그래서 승복할 생각이지만 승복하는 일은 절대 없을 것입니다. 함께하십시오. 감사합니다. 열심히 하겠습니다.

2001. 12. 10.『노무현이 만난 링컨』출판기념회 및 서울 후원회 연설

내가 선택한 길을 내 뜻대로 걸었다

삶의 줄거리가 된 '시시포스의 신화'

살아온 날들을 이야기하려 할 때면 불현듯 나를 휘감아 오는 느낌이 있다. 평생을 짊어지고 온 부끄러움이다. 특별히 누군가를 감동시킬 정도로 흥미 있는 이야기도 아니었고, 그 속에 기가 막힌 긴장이나 갈등의 드라마가 있는 것도 아니었다. 따지고 보면 결국은 내가 마음을 먹은 대로 살아온 나날들이었다. 그런 만큼 때늦은 후회나 못다 한 아쉬움이 특별히 있는 것도 아니었다. 그런 날들이 무어 그리 대단하다고 그렇게 주절주절 이야기를 하고 있는 것일까?

그래도 그런 부끄러움쯤은 이 땅에서 정치인으로 살아남기 위해 터득한 일종의 철면피함으로 은근슬쩍 덮어 버릴 수 있었던 것이 사실이다. 하지만 이야기를 마칠 때쯤이면 어김없이 나타나는 또 하나의 감정 앞에서는, 나도 쉽게 저항을 하지 못한 채 스스로에게 반문을 던질 수밖에 없었다. '그렇게 자신을 송두리째 이야기해 버릴 만큼 나는 과연 당당하고 또 떳떳한 것일까?' 그것은 그냥 덮어 버리기에는 너무나 큰 두려움이었다.

세상의 일반적인 잣대로 나의 지나온 날들을 들여다보면, '상고' 출신으로 집권 여당의 유력한 대선 후보 반열에 올라 있는 작금의 현실이 화젯거리가 되기에 충분하다는 생각이 들기도 한다. '입지전적 인물'이라는 평을 자주 접하다 보니, 어느새 나 자신이 '성공 시대'의 주인공이라도 된 듯 착각하고 있는 것일까? 그런데 그 긴 세월을 차근차근 음미하며 자세히 들여다보는 순간, 나는 지나온 큰 고비들의 마디마디를 잇고 있는 것 또한 크고 작은 실패와 좌절들이었음을 다시 한 번 확인하게 되고, 그럴 때마다 새삼스럽게 주체할 수 없는 무력감에 빠지곤 했다.

그렇듯 나의 삶 속에서는 성공과 실패가 언제나 하나였다. 패배는 승리의 이면에 도사리고 있었고, 새로운 도약은 좌절의 잿더미 속에서 모습을 드러냈다. 기쁨이나 성취는 홀로 찾아오는 법이 없었다. 언제나 기쁨보다 더한 아픔이 그 뒤를 이었다. 때로는 숨 쉴 겨를도 없이, 때로는 상당히 오랜 시차를 두고……. 고통과 좌절은 잊지 않고 나를 찾아왔다. 마지막 낙엽 한 장이 가냘픈 몸짓으로 그토록 지키려던 가을을 끝내 몰아내고는, 황량한 대지 위에 군림하는 북풍한설의 겨울처럼, 그렇게 계절이 수차례 바뀌는 사이에 시시포스의 신화는 어느덧 내 삶의 줄거리가 되어 있었다.

하나의 큰 산을 넘으면 더욱 높고 가파른 태산 준령이 내 앞을 가로막았다. 그 너머로 가면 나의 의지를 일순간에 꺾어 버리는 또 하나의 큰 강이 버티고 있었다. 단순한 의지 하나로는 헤쳐 나갈 수 없었던 것이 정치인의 길이었다. 그것은 도전의 의지만으로는 정복할 수 없는 상대였다. 새로운 도전을 위해서는 그 산의, 또 그 강의 높고 깊음을 탓하기 전에 내가 먼저 변해야 했다. 그렇게 나는 산을 오르고 강을 건넜다. 성공을 위해서가 아니었다. 그것은 어쩌면 나의 숙명이었다.

무모하다는 세평의 너머에 있는 것

가끔 '무모하다'는 말을 듣곤 한다. 그 말이 국어사전에 적혀 있듯이 '꾀와 수단이 없다'거나 '사려가 깊지 못하다'는 의미의 비판이라면, 약간 못마땅하긴 하지만 기꺼이 받아들일 용의가 있다. 나 자신, 일을 추진하는 과정에서 애써 '꾀'를 도모하는 지략가도 아니고 사려 깊다는 평을 들을 만큼 신중하게 '돌다리를 두들기는' 타입도 아니기 때문이다. 내가 정작으로 '무모하다'는 표현을 수긍하지 못하는 이유는 다른 데 있다. '무모하다'는 표현의 이면에 담겨 있는, '택도 없는 일을 한다'는 식의 부정적인 뉘앙스 때문이다.

정치인의 돌출적인 행동은 연예인의 스캔들 못지않게 언론의 주목을 받으면서 쉽게 인구에 회자된다. 연예인들의 경우는 그런 사건이 가끔은 인기 상승을 가져오는 반전의 계기가 되기도 하지만, 정치인들의 경우는 치명적인 타격이 되기 십상이다. 특히 몇몇 언론으로부터 아예 문제 있는 사람으로 낙인이 찍혀 집중적인 공격을 받는 신세가 되기라도 하면 정치인으로서의 생명까지 위태로워지는 경우가 다반사이다.

문제는 그런 사정을 누구보다 잘 인식하고 있는 정치인 가운데 하나가 바로 나라는 사실이다. 말하자면 나 또한 '택도 없는 일'을 시도하여 주변으로부터 공격을 자초함으로써 결국 정치 생명을 단축시키는 우(愚)를 범할 생각이 전혀 없는, 지극히 상식적인 정치인이라는 것이다. 그래서 나는 '무모하다'는 식의 다분히 편파적인 평가를 거부하는 것이다. '가능성이 있는 도전',

또는 '쉽지는 않지만 반드시 해야 할 일'은 분명히 '택도 없는 일의 시도'와는 다르다. 반드시 구분되어야 한다.

갈대처럼 살기보다는……

부모님께서는 1946년 8월에 나를 낳으셨다. 경상남도 진영. 읍내에서 10리쯤 떨어진, 봉화산과 자왕골을 등에 지고 있는 작은 마을이었다. 해방 정국과 6·25, 그리고 자유당 독재 정권의 붕괴로 이어지는 혼란과 갈등의 역사가 내 유년 시절의 밑그림이었다. 빨리 어른이 되기 위해 애쓰던 그 시절, 봉화산의 산자락은 미래에 대한 꿈을 나에게 심어 주었고, 자왕골 골짜기는 그 꿈을 키워 줄 만큼 넉넉했다.

끼니는 걸러도 아이들의 공부는 거르지 않는다는 것이 우리 부모님의 철학이었다. 덕분에 넉넉지 않은 환경에서도 우리 형제들은 남부럽지 않은 교육의 혜택을 받고 자랐다. 특히 대학을 다니던 큰형님은 어린 시절의 나에게 큰 자랑거리이자 든든한 '백'이었다. 그런 형님으로부터 영향을 받은 탓이었을까? 나는 자존심도 무척 강했고, 그만큼 우월감도 강했던 아이였던 것으로 기억된다.

그런데 어린 나의 그런 자존심 또는 우월감이 섣부른 행동으로 이어질까, 언제나 노심초사하면서 근심을 놓지 않던 분이 계셨다. '모난 돌이 정 맞는다'는 말로 우리를 가르치신 어머니였다. 어머니의 교훈은 표현만 달리했을 뿐 항상 일관된 것이었다.

'계란으로 바위 치기다', '죽창 들고 나가 봤자 총 쥔 사람, 법 쥔 사람한테는 이길 수가 없다.'

어머니의 그런 철학은 사상이나 이데올로기의 좌우를 따지지 않고 그저 선량한 마음가짐으로 시대를 살다 보니 때로는 본의 아니게 피해를 입으시기도 했던 아버지로부터 연유된 것이기도 했지만, 아무튼 그것은 혼란기의 와중을 살아가던 대부분의 백성들이 체득하고 있던 보편적이면서도 처절한 삶의 지혜이기도 했다.

어쩌면 어머니의 그런 극성(?)이 있었기에 아버지는 물론 우리 자식들도 혼란의 격동기를 큰 탈 없이 지낼 수 있었던 것인지 모른다. 그렇게 생각하면 결국 어머니의 철학은 생활신조나 변변한 좌우명 하나 없던 집안에서 사실상 훌륭한 가훈의 역할을 하고 있었던 셈이다.

그런데 그 시절, '순리대로 갈대처럼 살아야 한다'는 어머니의 가르침에 가장 많은 저항을 한 것 또한 결국은 막내인 나였다는 생각이 든다. 어쩌면 이미 그때부터 지금 사람들이 이야기하는 '무모함'이 시작되었던 것일까? 나는 바람이 부는 대로 몸을 눕히는 갈대로 살아가기보다는, 나의 주장을 당당히 내세우고 또 주어진 삶을 스스로 변화시키기 위해 도전하는 삶을 선택했다.

아내의 울음으로 끝난 사법 고시

본격적인 도전의 시작은 사법 고시였다. 학비 부담을 덜기 위해

장학금을 받을 수 있던 부산상고에 진학했던 만큼, 졸업을 한 나에게 다가온 당면 과제는 물론 돈을 버는 일이었다. 하지만 나에게 처음으로 모습을 보인 사회는 그리 녹녹지 않은 모습이었다. '삼해공업'이라는 어망 회사에 취직해서 받은 첫 월급이 2,700원. 한 달 하숙비도 안 되는 돈이었다. 그 얄팍한 봉투를 보면서 나는 고시 공부를 시작해야겠다고 마음을 먹었다. 그러고는 고향으로 돌아갔다.

그로부터 다시 10년. 고시에 최종 합격할 때까지의 세월은 한마디로, 끊임없이 불안과 초조가 교차했던 길고도 지루한 시간들이었다. 그 10년 사이에 나는 육군에 입대, 만기 제대를 했고 또 결혼도 했다. 합격 소식을 듣던 날 아내가 부끄러운 줄도 모르고 내 무릎에 얼굴을 파묻은 채 엉엉 울어 대던 일이 기억에 새롭다. 물론 나의 기쁨은 평범한 언어로 표현키 어려운 것이었다. 길을 가다가 아무 사람이나 붙잡고 '저 고시에 합격했습니다' 하고 외치고 싶은 심정이었다.

합격한 후 『고시계』 75년 7월호에 '과정도 하나의 직업이었다'라는 제목으로 고시 합격기를 썼던 일이 있었다. 오랫동안 잊고 있던 이 글을 94년에 『여보, 나 좀 도와줘』라는 제목의 자전적 에세이를 집필할 당시에 다시 찾아내어 읽은 적이 있었다. 그때 생각지도 않게 눈시울이 붉어졌던 일이 기억난다. 절망도 많았고 유난히 사건도 많았던 10년, 세월의 고비고비를 넘던 그때의 아픔들이 여전히 지워지지 않고 있었다는 사실에 나 자신도 놀라지 않을 수 없었다.

고시 합격을 현실의 언어로 표현한다면 그것은 분명 '성공'

이었다. 그것도 아주 특별한 성공이었다. 세상을 대하는 나의 자신감을 더욱 확고하게 만들어 준 원천이기도 했거니와, 또다시 새로운 도약을 준비하는 발판이 되어 주었기 때문이다. 나아가 고졸의 학력으로 사법 고시에 합격했다는 희소가치는 정치권에 입문한 이후 나를 보통의 정치인들로부터 차별화시켜 주는 요소로 작용했다.

이 대목에서는 특별히 해 두고 싶은 이야기가 하나 있다. '상고 졸업'의 학력으로 고시를 준비하는 동안에는 적어도 나의 도전을 '무모하다'고 평가한 사람은 없었다는 사실이다. 그 이유가 무엇일까? 당시로서는 신분 상승의 기회로서, 출세의 수단으로 너나없이 고시를 생각하는 경향이 있었기 때문이 아닐까? 많은 사람들이 가는 길은 '순리'이고 다른 길을 가는 것은 '무모하다'는 등식이 우리들의 무의식 속에 숨어 있는 것은 아닌지…….

나도 언제나 당선을 꿈꾼다

나는 국회의원 선거에 출마해 세 차례나 떨어졌다. 1992년, 1996년, 2000년의 일이다. 그뿐만이 아니었다. 1995년에는 부산시장 선거에서도 낙선했다. 그러니까 1988년부터 지금까지 모두 여섯 차례의 공직 선거에 출마했지만 당선된 것은 단 두 차례뿐이었다. 2승 4패! 대선 주자로 불리기에는 약간 남부끄러운 승률이라는 생각도 든다. 네 번의 낙선 가운데 세 번은 김대중 총재의 민주당 간판을 들고 부산에 출마했을 때의 일이었다. 그 세 차례의 선거에 나설 때마다 주위의 사람들은 한결같은 말로 나를 말렸다. '뻔히 질 게 분명한데 왜 출마하느냐?'는 것이었다. 나는 그 물음들에 솔직한 내 심정을 대답했다. "이길 수 있습니다."

낙선을 미리 예견하면서 선거에 참가하는 후보가 몇이나 될까? 물론 다음 선거를 위해 인지도를 높이려는 목적으로 출마하는 사람도 적지는 않다. 하지만 나처럼 적어도 한 번 국회의원을 해 본 사람에게는 해당되는 이야기가 아니다. 더욱이 나의 경우처럼 몇 차례의 거듭된 여론조사에서 분명히 앞서고 있었다면, 그런 바탕 위에서 충분히 해볼 만하다는 판단을 내리고 출마한 것이라면, 그걸 두고 '뻔히 질 것'이라고 예단하는 사람들이 오히려 오판을 하고 있는 것이 아닐까?

물론 선거전이 막판에 접어들수록 지역 갈등이 심화될 것이고 그렇게 되면 나에게 오려던 표가 저 멀리 달아난다는 점을 모르는 바는 아니었다. 그런 만큼 쉽지만은 않은, 힘겨운 선거임을 나 스스로 잘 알고 있었다. 하지만 나는 그런 점들까지 충분히 감안하고 신중하게 검토를 한 끝에 승산이 있다는 결론을 내리고 출마한 것이었다. 1995년의 부산시장 선거와 2000년의 16대 총선은 특히 그러했다. 그런데 1995년의 경우는 김대중 총재의 정계 복귀와 지역등권론, 2000년의 경우는 남북 정상회담 발표가 뜻밖의 변수로 등장했고, 그것이 결국 대세를 반전시키는 요인이 되었다. 거센 파도가 치는 망망대해에서 가까스로 중심을 잡고 있던 나의 작은 배가 요동을 치기 시작한 것이다. 그것은 분명히 역풍이었다.

많은 분들이 '정치는 생물'이라고 한다. 그만큼 치열한 현실이다. 운전면허 시험에 떨어져도 기분이 상하고 의기소침해지는 것이 인지상정인데, 하물며 국회의원 선거에서 유력한 후보로 손꼽히다가 막바지에 나타난 뜻밖의 변수로 낙선의 고배를 마셨으니, 그보다 참담한 기분이 어디 있을까? 떨어짐이 사람을 성숙시킨다는 것도 어느 정도의 이야기이지, 연이은 낙선은 참으로 인간을 피폐하게 만드는 것이다.

패배의 고통이 나의 영혼을 갉아먹고 있을 때 사람들은 '당선보다 아름다운 패배', '바보 노무현을 위한 변명' 등의 수식어로 나를 위로해 주었다. 나 또한 '농부가 어떻게 밭을 탓하겠습니까?'라는 말로 스스로를 위로했다. 하지만 까맣게 숯덩이가 되어 버린 나의 속내까지 달래기에는 아무래도 역부족이었다. 그때마다 나는 정치를 그만두고 싶다는 강렬한 충동에 휩싸이곤 했다. 이번이야말로 정치를 포기하고 가정으로 돌아간다는, 아내와의 오랜 약속을 지켜야 할 때가 아닐까 하는 생각으로.

2000년 16대 총선의 선거운동 과정에서는 전국의 많은 사람들이 내가 출마한 부산 북·강서을 선거구의 향방을 관심 있게 지켜봐 주셨다. 그것은 나에게 또 하나의 자산이자 부채가 되었다.

선거가 끝난 후 전국의 네티즌들이 '노무현을 사랑하는 사람들의 모임'이라는 자발적 팬클럽을 결성했다. 나는 더 이상 그 자리에 주저앉아 있을 수 없었다. 그것은 분명 '행복한 정치인'의 모습이 아닐 수 없었다. 새삼스럽긴 하지만 그렇게 분에 넘치는 기쁨을 나에게 주신 노사모의 회원들과 전국의 지지자들께 이 기회를 빌려 감사의 말씀을 드리고 싶다. 예전의 노무현은 어떻게 만들어졌는지 기억할 수 없지만, 적어도 지금 이 시점의 노무현은 그분들에 의해 만들어지고 있음을 밝혀 두고 싶다.

나는 언제나 한자리를 지켰는데……

가슴속에서 화석처럼 굳어 버린 장면이 하나 있다. 1990년 1월 민정·민주·공화의 3당합당 당시의 일이다. 기다렸다는 듯 '신사고'를 들먹이며 당당하게 합류한 사람도 있었다. 이른바 그 '대세'와 자신의 양심 사이에서 갈등하는 사람들도 적지 않았다. 그중에는 나에게 굳은 약속으로 합당 거부 의사를 밝힌 사람도 있었다. 나 또한 그분만큼은 모든 사람들이 다 떠나가도 남을 것이라는 믿음을 가지고 있었다. 하지만 그분도 끝내는 그렇게 떠나는 대열에 합류하고 말았다.

사실 노동자 출신 국회의원으로 집안 형편도 어려웠던 터라, 나는 그분이 민주당에 잔류를 하겠다고 고집해도 등을 떠밀어 보내는 게 도리라는 생각까지 하고 있었다. 그러나 막상 그분의 민자당 합류 소식을 전해 듣고 나니 섭섭한 마음이 생겼다. 그래서 영문이나 들어 보자는 생각으로 그분의 집을 찾았다. 그런데 거기서 나를 기다리고 있던 것은 그분의 얼굴이 아니었다. 술에 취한 채 울부짖던 그분의 절규였다. 가슴이 시려 왔다. 그 처절한 절규는 10여 년의 세월이 지난 지금까지도 내 귓전을 맴돌고 있다.

그때 나는 어쩌면 내가 그분보다 더 행복한 정치인일지도 모른다는 생각을 했다. 그렇게 심하게 마음고생을 하지 않아도 되었을 뿐 아니라 내가 선택한 길을 내 뜻대로 갈 수 있었으니까.

하지만 그렇게 마음고생도 하지 않고 당당하게 내 뜻을 펼친 대가는 생각보다 가혹했다. 그다음 선거인 1992년의 14대 총선에서 보기 좋게 낙선의 고배를 들고 말았기 때문이다. 처음 경험하는 원외의 설움도 예상보다는 지독한 것이었다. 게다가 임기 중에는 청문회 스타니, 3당합당 반대니, 야권 통합이니 하면서 언론의 주목을 받다가 하루아침에 원외가 되고 나서 사람들로부터 서서히 잊혀져 가는 신세란…….

나를 보고 '튄다'고 말하는 사람들이 있다. 그렇게 말하는 사람들이 내세우는 근거 가운데 하나가 바로 3당합당 당시 이를 반대했던 일이다. 최근에는 언론사에 대한 세무조사 당시의 이야기를 거론하는 사람도 있다. 그러나 이러한 표현에는 전적으로 동의할 수 없다. '튄다'는 것은 남들은 가만히 있는데 혼자서 비상식적인 행동을 할 때 쓰는 표현이기 때문이다. 3당합당 당시 가만히 있었던 사람은 누구이고, 국민의 기대를 저버리며 비상식적인 행동을 한 사람은 누구인가? 나는 가만히 남아 당시 민주당을 지키려 했지만, 다른 사람들은 당을 버리고 도망가듯 민자당에 합류했다.

물론 내가 '대세'를 무작정 추종하는 정치인은 아니다. 그래서 튀는 것처럼 보일 수도 있다. 하지만 그 대세가 역사의 발전 방향에 부응하고 또 충분한 명분이 있는 것이라면 그것을 거부할 이유가 전혀 없다. 아니 오히려 앞장섰을 가능성이 높다. 문제는 '대세'가 언제나 '올바름'을 의미하지는 않는다는 사실에 있다. 히틀러의 파시즘이나, 일본의 대동아공영권도 당시 그 나라에서는 분명히 대세였다. 하지만 그것은 가장 위험하고 파괴적인 '대세'였다. 3당합당도 마찬가지였다. 그날 이후로 우리 정치는 극단적인 지역감정의 포로가 되었고, 정치권에서의 보편적 가치와 상식은 철저히 무시되었다.

『조선일보』 등 언론사에 대한 세무조사 건도 마찬가지였다. 나는 이번 일을 계기로 이 땅에 다시는 권언 유착의 잘못된 관행이 발붙이지 못하도록 해야 한다는 신념과 기대를 가지고 있다. 그것은 집권 여당의 중진으로서가 아니라, 언론의 왜곡 보도로 인해 적지 않은 피해를 입어 온 당사자로서도 당연히 나서서 주장해야 할 사안이다. 6월항쟁이 없었다면 과연 6·29선언이 있었을까? 민주주의와 개혁은 올바른 주장을 당당하게 하는 토양에서 꽃을 피우기 마련이다.

매년 국정감사 때가 되면 국회의 기자실은 각 의원실에서 만든 보도 자료들이 매일 산더미를 이룬다. 모두 언론에 이름 석 자를 한 번 올리기 위한 치열한 노력들이다. 그런 정치인들 가운데 하나인 내가 왜 일부러 나서서 세무조사의 당위성을 설명하고 언론 개혁을 주장했을까? 다시는 언론에 의해 정치인의 생명이 좌우되고 정권의 향방이 바뀌는, 그런 일이 없도록 하기 위해서였다.

'고양이 목에 방울 달기'라는 말이 있다. 어렵게 마음먹고 '방울'을 달려고 하는 사람에게 격려를 해 주지는 못할망정 최소한 '튄다'는 매도는 하지 않았으면 좋겠다.

상식이 원칙과 소신을 만든다

진영의 대창초등학교 6학년 시절, 교내 붓글씨 대회에서 2등을 했었다. 그러나 시상식을 하던 날, 유감스럽게도 나는 그 상을 반납했다. 대회가 열리던 날 당초의 약속된 규정과는 달리 새로 한 장을 고쳐 써낸 급우가 있었는데, 바로 그에게 1등 상이 돌아갔기 때문이었다. 공정하지 못한 처사에 대한 나름대로의 저항이었다. 하지만 결과적으로 상황은 아무것도 바뀌지 않았다. 나는 하나도 얻어 낸 것이 없었다. 오히려 당돌함에 대한 대가로 지도 선생님으로부터의 따귀 한 대와 평소 나를 아껴 주시던 담임 선생님으로부터의 차가운 눈총을 감수해야 했을 뿐이었다. 일이 끝난 후에 그것도 상황이 한참 전개된 후에야 자신이 옳았다는 식으로 문제 제기를 하거나 다른 소리를 하는 것이 얼마나 어리석은 일인가를 깨우치는 순간이었다.

사법 고시가 내 삶에 있어 첫 번째의 커다란 변화였다면, 인권 변호사로의 변신은 그 두 번째였다. 그런데 이 두 번째의 변신은 굳은 각오나 비장한 결심을 요구하는 그런 것이 아니었다. 변화의 계기는 이 땅을 살아가는 사람이라면 누구나 공감할 수 있는 지극히 평범한 상식과 양심이었다. 더 구체적으로 말하자면 고문을 당해 시커멓게 죽어 버린 학생들의 발톱을 보았다면 누구나 느낄 수 있는 분노였다. 내가 목격한 것은 1981년 당시 부림사건으로 수사를 받던 중 고문을 받았던 학생들의 모습이었다. 사실 부림사건이란 사건의 내용은 없고 온갖 고문의 증거만 남아 있던, 전두환 정권의 대표적인 날조 사건이었다. 나는 분노

했고, 분노한 나의 양심은 그 가엾은 상처를 덮어 두어서는 안 된다는 결론을 내렸다. 그리고 재야 운동에 투신했다.

해양수산부 장관으로 취임했을 때의 일이다. 부산 지역에서는 그동안 지역 발전을 위해 중앙 부처를 유치해 와야 한다는 여론이 높았었다. 그 가운데 가장 가능성이 높아 보였던 것이 해양수산부였다. 부산 출신인 내가 해양수산부 장관에 임명되자 해수부 이전 논의는 불에 기름을 끼얹은 형국이 되었다.

해수부 이전에 대한 부산 시민들의 기대가 더욱 커졌다. 하지만 사안을 면밀하게 검토해 본 결과 나의 입장은 '이전 불가'로 결론이 내려졌다. 명분도 부족했고, 이전해서 얻을 수 있는 실리도 적었다. 그 와중에서 부산 시민들이 참여한 가운데 공개 토론회가 열렸다. 나도 여섯 명의 토론자 가운데 하나로 나섰다. 그런데 내가 유일한 반대자였다. 5:1의 힘겨운 논쟁을 벌인 끝에 나는 이전 불가의 타당성을 설득하는 데 어느 정도 성공을 거두었다. 많은 언론들은 그 토론회 자체에 대해 침묵을 지키는 방식으로 내 주장의 정당함을 묵시적으로 인정해 주었다.

하나의 한국으로 가는 길

1992년 12월의 대통령 선거에서 김영삼 씨의 승리가 확인되던 순간, 착잡한 느낌이 나의 온몸을 휘감았다. 통합된 민주당에서 김대중 후보를 위해 청년특위 위원장으로, 또 물결유세단 단장으로 뛰면서 목청을 높였던 내 수고가 완전히 수포로 돌아갔기 때문만은 아니었다.

　세 번째의 대권 도전에 실패하여 결국은 정계 은퇴라는 안타까운 선택을 할 수밖에 없었던 당시 김대중 총재의 심경 또한 착잡함을 가져온 하나의 원인이 되긴 했다. 그러나 무엇보다도 나를 우울하게 만든 것은 그 순간, 광주를 비롯한 호남 지역의 하늘을 뒤덮고 있을 잿빛 구름이었고, 그 구름 아래서 넋을 잃은 채 절망의 한숨을 내쉬고 있을 호남의 백성들이었다. 나 또한 절망했다.

　그로부터 다시 5년 후, 1997년 대통령 선거에서는 기다리던 정권 교체가 이루어졌다. 나 역시 승리했다는 기쁨에 취해 있었다. 국가 경제는 IMF 환란이라는 깊은 수렁에 빠져 있었지만, 그래도 마침내 정권 교체를 이루어 냈다는 기쁨에는 쉽게 형용할 수 없는 그 무엇이 있었다. 특별히 당시 시청률 1위를 기록했던 TV 찬조 연설 등, 애도 많이 썼던 만큼 자부심도 남달랐다.

　그런데 그렇게 더없는 기쁨의 한가운데에서도 마음속 한 귀퉁이에는 여전히 찜찜한 구석이 남아 있었다. 쉽게 드러내고 싶지도 않았고, 또 진솔하게 그 느낌과 마주할 용기도 없었지만, 나는 그것의 정체만큼은 분명히 알고 있었다. 바로 '절반의 승리'라는 느낌이었다. 나는 '완전한 승리'를 갈구하고 있었다.

　그로부터 몇 개월 후 나는 세칭 '정치 1번지'로 불리는 종로구의 보궐선거에 출마해 당선되면서 6년여 만에 다시 의정 단상으로 돌아왔다. '정치 1번지 종로에서 당선된 집권 여당의 중진!' 그것이 나의 모든 것을 말해 주고 있었다. 안정된 현재의 위상과 탄탄한 미래. 나 또한 내심으로 고개를 끄덕이곤 했다. 가슴 한구석에서 여전히 똬리를 틀고 있는 그 '찜찜함'을 애써 외면하면서.

그 '찜찜함'의 파국은 나 자신도 전혀 예상치 못한 시점에 나를 찾아왔다. 국민의 정부가 사회 각 부문의 구조조정과 개혁 작업에 박차를 가하던 1998년 말과 1999년 초의 일이었다. 한나라당의 이회창 총재는 영남 지역에서 각종 명분을 달아 집회를 열면서 지역 갈등을 선동하고 있었다. 가슴속의 체증이 밖으로 터져 나왔다. 더 이상 가만히 앉아 있을 수 없었다. 종로를 포기하고 다시 부산으로 돌아가기로 마음을 먹었다. 내가 힘들더라도 부산에서 당선되는 것, 그것이 어쩌면 이 '절반의 정치'를 악순환시키는 고리를 끊는 첫걸음이라는 생각이었다.

1987년 양 김의 후보 단일화 실패로부터 심화되기 시작한 분열의 역사. 어쩌면 정치인으로서의 나의 역정은 그 역사와 함께 시작되었던 만큼 그 역사가 마침내 청산될 때까지 계속될지 모른다. 더 이상의 분열과 갈등이 없는 하나의 한국이 될 때까지.

엇갈리는 운명의 장난들

처음 국회의원에 당선될 때, 나는 재야 민주화 운동의 중심에 있었다. 말하자면 운동권이었다. 당시 재야 민주 세력은 6·29선언으로부터 비롯된 민주화의 물결을 타고 독자적인 정당을 만들어 제도권 진출을 모색하고 있었다. 민중의당이나 한겨레민주당이 대표적인 경우였다. 그런데 나는 1988년의 13대 총선을 앞두고 통일민주당으로부터 출마 교섭을 받고는 이를 받아들였다. 현실의 힘을 중시하는 나의 성향이 크게 작용한 것이다.

당시 나의 선거 지원 유세를 하면서 김영삼 씨는 민정당의 후보를 가리켜 말했다. "허삼수는 반란의 총잡이입니다. 총잡이는 감옥으로 보내야 합니다." 그리고 3당합당을 거친 4년 후 민자당의 김영삼 총재는 자기 당의 허삼수 후보를 지원하는 유세를 하면서 이렇게 말했다. "허삼수 씨는 충직한 군인입니다. 제가 중히 쓰겠습니다." 3당합당이 만들어 낸 하나의 웃지 못할 희화였다.

3당합당으로부터 비롯된 왜곡된 정치의 천태만상은 그 밖에도 수없이 많다. 나는 최근까지도 그것이 만들어 낸 기형적인 결과물들을 접하곤 한다. '호남'을 고립시켜 놓았던 그 합당의 대열에 일말의 주저함도 없이 따라갔던 인물이 지금은 민주당의 유력한 대권 주자가 되어 있다. 그것도 호남 지역의 대의원들로부터 상당히 높은 지지를 받는 상황이다. 정치란 게 원래 그런 것이라고 사람들이 이야기하지만 아무래도 나는 수긍할 수 없는 대목이다.

아무튼 3당합당 덕분에 나는 다음 총선에서 낙선했다. 그 이듬해인 1993년에 열린 민주당의 전당대회에서 당시 통합민주당의 대의원들은 야권 통합을 위한 헌신과 희생을 높이 평가하여, 나를 최연소 최고위원으로 선출해 주었다. 그때 민주당의 대의원들에게 느꼈던 감사의 마음을 지금도 나는 그대로 기억하고 있다. 그 감사의 마음 끝에서 나는 1995년에 부산시장 선거에 나섰다. 당시 여론조사 1위를 달리고 있던 경기도지사의 후보도, 또 조순 서울시장 후보가 제안한 정무부시장도 포기했다. 그것이 나를 최고위원으로 뽑아 주신 당원들의 뜻이라 생각했기 때문이었다.

우세한 국면 속에서 선거전을 치르던 도중, 민주당은 나에게 하나의 선물을 보내 주었다. 김대중 총재의 정계 복귀와 지역등권론이었다. 나는 그 유탄을 맞고 장렬하게 패배했다. 그리고그 최악의 시나리오는 2000년 16대 총선에서도 어김없이 되풀이되었다. 나는 '남북 정상회담 발표'라는 유탄을 맞고 전사했다. 이로써 민주당의 영남권 교두보 확보는 또다시 실패로 끝나고말았다.

부산의 선거에서 질 때마다 민주당은 보답이라도 하듯 나를더 큰 정치인으로 키워 주었다. 그것을 발판으로 나는 민주당의확대 발전을 위해 다시 부산에 도전했다. 그러나 결정적인 순간, 민주당은 나에게 역풍으로 작용했다. 이처럼 기이한 운명의 장난은 언제까지 계속될 것인가?

갈등의 현장이 바로 정치의 현장

국민의 정부가 들어선 이후 현대·삼성·대우 등 자동차 3사와의특별한 인연이 시작되었다. 오래전 1987년에 대우조선의 시위사건으로 구속되어 변호사 업무가 정지되었었고, 1989년 현대중공업에서는 노동자를 상대로 했던 강연이 『조선일보』에 왜곡보도되어 큰 홍역을 치르기도 했었다. 모두 생산 현장과 나의 특별한 인연을 예고하는 사례였던 듯하다.

1998년 여름의 현대자동차 파업 사태는 IMF 당시 구조조정의 시금석이었다. 나는 단단히 마음을 먹고는 일주일 분량의 옷가지를 싸 들고 울산으로 향했다. 누군가 해야 할 일이라면 내가 나서서 하겠다는 생각이었다. 농성과 갈등이 장기화되어 그것이 국민경제에 미치는 영향을 생각하면 더 이상 가만히 팔짱을 끼고 구경만 하고 있을 상황이 아니었다. '인기를 의식한다'는 언론의 보도도 있었고, 청와대 등 일부에서의 곱지 않은 시선도 있었다. 중재에 실패할 경우 내가 뒤집어써야 할 책임과 비난은 감당하기 어려운 것일 수도 있었다.

하지만 그 어느 것도 '갈등의 현장이 바로 정치의 현장이 되어야 한다'는 나의 생각을 바꿔 놓지는 못했다. 다행히 중재에 성공했고 분규는 끝났다. 많은 분들이 도움을 주었고 또 격려를 해 주셨다. 하지만 나에게는 후유증도 적지 않았다. 그때 정리해고 되었던 아주머니들이 2000년 4월에 국회의원 선거를 치르던 부산의 선거사무소까지 찾아와 시위를 했던 것이다. 하지만 그것은 어디까지나 작은 소란이었다. 만일 당시 중재가 실패로 끝나 지역 경제는 물론 나아가 국가 경제가 떠안았어야 할 손실에 비한다면.

두 번째. 1999년 삼성자동차의 빅딜이 실패로 끝나면서 부산 경제에서 큰 몫을 차지하고 있던 삼성차의 처리 문제가 뜨거운 감자로 등장했다. 공장을 가동시켜야 하는 것도 큰 문제였지만 프랑스 르노사와의 매각 협상도 또 하나의 현안이었다. 누군가가 나서서 책임을 지고 매각을 주도적으로 이끌고 가면서 공장이 가동되도록 해야 했다. 그러나 아무도 쉽게 나서려 하지 않았다. 그것이 바로 정치인의 몫이라는 결론을 내린 뒤 청와대와 부산을 오르내리면서 중재에 나섰다. 김대중 대통령께서도 프랑스 방문 과정에서 이에 적극 협조를 해 주셨다. 당시 일각에서 주장하던 '국부 유출'의 시비를 없애기 위해 야당 의원들까지 만나 설득도 했다. 결국 르노사에의 매각이 순조롭게 이루어지고 공장은 가동되기 시작했다. 그때 받은 감사패는 내가 가장 아끼는 물건 가운데 하나가 되었다.

그리고 2001년의 대우자동차. GM과의 협상이 이야기만 무성할 뿐 실제로 진전되는 사안은 거의 없는 상태에서, 대우자동차의 처리 문제는 심각한 골칫거리로 등장했다. 경찰과 노조 사이의 우발적인 충돌로 사태는 더욱 악화 일로를 걷고 있었다. 그때 인천 출신 송영길 의원 등의 요청으로 삼성차의 성공 사례를 발표하는 자리를 갖게 되었다. 노조원들에 의해 봉쇄된 부평 공장으로 들어가는 과정에서 나는 노조의 면담 요청을 받아들였다.

사례 발표를 마치고 난 뒤 노조 사무실을 방문했다. 그 자리에서 노조 관계자들에게 대우자동차의 정상 가동과 합리적 매각을 위해 대국적인 자세를 가져 줄 것을 요청했다. 그때 나를 향해 계란이 날아들었다. 나는 그분들의 심정을 충분히 이해하고 있었다. 그래서 그 작은 소란은 더 이상 확대되지 않았다. 아무튼 그 일이 또 하나의 계기가 되어 대우자동차와의 새로운 인연이 시작되었다. 대우자동차 서포터의 광고 모델이 된 것이다. 그리고 몇 달 동안은 나의 커다란 사진이 주요 일간지의 한 면을 통째로 장식하곤 했다.

정치인이 되기 이전부터 또 이후에도 나는 현장을 중시해 온 편이었다. 그것이 삶의 현장이든, 갈등의 현장이든, 토론의 현장이든 상관이 없었다. 해양수산부 장관으로 있던 시절 나는 그러한 철학을 공직 사회에서 실천해 보았다. 가급적 나는 국(局)과 실(室)을 찾아가 업무를 담당하는 공무원들과 직접 대화를 나누었다. 또 될 수 있으면 아랫사람에게 많은 권한을 위임하는 대신, 문제의 해결을 위해서는 긴 시간의 토론도 마다하지 않았다.

처음에는 타율적인 관행에 젖어 있던 공무원의 변화가 느껴지기 시작했다. '힘센 장관'이 온다고 기대를 했던 공무원들이 퇴임할 무렵에는 나를 '우리 장관'으로 불러 주었다. 새로운 시대의 리더십은 결국 다양한 계층과 집단의 갈등과 이해를 중재하고 조정하는 기능이 아닐까? 해양수산부를 경영하면서 나는 그러한 기능이 성의 있는 설득과 진지한 토론에서 비롯된다는 중요한 교훈을 얻었다.

친구 같은 지도자를 꿈꾸며

얼마 전『노무현이 만난 링컨』이라는 책을 펴냈다. 16대 총선거의 개표가 진행 중이던 2000년 4월 13일의 밤, 그의 연설문을 읽고 느낀 바가 많았었다. 미국의 16대 대통령 링컨과의 인연이 시작된 것이다. 어려운 환경에서 태어나 독학으로 변호사가 되고 수차례의 낙선을 거듭했다는, 나와의 공통점도 관심을 갖게 하는 요소이기는 했다. 하지만 나의 관심을 집중시킨 것은 다른 데에 있었다.

그는 남북전생의 와중에서도 상대방을 '적'으로 규정하지 않았다. 그 대신 같은 하나님을 믿는 국민들의 화해와 통합을 역설했다. '좌절과 역경으로부터 연마한 건전한 상식'을 가지고 결코 서두르지 않으면서도 자신이 추구하는 바를 마침내 실현시킨 사람. 사면초가와도 같은 자신의 정치적 입지에도 불구하고 정의가 승리하는 역사를 실현함으로써, 끝내는 미국이 자랑하는 성공한 대통령으로 남은 링컨. 그것은 분명 새로운 충격이었다.

나는 다시 2002년 12월 대통령 선거 개표일의 풍경을 꿈꾸고 있다. 그날에는 영남에서도 호남에서도 밝은 함성이 터져 나왔으면 좋겠다. 더 이상 한 곳은 웃고 다른 한 곳은 우울한 그런 풍경은 없었으면 좋겠다. 그래서 새로운 대통령이 취임하는 날, 전국 각지에서 모인 축하객들이 만면에 웃음을 하나 가득 머금고 경부선으로 또 호남선으로 내려가는 그런 모습이 현실로 이루어졌으면 좋겠다. 그런 지도자, 그런 대통령……

스웨덴의 전 수상이었던 팔메의 이미지를 꿈꾸어 본다. 자전거를 타고 출퇴근을 하던 수상. 국민들이 손을 내밀면 닿을 곳에 있던 지도자. 결국은 경호원 없이 영화 관람을 한 후 지하철을 타려던 중 불의의 암살을 당하고 말았지만. 이제는 좀 그렇게 낮은 곳에서 국민들과 눈높이를 맞추는 그런 지도자를 보고 싶다. 경호원 한 명도 없이 남대문시장에, 자갈치시장에, 대구백화점에, 금남로에 모습을 나타내고는, 우연히 만난 사람들과 소주 한 잔을 기울이는 그런 대통령! 그것은 정말 나의 소박한 꿈에 지나지 않는 것일까?

자전 기록 「내가 선택한 길을 내 뜻대로 걸었다」

노풍 대폭발의 날

사랑하는 우리 사원 여러분! 노 사장입니다.

주식회사 노란넥타이면, 제가 사장 맞지요? 오늘 이 자리에 오니까 사원 아니신 분들도 많이 계신 것 같습니다. 우리가 소란을 떨어서 조금 미안합니다. 그래도 구경거리다 생각하시고, 짜증 내지 마시고, 우리 잔치를 좀 지켜봐 주시고…… 또 잔치는 구경하면 재미가 없습니다. 같이 들어와서 잔치를 같이 한판 벌리십시다. 괜찮습니다. 밑지지 않게 해 드릴게요. 저 뒤에 계신 분박수 한번 치세요. 입사하십시오. 미래를 보장해 드리겠습니다.

여러분들은 지금 반란을 하고 계십니다. 이제 반란은 곧 정치혁명으로 크게 변할 것이고 그리고 그 정치혁명은 반드시 성공으로 이어질 것입니다. 1987년 우리는 군사독재에 맞서서 환란을 겪었습니다. 그리고 6월항쟁은 승리했습니다. 그러나 민주세력의 분열 때문에 끝내 그 승리의 열매를 다 거두지 못하고 절반의 승리가 되고 말았습니다.

여러분들은 1990년 3당합당을 기억하실 것입니다. 제가 그때 나갔던 것은 정치인들이 권력을 좇아가는 그런 일반적인 정치문화를 제가 거절한 것입니다. 거역한 것입니다. 지금 생각해 보면 저 혼자서 반란을 했던 것입니다. 제가 반란을 했던 죄로 그 뒤에 여러 차례 선거에서도 떨어졌습니다. 종로에서 당선되고 가만있으면 또 되는데 부산으로 다시 내려갔습니다. 그것을 어떤 사람은 희생이다, 헌신이다 하는데 기존의 정치 질서에 대해서 제가 반란을 일으킨 것입니다. 권력을 지향하지 않는 정치, 지역 구도에 저항하는 정치인은 바로 반란이었습니다. 저는 역시 그때도 지역 구도의 반란을 일으켰던 죄로 또 떨어져 버렸습니다.

그러면 저는 끝나야 됩니다. 정치인으로 끝내야 하는데 제가 다시 살아났습니다. 제 반란은 그야말로 처참한 패배로 끝나고 말았지만 죽은 저를 다시 살려 놓은 사람들이 있었습니다. 그 반란은 인터넷에서 되었습니다. 인터넷 노무현 홈페이지 노사모에서 시작되었습니다.

그때 제 홈페이지에 들어와서 글을 남겨 주신 분들, 그리고 이심전심으로 마음을 모아서 노사모를 만든 사람들, 그리고 노사모에 가입하지 않았더라도 그와 같은 새로운 현상에 대해서 관심을 가져 주었던 많은 분들이 저는 인터넷에서 반란을 일으켰다고 생각합니다. 죽었던 제가 장관이 되었습니다. 저는 이것도 여러분들이 만들어 주신 것이라고 생각합니다. 제가 2000년 4·13총선에 도전했을 때 그때 부산에서 당선되면 대통령 후보 하겠다 했지 떨어져도 대통령 후보 하겠다고 말한 일이 없습니다.

떨어지면 그걸로 끝이라고 했는데 떨어진 사람을 다시 대통령 후보로 만들어 놓은 것도 역시 인터넷의 반란입니다. 당내 1인 지배 체제라든지 당내 측근 정치라든지 비선 정치라든지 하는 그 정치적 구(舊) 실세에 대해서 저항을 하고 부닥쳐 싸웠습니다. 말하자면 당내에서 또다시 반란을 일으킨 것입니다. 그것이 결과적으로 국민경선을 만들어 냈습니다. 그 인터넷에 있던 반란군들이 오프라인으로 쏟아져 나와서 거기에 결합함으로써 그 반란은 저를 민주당의 대통령 후보로 만들어 놓았습니다.

낡은 정치의 부정부패가 저를 또 한번 밟았습니다. 저 또한 민주 세력의 통합을 목표로 한다고 하면서 옛날 정치인을 만났습니다. 그로 인해서 큰 손해를, 큰 낭패를 보았습니다. 부패 사건 때문에 또 떨어지고, 그리고 당내의 이런저런 세력 투쟁 때문에 또 떨어지고, 정치의 변화를 아니 우리 사회의 변화를 절대로 바라지 않는 자전거 일보들이 저를 또 한번 밟아 버렸습니다. 저를 짓밟은 모든 사건들이 전부 낡은 정치 질서에서 그래서 저는 거의 이제 다시 일어설 수 없는 상태까지 와 버렸습니다. 이제 죽는 일만 남았습니다.

또 반란이 시작되었습니다. 아시지요? 또 반란이 시작되었습니다. 여러분이 반란군입니다.

지금 이 시간에도 컴퓨터 앞에 앉아 가지고 열심히 클릭하고 있는 그 반란군들이 지금 있습니다. 오늘 새벽 3시까지 7억 5,000만 원 약 2만 5,000명이 참여했습니다. 직접 총 들고 나선 반란군이 2만 5,000명이면 이 뒤에서 박수 쳐 주고 용기를 북돋우고 보급하고 하는 사람들은 아마 수도 없이 많을 거라고 저는 그렇게 생각합니다.

이제 저는 어쩔 수가 없습니다. 저는 정치 지도자가 되고 싶은 사람이지 반란군 대장이 되고 싶은 사람은 결코 아닙니다. 그러나 이 반란은 저도 거역할 수가 없습니다. 저도 이제 반란군의 지도자가 될 수밖에 없습니다. 이 반란은 떳떳치 못한 이 사회의 기득권에 대한 반란이고, 낡은 정치 문화에 대한 반란이고, 원칙도 소신도 없이 보따리 싸 들고 왔다 갔다 하는 철새 정치에 대한 반란이고, 그리고 원칙을 무시하고 반칙과 불복을 일삼는 불복 정치의 반란입니다. 이런 반란 해야 되지 않겠습니까?

여러분의 이 반란은 저는 혁명으로 끝날 것이라고 생각합니다. 제가 대통령이 됩니다. 학벌주의 사회에서 고등학교밖에 안 나온 사람이 대통령이 된다는 것 이것 혁명 아닙니까?

친일 세력이 독재에 빌붙었던, 기회주의 세력이 지배해 왔던 이 땅에 눈치 보지 않고 줄 설 줄 모르는 정치인이 대통령까지 되어 버리면 이것은 또한 정치혁명 아닙니까?

눈도장 찍고 줄 서고 공천 받기 위해서 손 비비고 이렇게 말하자면 계보 정치 하고 파벌 정치 하던 이 정치, 이것 저 안 했습니다. 그것도 안 한 사람이 대통령이 된다는 것은 이것은 우리 정치 천지개벽을 의미하는 것입니다.

돈 없이 정치할 수 있습니까? ("없습니다.")

돈 없이 선거할 수 있습니까? ("없습니다.")

그 없습니다는 어제까지고 이번에는 정말 염치도 없이 돈도 안 쓰고 대통령이 되겠다는 것 아니겠습니까? 된다는 것 아닙니까? 천지개벽 나는 것입니다. 이것이 혁명입니까?

여러분이 그 혁명의 소용돌이 속에 여러분이 지금 앉아 계신 것입니다. 신나지요? 제가 대통령이 되면 우리 정치 획기적으로 바뀝니다.

돈 없이도 정치하는 시대가 옵니다. 이제 줄 서지 않아도 정치하는 시대가 옵니다.

임종석 의원 더 이상 고민하지 마십시오. 이 당 갔다 저 당 갔다 이 줄 섰다 저 줄 섰다 걱정하지 마십시오. 이제 정치인 몇

몇 사람들이 정치를 좌지우지하는 시대가 아니라 여러분들이 우리 정치의 주역이 되는 시대로 가는 것입니다. 여러분들이 이제 정치를 좌지우지하는 것입니다. 여러분이 정치의 주인이 되는 것이지요.

이번 우리 연말 대통령 선거에서는 왕을 뽑지 맙시다. 왕을 뽑지 말고 여러분의 친구를 뽑읍시다. 그냥 친구가 아니고 소신 있고 원칙 있고 한다면 하는 사람, 그리고 한다면 할 수 있는 능력이 있는 사람, 그런 친구 그지요? 친구는 친구인데 괜찮은 친구, 그렇게 가십시다.

더 중요한 것은 자전거 신문들이 저를 그렇게 밟았는데 안 죽고 살아나는 것 보면 아마 기가 찰 것입니다. 저는 언론이 달라질 것이라고 생각합니다. 언론이 정권 잡은 노무현을 두려워하지를 않는다. 정권을 두려워할 언론은 이제 없습니다. 그러나 국민들은 두려워하지 않을 수 없을 것입니다. 독자는 두려워할 것이다. 국민은 두려워할 것이다. 왜 우리가 그렇게 밟았는데 노무현이를 대통령으로 만들어 내는 그 국민의 힘 앞에 누가 두렵지 않겠습니까?

그런데 저도 지금 가슴에 고민이 많습니다. 바람이 부는데 바람이 불 때는 연을 날려야 되지 않습니까? 연을 딱 올렸는데 바람이 꺼져 버리면 연은 땅바닥으로 곤두박질칩니다. 이 바람 어쩔랍니까? 부채 들고 바람 부치십시오. 부탁합니다. 여러분들의 바람이 역사를 바꿀 것입니다. 세상을 바꿀 것입니다. 여러분 정말정말 저로서는 감사한 마음을 표현하고 말씀드려야 하는데 말씀을 못 드렸습니다. 감사합니다.

결국 궁극적으로 남은 것은 꼭 해야 되겠다는 생각과 꼭 이겨야겠다는 다짐입니다. 그리고 용기입니다. 해내겠습니다, 여러분! 결코 여러분들의 정성을 헛되지 않게 하겠습니다.

여러분, 마지막까지 최선을 다해 주십시오. 바람을 일으켜 주십시오. 감사합니다.

2002. 10. 24. 노무현 후보를 지지하는 직장인 커뮤니티 '주식회사 노란넥타이'가 주관한 노풍 폭발의 날 전야제 연설

겸손한 권력, 노무현

지금 우리가 가지고 있는 정당 제도는 물이 새는 배입니다. 살자면 부득이 물이 새는 배를 버리고 다시 헤엄을 얼마간 치더라도 새로운 배로 옮겨 타야 합니다. 그래서 지금은 결코 우리 정치인들이 안주해 있다고 생각하지 않습니다. 위기감을 느끼고 스스로 개혁을 하고 있다고 생각합니다. 정당 개혁을 제대로 못해 내는 정당은 아마 다음 총선에서 아주 심각한 타격을 입지 않을까라는 것이 제가 바라보는 정치 전망입니다.

2003. 1. 18. KBS 특별 생방송 '노무현 대통령 당선자와 함께' 중에서

정부를 끝까지 지켜 줄 수 있는 힘은 국민입니다. 스스로의 투명한 자세입니다. 잘못이 있으면 국민에게 솔직히 인정하고 사과할 것입니다. 검찰에 의지하다 보면 검찰에게 뭔가 특별한 권력을 주어야 하고, 그 검찰은 국민 위에 군림하게 됩니다. 아무도 규제를 할 수가 없습니다. 검찰의 감찰 기능이 아주 취약하지 않습니까? 그러니까 특권이 만들어지고 그 폐해는 이루 말할 수 없습니다. 개혁해야 합니다. 저는 국민들이 마지막 판단을 해 줄 것이라고 생각합니다.

2003. 3. 7. 제1차 참여정부 국정토론회 발언 중에서

청남대에서

존경하는 국민 여러분.

오늘 저는 대통령 별장인 청남대를 여러분에게 돌려드립니다.

대통령도 쉴 곳이 있어야 한다는 참모들의 만류도 있었고 웬만한 기업 총수도 곳곳에 별장이 있는데 국가 통치권자에게 별장 하나 있는 것이 뭐 문제냐는 국민 여러분의 생각도 알지만 저는 이 별장을 국민 여러분에게 돌려드립니다. 그것은 저 스스로 사사로운 노무현을 버리기 위해서입니다.

저는 대통령으로서 첫 공식 행사를 국립현충원 참배로 시작했습니다. 멸사봉공(滅私奉公)! 사적인 자신을 죽이고 나라를 위해 목숨을 바친 순국선열들 앞에서 저는 스스로 사적인 노무현을 버렸습니다. 그리고 순국선열들로부터 앞뒤가 바뀌어져 있는 이 나라를 힘닿는 데까지 바로잡으라는 명령을 받았습니다.

개혁은 어려운 말이 아닙니다. 내용이 없는 단순한 구호도 아닙니다. 그것은 앞에 있어야 할 것을 앞에 있게 하고 뒤에 있어야 할 것을 뒤에 있게 하는 것입니다. 개인의 이익, 집단의 이익은 공익과 나라의 이익 뒤에 있어야 합니다. 그렇게 해야 길게 보면 개인도 집단도 이익이기 때문입니다.

열심히 땀 흘리고 사는 사람들은 땀 흘린 만큼 앞자리로 가야 합니다. 집단 이기주의를 잘 활용해서 잘못된 권세를 누리는 사람은 그만큼 뒤로 물러나야 합니다. 모두 함께 잘살기 위해 더 어려운 사람을 돕는 사람들은 그 노력만큼 앞자리로 가야 합니다. 사리사욕(私利私慾)으로 혼자만 잘살겠다고 하는 사람들은 그만큼 뒤로 물러나야 합니다.

제가 생각하는 개혁의 방법 또한 일부에서 걱정하시는 것처럼 대립적이거나 과격하지 않습니다. 호시우행(虎視牛行)! 제가 생각하는 개혁의 방법은 호랑이처럼 보고 소처럼 걷는 것입니다.

저는 대통령의 정당한 권한과 흔들리지 않는 원칙으로 공정한 룰을 만들고 대한민국의 새로운 문화를 희망하는 국민 여러분과 함께 변화를 두려워하는 사람들도 겸손한 마음으로 이해시키고 그들 스스로 변화할 때까지 기다릴 것입니다.

오늘로 제가 취임한 지 53일이 됩니다. 여러분이 경제를 걱정하고 이라크전을 걱정하고 북핵 문제를 걱정하는 동안 저는 그런 걱정을 하는 국민 여러분을 걱정하며 열심히 뛰었습니다. 아침부터 저녁까지 분 단위를 끊어 가며 집무를 했고 그리고 집무가 끝나도 국정에 대한 많은 고민과 우리의 미래에 대한 생각에 잠을 제대로 못 이룰 때가 많습니다. 그러나 여러분도 저만큼 힘들게 살고 계실 것을 잘 알기에 힘들지 않았습니다. 그리고 여러분과 제가 함께 열어 갈 새로운 대한민국을 생각하면 힘이 났습니다.

그동안 많은 일이 있었습니다. 제가 가진 소신이 자신들에게 피해를 줄 것이라는 막연한 불안감으로 저를 흔드는 일부 사람들도 있었습니다. '노무현이 실패하면 대한민국은 30년 후퇴한다'라는 생각으로 저에게 고언(苦言)을 서슴지 않는 국민들도 있었습니다.

그러나 저는 지금 누구도 미워하지 않습니다. 누구 편도 아닙니다. 대통령이란 자리는 누구를 미워하는 자리가 아니기 때문입니다. 누구의 편을 드는 자리도 아니기 때문입니다. 국민 마음속에 있는 사리사욕은 미워할지언정 국민을 미워할 수는 없는 자리이기 때문입니다. 소처럼 묵묵히 저의 길을 가면 저를 미워하는 사람들도 저를 이해하게 되리라는 것을 믿고 있기 때문입니다.

저는 어제 대통령 별장인 이곳 청남대에서 처음이자 마지막 밤을 보냈습니다. 지금은 새벽 5시입니다. 아직은 어둡지만 저는 새로운 대한민국의 아침을 봅니다.

여러분과 제가 함께 걱정했던 이라크전쟁은 끝나고 우리나라 경제에 긍정적인 역할을 할 것 같습니다. 북핵 문제는 '전쟁은 안 된다'라는 저의 소신이 서서히 결실을 맺어 가고 있습니다. 그동안 가라앉아 있던 경제도 머지않아 바닥을 치고 다시 비상을 준비하고 있습니다.

지금 청남대 관저 앞에는 부지런한 새 몇 마리가 곧 다가올 아침을 알리고 있습니다. 저는 새소리를 들으며 대한민국의 새로운 문화를 봅니다.

아빠가 낮에 있었던 일을 아이에게 떳떳하게 말할 수 있는 깨끗한 대한민국. 배우면 일할 곳이 있고 땀 흘리면 대우를 받는 정정당당한 대한민국. 여자라고 불이익 받지 않고 노인이라고 소외되지 않고 장애자라고 불편하지 않은 따뜻한 대한민국. 베풀기 위해 가지고 함께 잘 사는 것을 행복으로 아는 사랑에 찬 대한민국. 대통령보다 국민이 높고 국민보다 애국자가 더 높은 대한민국.

날이 밝으면 저는 이 청남대를 국민 여러분에게 돌려드리고 청와대 집무실로 다시 돌아갑니다. 앞으로 국민 여러분의 사사로운 이익이나 집단의 이기로 보면 참 인기 없는 대통령이 될지도 모릅니다. 그러나 국민 여러분 마음속에 대의(大義)가 살아 있는 한, 새로운 대한민국에 대한 희망이 살아 있는 한, 저는 주저없이 '행동하는 희망'이 될 것입니다.

나라는 생각하지 않고 개인이나 집단의 이익만 생각하는 일부 사람들이 아무리 흔들어도 흔들리지 않고, 못난 저를 이 시대의 희망으로 보고 있는 양식 있는 국민들과 함께 저를 흔드는 사람들까지 가슴에 안고, 호랑이처럼 보고 소처럼 나아갈 것입니다.

국민 여러분, 환절기에 건강 조심하십시오.

2003년 4월 18일
대한민국 새 대통령 노무현

공정한 언론, 투명한 정부

『대한매일』지령 2만 호 발간을 진심으로 축하합니다.

참여정부가 출범한 지도 반년이 넘었습니다. 그동안 주위에서 가장 많이 들은 말 중에 하나가 '언론과 사이좋게 지내라'는 것입니다. 또 '개인적으로 언론에 대한 감정이 있으면 이제 그만 풀라'고 충고합니다. 언론과 맞서 싸우면 손해를 입을 수밖에 없으니 그만 양보하고 타협하라는 것입니다.

저는 그런 말에 동의할 수 없습니다. 우선, 일부 언론과의 편치 않은 관계가 사사로운 감정에서 비롯된 것이 아니기 때문입니다. 우리 사회에서 언론과 맞서는 것이 얼마나 힘들고 손해 보는 일인지를 잘 알고 있습니다. 그러나 이런 환경과 관계가 옳지 않기 때문에 불편함을 감수하며 국정 운영에 임하고 있는 것입니다. 이것은 참다운 민주주의를 실현하는 중요한 일이라고 믿습니다.

왜 언론과의 합리적 관계 개선이 중요한가?

첫 번째 이유는 어떤 권력이든 상호 견제와 균형의 건전한 긴장 관계가 필요하기 때문입니다. 많은 사람들은 '권력' 하면 '정치권력'을 머릿속에 떠올립니다. 그러나 우리 사회에는 보이지 않는 많은 권력 집단들이 존재합니다. 그중 대표적인 것이 '언론 권력'입니다. 언론은 국가나 공동체가 나아가야 할 방향을 결정하는 데 있어 정치권력 이상으로 큰 영향력을 행사한다고 할 수 있습니다. 그 때문에 '제4의 권력'이라고도 합니다. 시민 단체나 노동단체도 마찬가지입니다. 이 모두 우리 사회에 엄청난 영향을 미치고 있는 '권력'인 것입니다. 이러한 권력은 노력에 대한 보상이나 전리품이 아니라 국민이 부여한 '소명'입니다. 권력을 마치 전리품인 것처럼 착각하는 순간, 권력에 도취하게 되고 그것을 남용하게 됩니다. 그 결과 많은 국민들을 불행에 빠뜨리고 권력 스스로도 정당성을 잃고 맙니다. 소명을 저버리게 되는 것입니다. 나아가 권력은 미래지향적이고 창의적이어야 합니다. 국가와 국민의 운명을 보장하고 개척해 가는 것이 권력의 소명이기 때문입니다.

그러므로 모든 권력은 스스로 절제해야 합니다. 힘을 행사하는 자격과 합리성을 갖춘 권력이 되어야 합니다. 외부 견제 장치가 제도화되어 있지 않은 언론은 더욱 그렇습니다. 언론 내부의 자정과 견제, 비판이 필요한 것입니다. 대통령의 경우도 마찬가지입니다. 국회를 지배하려 하거나 검찰·국가정보원 등을 정권의 도구로 이용하려는 유혹을 물리쳐야 합니다. 그러나 권력 스스로의 절제만으로는 충분하지 않습니다. 상호 견제가 있어야 합니다. 일방적인 힘의 행사로 자기 의견만 관철하겠다는 자세는 민주주의 질서를 파괴합니다. 그런 권력이 허용되어서는 안 됩니다. 상호 견제를 통해서 반드시 절제되어야 합니다.

민주주의의 근간인 삼권분립제도도 여기서 출발합니다. 국가권력을 나누어 서로 견제하게 함으로써 권력의 남용을 막고 국민의 권리와 자유를 보장하는 것입니다. 뿐만 아니라 행정부 내에서도 감사원 등을 통해서 견제와 균형이 이루어지고 있습니다. 권력 스스로의 절제는 불완전하며 믿을 수 없다는 전제에서입니다.

언론과 정부 관계도 마찬가지입니다. 상호 긴장 관계를 유지해야 합니다. 언론과 정치권력이 결탁했을 때 야기되는 많은 폐해들은 역사가 잘 말해 주고 있습니다. 가장 강한 권력인 정치권력과 언론이 '누이 좋고 매부 좋고' 식으로 불의의 공생을 도모했습니다. 그때마다 시대정신은 후퇴하고 국민들이 피해를 입었습니다. 특히 저항할 힘이 없거나 정의의 편에 서고자 하는 사람들의 피해가 컸습니다. 일제시대가 그랬고 독재 정권 시절이 또한 그러했습니다. 우리 사회에서 힘을 정의로 믿는 기득권이 형성된 것도 정치권력과 언론 권력이 야합한 결과라고 생각합니다. 이처럼 정치권력과 언론은 어느 한쪽이 다른 쪽을 일방적으로 장악하거나 서로 유착할 때 편한 관계가 됩니다. 그러나 잘못된 것이 바로잡히지 않습니다. 오로지 어느 한쪽의 굴종이나 서로 간의 음험한 거래가 있을 뿐입니다. 힘들고 불편하지만 각자의 정도를 가야 합니다. 정부 기관의 가판 구독을 중단한 것도, 기자실을 폐지하고 브리핑 제도를 도입한 것도 그러한 생각에서입니다.

언론과의 관계에 대한 참여정부의 입장은 분명합니다. 정부와 언론 모두 자기 절제의 토대 위에서 각자의 소임에 충실하자는 것입니다. 정정당당하게 상대방을 견제해 나가자는 것입니다. 그리하여 '건전한 긴장 관계'를 유지해 가자는 것입니다. 그랬을 때 정부도 언론도 바로 설 수 있다고 확신합니다.

언론과의 합리적 관계 개선이 중요한 두 번째 이유는 우리 사회에 '건강한 공론의 장'을 만드는 일이 시급하기 때문입니다. 민주 사회에서는 이익집단이나 사회계층 간에 다양한 의견들이 분출하며, 많은 경우 이해가 서로 다르고 대립하게 됩니다. 이같이 서로 다른 의견들이 공론의 장에서 자유롭게 주장되고 또 경쟁하는 것이 민주 사회의 기본 원리입니다. 그런 가운데 상충하는 의견들이 대화와 토론을 통해 타협점을 찾고 합의에 이릅니다. 이는 일찍이 존 밀턴이나 존 스튜어트 밀이 주장한 자유 언론 사상의 핵심 내용이기도 합니다. 이 과정에서 언론의 역할은 절대적입니다. 언론이 설정하는 의제는 곧바로 사회적 의제가 됩니다. 언론이 '지금 이 상황에서 가장 중요한 것은 바로 이것이다'라고 규정하면 국민들 사이에서 그것을 중심으로 열띤 논의가 벌어지고 여론이 형성됩니다. '데모크라시'를 '미디어크라시'라고 하는 이유도 여기에 있습니다.

따라서 언론의 의제 설정은 매우 신중하고 공정해야 합니다. 편파적이거나 불공정한 의제는 국민들 간에 갈등과 분열을 부추기고 합의를 어렵게 합니다. 과거지향적이거나 창조적이지 못할 때는 우리 사회를 정체 또는 퇴보하게 합니다. 정확한 사실에 근거한 냉정한 논리의 제공도 필수적입니다. 그래야 서로 다른 의견과 주장 사이에서 공정한 토론이 이루어지고 합리적인 결론에 이를 수 있습니다.

안타깝게도 정부가 할 수 있는 일은 많지 않습니다. 언론이 펼치는 공론의 장에 관여하는 것은 대단히 제한적입니다.

우선 정부가 할 수 있는 일은 사실이 잘못 전달되었거나 왜곡 보도되었을 때 합법적으로 대응해서 바로잡는 것입니다. 이는 정부가 할 수 있는 최소한의 일이고 응당 해야 할 일입니다. 언론 또한 공론의 장에서 이런 견제를 받는 것을 당연하게 받아들여야 합니다. 언론의 자유가 사실을 왜곡, 과장하거나 억측을 사실인 양 호도하는 자유까지 의미하지는 않기 때문입니다. "사실은 신성하다"는 언론의 금언도 있지 않습니까?

균형 있고 건강한 공론을 만들기 위해 정부가 할 수 있는 두 번째 일은, 정부가 하고 있는 일을 최대한 투명하게 공개하는 것입니다. 실제로 참여정부는 과거 어느 정부보다 행정 정보와 정책을 적극 공개하고 있으며, 이를 통해 국민의 알 권리와 국정 참여 기회를 확대해 오고 있습니다. 이달 초 개통한 인터넷 〈국정브리핑〉도 그런 취지에서입니다. 이러한 과정을 통해서 언론과 정부는 공론의 장에서 국가 발전과 국민의 행복, 그리고 보다 나은 사회 건설을 목표로 경쟁하고 협력해야 합니다. 서로에 대한 존중이 바탕이 되고, 앞서 언급한 견제와 균형의 원리가 적용되어야 함은 물론입니다.

끝으로, 언론이 시장경제의 공정한 룰을 지키도록 원칙을 지속할 것입니다. 사회 환경의 감시가 소명인 언론사의 위법 행위와 불공정 거래는 일반 기업들보다 엄격하게 다루는 것이 원칙일 것입니다. 저는 무엇보다 최소한의 공정한 경쟁 환경을 만들기 위해 노력할 것입니다. 비정상적인 방법으로 언론을 압박하는 일도 없겠지만 예외적인 특권이 용납되어서는 안 될 것입니다.

많은 사람들이 언론 개혁을 요구하며 그 당위성을 강조합니다. 언론의 영향력과 중요성에 비추어 볼 때 그 어떤 다른 개혁보다 시급하게 단행되어야 한다는 것입니다. 왜 정부가 나서지 않는가를 질타하는 목소리도 있습니다. 그러나 언론 개혁은 정부가 주도할 성격의 일이 분명 아닙니다. 언론과 언론인 스스로의 몫입니다. 또 언론의 수용자인 국민들이 언론 개혁의 분위기를 만들어 갈 것이라고 생각합니다. 정부는 언론이 국민과 사회의 발전에 기여할 수 있도록, 그리고 건강하게 성장하도록 제한된 범위 내에서 도움을 줄 수 있을 뿐입니다.

참여정부는 임기를 마치는 날까지 당당하고 차분하게 언론과의 관계를 정립해 갈 것입니다. 좌고우면(左顧右眄)하지 않고 처음 세운 원칙 그대로 일관된 길을 갈 것입니다. 지름길이나 뒤안길 대신 가장 올바른 길을 찾아 우직하게 걸어갈 것입니다. 그래서 앞으로 3~5년 후에는 정부와 언론 모두 힘들었지만 그 길을 선택하기를 잘했다고 자부하게 되기를 바랍니다. 또 그렇게 국민들이 평가해 주기를 기대합니다. 공정한 언론과 투명한 정부가 건강한 관계를 이루는 가운데 우리 사회가 보다 밝고 건강하며 투명해지기를 소망합니다.

다시 한 번 『대한매일』의 지령 2만 호 발간을 축하합니다.

2003. 9. 8. 『대한매일』 2만 호 기념 특별 기고

나의 삶, 나의 꿈

여러분, 감사합니다. 존경하는 총장님께서 저를 아주 호의적으로 소개해 주셔서 대단히 감사합니다. 참 반갑고, 또 이 자리가 매우 기쁩니다. 우선 여러분의 초청을 받았다는 사실이 영광스럽습니다. 그리고 자랑스럽습니다.

특별히 기쁜 이유 중의 하나는 제가 자유롭지 않은 일을 오늘 할 수 있게 되었기 때문입니다. 대통령이 되면 대개 하고 싶은 대로 할 수 있을 것으로 생각했는데, 그렇게 자유롭지 않습니다.

저는 젊은 사람들 만나서 대화하는 것을 참 좋아하는데 그럴 기회를 가지기가 어렵습니다. 오늘 이렇게 나와서 못 하던 일을 하니까 얼마나 기쁘겠습니까? 초청해 주신 데 대해서 다시 한번 감사 말씀 드립니다.

제가 어떻게 살았는가는 낱낱이 공개가 돼서 여러분이 모르는 것이 없겠지만 오늘 강의는 '자신은 어떻게 생각하고 있는지 한번 말해 봐라' 이런 뜻이겠지요. 그래서 제가 생각하는 저의 삶을 오늘 한번 얘기해 보겠습니다.

아마 여러분이 상상하지 못한 것일 겁니다. 성공했지요, 제가. 성공의 비결은 뭔가? 여러분이 들어 보시고, '혼자만 성공하지 말고 우리나라도 국민도 모두 함께 성공할 방법을 내놓으시오' 그런 희망을 말해도 좋을 만큼 비결을 내놓겠습니다.

과연 대통령은 어떤 나라를 만들기를 원하는가? 혼자서 다

만들 수 있는 일이 아니라서 저도 그것을 소망으로 여러분께 말씀드리면서, '함께 한번 해 보자' 이렇게 제안 드리겠습니다.

멀리 내다보고 멀리 가야 할 우리나라의 미래가 있겠지만 당장 이 시기의 시대적 과제가 뭐라고 생각하는가, 여러분과 제 생각이 맞는지 한번 맞추어 봅시다. 그리고 요즘 인기 있는 쟁점들, 모두들 관심을 가지고 인터넷 토론방에서 서로 논란되고 있는 문제들에 관해서 제가 가진 생각도 몇 가지 말씀드리겠습니다. 제 장래의 계획도 말씀드리겠습니다. 이렇게 하면 제게 주어진 시간이 모자랄 것 같습니다. 그래서 경우에 따라서는 제목만 얘기하고 넘어가도록 하겠습니다.

어떻게 살았는가? 아마 제가 제일 관심을 가졌던 것은 먹고사는 문제였습니다. 멋지게, 보람 있게, 가치 있게 살기 이전에 그냥 삶에 대한 불안 없이 살고 싶었습니다. 그것이 첫 번째였습니다. 저는 지금까지 그렇게 크게 고생하지 않고 굶주리지 않고 살아온 것을 정말 다행스럽게 생각하고, 그래서 행복하다고 말하고 싶습니다. 시대가 여러분과 좀 달라서 가치 있는 삶을 추구하는 것보다 현실적으로 먹고사는 것이 중요하던 어린 시절을 보냈기 때문에 그랬는지는 모르겠습니다.

그다음에 뭐 했냐? 사랑하고, 아이 낳고, 지금은 손녀가 참 귀엽고 이쁩니다. 그렇습니다. 사랑하고 살았습니다. 이것을 제가 소중하게 말씀드리는 이유는 저는 섭리를 거역하지 않았고, 우리가 추구하는 많은 고상한 가치가 있지만 그 어느 가치보다 섭리에 순응하면서 사는 것이 중요하다고 생각하기 때문입니다. 그래서 하느님의 섭리, 자연의 섭리, 그 섭리를 거역하지 않는 가치관을 가지려고 하고, 또 그것을 존중하면서 그렇게 살려고 합니다.

이거 깨닫는 데 시간이 오래 걸렸습니다. 옛날에는 단지 산다는 것 그 이상의 가치, 하느님의 섭리를 거역하면서 내가 개척하는 그런 삶을 모색해 봤는데, 결국 돌다가 돌다가 섭리를 거역하지 않는 것이 좋겠다, 그런 삶을 삽니다.

그럼에도 불구하고 끊임없이 도전했고, 매 시기 승부의 연속이었습니다. 아마 여러분도 그렇게 보면 그럴 것입니다. 여러분은 끊임없이 도전하고, 또 크고 작은 승부를 이어 가고 있을 것입니다. 무엇에 도전했는가? 저는 현실, 그리고 현실의 문제에 도전했습니다. 어떤 관념과 주의를 먼저 내세우고 그것을 실현하기 위해서 도전했다기보다는 내 앞에 부닥쳐 있는 문제들에 도전했습니다.

제가 부닥친 문제는 끊임없이 변화했습니다. 제가 중학교 3학년 다닐 때에는 진학할 형편이 안 될 것 같아서 진학을 포기하고 공무원 시험 준비를 했습니다. 먹고사는 문제가 저의 문제였지요. 고등학교 다닐 때도 취직, 어떻게 부모님을 모실까를 생각했습니다. 형편이 좀 좋아져서 고시 공부를 하게 됐는데, 고시 공부를 하면서는 성공이었습니다. 자라면서 항상 읍내 아이들한테 약간의 열등감을 가지면서 살았던 시골 아이여서 아마 성공에 대한 집착이 좀 더 강했을지는 모르겠습니다. 그러나 어떻든 저는 성공하려고 고시를 했습니다.

보통 대학교에 수석 합격을 하고 나면 '고시에 합격해서 가난하고 힘없는 사람들을 위해서 일하는 변호사가 되겠다. 돈이 없어 치료받지 못하는 사람을 치료해 주는 의사가 되겠다' 이런 말들을 곧잘 합니다. 그건 진심이라고 생각합니다만, 제게는 그런 꿈조차도 없었습니다. 그냥 판사가 되고 싶었습니다.

고시 공부를 하고 있는 동안에 10월유신이 일어났습니다. 법이 짓밟힌 사건이지요. 여러 가지가 짓밟혔지만 그때 제가 보는 관점에서는 법이 짓밟히는 그런 사건이었습니다. 그런데 저는 그 유신헌법을 열심히 공부했습니다. 그래서 판사가 됐습니다. 유신헌법 공부하고 고시 합격해서 판사가 됐으니까 '유신 판사' 아닌가? 그렇게까지는 아닌 것 같습니다.

제 부모는 옛날에 창씨개명을 했습니다. 그래서 항상 '친일파'가 아닌가, 이렇게 생각하면서 고심을 했습니다. 지금도 이 문제는 우리의 숙제로 남아 있습니다.

프랑스에서 전후에 민족을 배반한 사람들을 숙청했는데, 그때 숙청의 범위를 어디까지로 할 것인가가 아마 굉장히 어려운 사회문제였다고 생각합니다. 어디까지 숙청할 것이며, 숙청의 등급을 어떻게 할 것인가, 공직에 취임하지 못하게 하는 정도로 할 것인가, 고위 공직에 취임하지 못하게 하는 정도로 할 것인가, 그 사회에서 지도적인 역할을 하지 못하게 해야 할까, 또는 감옥에 보내야 할까, 어떤 사람이 이런 많은 등급 중 어느 등급에 해당되어야 하는가?

이것은 지금도 친일 잔재를 청산하기 위해서 노력하고 있는 우리가 함께 고민하고 진지하게 생각해 봐야 될 문제입니다. 과거에 떳떳하지 못했던 모든 사람이 숙청돼야 한다면 저도 숙청 대상이 돼야 합니다. 그러면 숙청 안 될 사람이 몇이나 될 것인가, 이것도 좀 걱정이 됩니다. 이런 어려운 문제를 하나 던지고 넘어가겠습니다.

지금까지 드린 말씀은 전부 제 문제였습니다. 저로부터 조금 벗어난 때가 변호사 시절입니다. 열심히 저를 위해서 돈벌이를 했습니다만, '변호사 비리를 한번 해소해 보자' 그렇게 해서 이런저런 노력을 하기도 했습니다.

법원과 검찰의 권위주의, 거기 가서 할 말도 못하고 고개 숙이고 손만 비비는 변호사, 이런 문화를 바꾸어 보자는 도전을 하기도 했습니다. 그래서 때로는 몇몇 재판부에서 찍힌 변호사가 되기도 했습니다. 그 결과로서 혹시 제 의뢰인에게 손해를 입히지 않았는가 하는 그런 불안이 있었습니다.

시국 사건 변론을 했습니다. 아마 자기만의 삶에 대한 부끄러움, 젊은 사람들을 만나서 받은 충격, 자존심, 정의감, 이런 것들이 조금은 있었나 봅니다. 그러나 가장 큰 이유는 제 아이가 초등학교 5학년이었고, 8년 뒤에는 대학교를 가게 생겼는데, 바로 1980년대 초반 그 시기에는 대학교에 가면 자유·정의·민주주의를 배우게 되어 있고, 그것을 배우면 배운 것과 다른 현실에 반감을 갖지 않을 수 없고, 그러면 반드시 데모를 할 것 같았습니다.

데모를 하면 이름이 적히고 평생 취직이 안 됩니다. 또 끌려가서 죽도록 맞습니다. 물론 저도 제 뒤에 형사 두세 사람이 따라다니는 수준의 사람이 되어 있었습니다만, 우리 아이가 그 꼴을 당한다고 생각하니까 도저히 견딜 수가 없었습니다.

어떻게 하면 우리 아이들은 이런 세상에 살지 않게 할까. 아무리 생각해도 우리가 감옥 가는 수밖에 없겠다, 그래서 그만 문제 변호사가 됐습니다. 제법 괜찮지요? 제가 사회문제에 눈을 떠 온 과정을 말씀드렸습니다.

오랫동안 도전하고 오랫동안 승부를 해 왔습니다만, 가장 어려웠던 승부는 자신과의 승부였습니다. 긴 설명 드리지 않아도 여러분 다 짐작하실 것입니다. 가장 어려운 적, 가장 어려운 상대는 제 마음속에 있습니다. 저의 이기심 안에 있고, 저의 비겁함 안에 있고, 저의 안일함 안에 있습니다. 그렇습니다. 제 안에 있습니다. 어떻든 그럭저럭 여기까지 왔습니다.

이제 성공의 비결을 말씀드리겠습니다.

저는 제가 성공했다고 생각합니다. 제가 성공한 비결, 확실하게 투자하라는 겁니다. 가진 것 그대로 다 가지고 더 가지겠다는 도전, 이것은 안전하긴 하지만 성공하는 데에는 큰 도움이 되지 않는 것 같습니다.

적어도 승부를 걸어야 되는 성공의 과정에서 투자하려거든 확실히 하십시오. 저는 제 인생을 걸었다, 이렇게 생각하면서 해 왔습니다. 성공보다는 당면한 문제에 몰두했습니다. 매 시기 현재에 몰두했습니다. 멀리 내다보긴 하지만 그것은 내다볼 뿐이지 항상 현재에 전부를 투자했습니다. 대통령 되겠다고 그 시기까지 나온 사람 중에서는 제가 가장 적극적으로 투자했습니다. 가장 확실하게 투자했다는 것이지요.

좋은 일은 아닙니다만, 역대 대통령들을 돌이켜 보니까 다 죽다가 살아난 사람들이에요. 제 앞에 대통령이 되신 분들은 이런저런 이유로 목숨을 걸었던 사람들입니다. 이승만 대통령, 그렇지요? 박정희 대통령, 저는 결코 찬성할 수 없습니다만, 어떻든 한강을 건널 때 그는 목숨을 걸고 건너지 않았겠습니까? 그리고 전두환, 노태우, 그분들의 쿠데타도 찬성할 수 없는 일이지만 실패하면 죽는 겁니다. 김영삼 대통령, 김대중 대통령도 다들 돌아가실 뻔했습니다.

저는 그런 일은 없었습니다. 세상이 좋아진 거지요. 그래서 다행히 목숨을 걸지 않고 대통령이 된 첫 번째 대통령입니다, 제가. 그래서 국민들께 감사하게 생각합니다. 그러나 밑천 들인 것을 보면 그래도 제가 제일 화끈하게 투자를 했지요. 똑똑하게 못할 바에는, 제대로 못할 바에는 정치 안 한다, 이런 결심을 가지고 했습니다.

두 번째 성공 비결, 끊임없이 변화해 왔다는 것입니다. 그렇게 자부합니다. 조금 전에도 말씀드렸듯이 제가 변호사를 할 때 이미 세상을 알고 역사를 알고 했던 것이 아니고 그저 저만 잘 먹고 사는 사람이었습니다만, 끊임없이 자신의 목표를 바꾸고, 어떻든 부닥친 문제를 풀기 위해서 변화해 왔습니다. 길게 설명하려면 참 많겠는데, 저는 지금도 그렇게 생각하고 있습니다.

저를 중심으로 세상을 바꾸려 하는 것이 아니라 세상이 바뀌는 방향으로 동참하면서 저를 바꾸어 왔다고 생각합니다. 그리고 항상 변화를 수용해 왔습니다. 그것을 위해서 저는 열심히 공부했습니다.

세 번째 비결은 공부입니다. 열심히 공부했습니다. 지금도 저는 열심히 공부를 하고 있습니다.

네 번째는 시운(時運)입니다. 어떻든 그렇게 가다 보니까, 제가 아마 시대가 요구하는 것과 상징적으로 비슷하게 보였나 봅니다. 그러니까 '너, 대통령 한번 해라' 이렇게 시켜 준 게 아닌가 생각합니다.

어떤 나라를 원하는가? 여러분은 아마 잘 모르시겠지만 인수위 시절에 공을 들여서 국정 목표라는 것을 만들었습니다. '국민과 함께하는 민주주의', '더불어 사는 균형 발전 사회', '평화와 번영의 동북아 시대'가 그것입니다.

뭔가 섭섭하지요? '활력 있고 넉넉한 나라'야 되지 않겠습니까? 그래야 더불어 살기도 하고, 질 높은 삶과 품위 있고 문화적인 삶도 다 함께 누릴 수 있기 때문에 넣어야 되는데, 4개나 하려니까 많아서 외우기도 어렵겠고 '균형 발전'과 '평화와 번영'에 발전과 번영이 들어 있으니까 그것으로 잘사는 나라는 갈음하자, 이렇게 했습니다.

지금 생각해 보니까 전달이 잘 안 되는 것 같아서 '활력 있고 넉넉한 나라'를 한번 넣었으면 좋겠습니다. 제가 그랬듯이 많은 국민들은 당장 먹고사는 것이 제일 큰일인데, 그걸 1번으로 넣어 주어야 되지 않겠습니까?

이런 나라가 되기 위해서 정부는 어떤 정부가 되어야 하는가? 참여정부가 되어야 한다. 국민이 참여하는 정부라는 뜻입니다. 그것만 하려고 하니까 다른 당하고 국정 목표가 너무 닮았어요. 그래서 차별화하자, 방향은 같다 하지만 우선순위가 다르고 가는 길이 다르다, 전략이 다르다는 것을 말하자, 그래서 전략으로 '원칙과 신뢰', '공정과 투명', '대화와 타협', '분권과 자율'이라는 국정 원리를 말했습니다.

'원칙과 신뢰'가 똑같이 가는 건 아닙니다. 그렇지만 원칙이 바로 서서 그 원칙이 우리의 삶을 지배하는 사회가 신뢰할 수 있는 사회가 아니겠는가, 그렇게 생각합니다.

'분권과 자율'이라든지 '대화와 타협'이라든지 '공정과 투명'이라든지 하는 것은 제가 오랫동안, 대통령 꿈꾸기도 훨씬 전부터 얘기해 오던 것입니다. 하나 더 보탠다면 희망과 낙관이 있는 나라, 낙관적 희망이 지배하는 나라가 됐으면 좋겠습니다. 아주 중요하다고 생각합니다.

신뢰는 한 번 더 말했으면 좋겠습니다. 신뢰가 먼저냐, 민주주의가 먼저냐? 신뢰가 먼저입니다. 인간이 경험한 많은 사회 중에는 전제군주 사회도 있고, 귀족 사회도 있고, 독재 사회도 있고, 파시스트 사회도 있습니다. 그 모든 사회에서 가장 중요한 것이 신뢰입니다. 신뢰가 무너진 사회는 존재할 수가 없습니다. 신뢰가 있는 나라여야 합니다.

상대방이 나와 한 약속을 지킬 것이라는 믿음이 없으면 별의별 장치를 다 해야 됩니다. 상대방이 선의를 가지고 있다는 믿음이 없으면 속지 않기 위해서 준비해야 되는 일이 너무 많습니다. 계약을 맺을 때 상대방이 위약할 경우에 대비해서 방어할 수 있는 모든 조항들을 집어넣어서 계약서 하나 만드는 데 보름이나 한 달씩 걸립니다. 변호사 비용이 엄청 나가지요.

국가가 나의 안전을 지켜 주지 않을 것이라는 그런 불안이 있을 때 개인 경호 시스템을 하게 됩니다. 남아프리카 같은 나라에서는 지금 경찰보다 개인 경비 용역업에 고용되어 있는 사람이 훨씬 더 많고, 거기에 많은 비용을 지불하고 있습니다. 그러면 돈 없는 사람은 어찌하란 말이냐 하는 질문이 바로 나올 수 있겠지요.

이렇듯 믿음을 바로 세우는 것이 가장 중요한 일이라고 한다면 어떻게 해야 하는가? 말대로 행동해야 합니다. 말한 대로 행동해야 합니다. 그래야 믿음이 생깁니다. 선의를 가지고 행동해야 합니다. 말한 내용을 말 비슷하게 하긴 하는데, 또 다르게 해석해 가지고 그 본뜻을 어떻게든 왜곡시켜 보려는 노력, 선의가 없이 맺은 계약은 그 방향으로 갑니다. 그래서는 안 됩니다. 진실해야 됩니다. 진실하게 말하고 진실하게 이행해야 합니다. 이것이 사회의 신뢰를 세우는 방법입니다.

신뢰 중에 중요한 것 하나는 그 사회 지도적인 인사들의 행동입니다. 지도적인 인사라고 말하는 사람들이 말과 행동을 달리할 때 그 사회의 신뢰가 붕괴됩니다. 지도자는 그야말로 말대로 실천해야 됩니다. 그리고 지도자는 진실을 말해야 됩니다. 아울러서 지도자는 말할 자격을 갖추어야 됩니다. 말할 자격 없는 사람이 좋은 말을 자꾸 하면 좋은 말을 버립니다.

한국적 민주주의, 들어 보셨습니까? '한국적 민주주의'란 이름을 붙여서 민주주의를 완전히 말살시켜 놓고 입만 열면 민주주의 한다고 하니까 사람들이 믿지 않는 시대가 된 거죠. 그 후유증이 엄청납니다. 물론 그때도 공정한 사회를 말하지 않았겠습니까? 정의로운 사회, 기억나십니까? 1980년 전두환 대통령이 내걸었던 '정의로운 사회.' 절대로 보통 사람일 수 없는 분이 '보통 사람'을 얘기했습니다. 현직 대통령이 전직 대통령을 비방한 결과가 될 것 같네요. 어쨌든 존재했던 사실입니다. 신뢰라는 것이 매우 중요합니다.

이 시대에서 가장 큰 문제로 생각하는 것이 뭐냐? 저는 분열이라고 생각합니다. 우리나라가 앞으로 제대로 가려면 뭘 해야 하나? 분열을 극복해야 합니다. 생각해 보십시오. 조선이 무너졌습니다. 힘이 없어서 무너졌습니다. 그러나 그러면서도 가장 처참하게 무너진 것은 분열하고 무너진 것입니다. 지도층의 분열과 더불어서 무너진 것입니다. 그 이전의 경우도 마찬가지입니다.

우리나라에 있어서 분열은 각별합니다. 서로 용납할 수 없는 가치를 가지고 살았던 시대가 너무 오래됐습니다. 아무리 우리가 서로를 존중하고 공존하려고 해도 공존의 범위를 벗어나는, 그런 대립이 있을 때에는 공존하기가 어려운 것입니다. 일제 시대에 '친일하고 살자. 일본이 시키는 대로 하고 살자'라고 말하는 것은 결코 받아들일 수가 없는 일이기 때문에 서로 공존할 수 있는 가치가 아닙니다. 친일과 항일은 공존할 수 있는 가치가 아니지요.

해방이 되고 난 뒤에 소위 용공과 반공, 좌익과 우익 해 가지고 실제에 있어서 어떻든 결코 서로를 용납하지 않는 대결의 시대를 지내 왔습니다. 그다음에 독재와 반독재, 아무리 민주주의한다 하지만 독재와 어떻게 타협을 할 수 있겠습니까? 독재적 방법과 타협할 수 없는 것이죠. 저항이 있을 뿐이죠. 그래서 민주주의가 가지고 있는 상대주의의 한계라는 것이 바로 민주주의의 원리를 부정하는 사상과 행동이죠. 그래서 저항권이라는 것을 만들어 놓았습니다.

물론 개별 국민들은 민주주의 제도에 대해서도 비판하고 공격할 자유가 폭넓게 인정되지만 적어도 국가권력은 그래서는 안 됩니다. 자유의 폭이 다릅니다. 민주주의에 대해서 비판할 수 있고 문제를 제기할 수 있지만, 그것은 일반 국민 개인에 한한 것이지 국가권력이 그럴 수는 없다는 것이죠.

그리고 적어도 국가권력을 추구하는 정도의 조직적 집단이 그것을 추구하는 것을 우리 법·질서는 결코 용납할 수가 없습니다. 양심의 자유가 이미 아닙니다. 그래서 독재와 반독재, 그렇게 싸웠죠. 지금도 그 연장선 위에서 살고 있는 사람들이 많이 있습니다.

어떻게 극복할 것인가? 대화와 타협의 문화를 만들어야 합니다. 이제 민주주의는 어떻든 서로 존중하고 대화와 타협으로써 합의를 만들어 나가고 적어도 논리적으로 합의가 되지 않더라도 절충을 해서 타협해야 합니다. 타협으로라도 합의를 만들어 나가야 합니다. 이런 것이 우리 시대에서 새로운 문화로 자리 잡아야 합니다.

왜 대화와 타협을 강조하느냐 하면, 그동안 우리 사회의 권력을 가지고 있던 사람들, 지배적인 힘을 가지고 있던 사람들은 그들을 반대하는 사람들, 그들의 기득권에 도전하는 사람들을 용납하지 않았습니다. 배제했습니다. 말하지 못하게 하고, 말하면 잡아 가두고, 또 잡아넣기 위해서 때리고, 심하면 죽이고 그랬습니다. 배제의 시대를 우리가 수십 년간 살아왔던 것입니다.

그 배제의 시대에 싹튼 저항의 논리가 또한 비타협 저항입니다. 비타협 투쟁 노선입니다. 지금도 학생운동의 일부에 그 노선이 살아남아 있죠? 그런데 문제 해결이 안 됩니다.

우리나라는 이제 대화와 타협으로 문제를 풀어 갈 수 있는 정치적 조건이 형성되었다고 말할 수 있습니다. 지금 여야가 죽기 살기로 싸우지 않더라도 실적에 따라서 4년 뒤에 다시 심판하지 않습니까? 당장의 견제와 균형도 중요하지만 4년 뒤에 바꿀 수 있는 가능성을 가지고 있다는 것이 매우 중요합니다.

좀 엉뚱한 얘깁니다만 조폭 문화를 청산해야 됩니다. 조폭 문화는 외부 세계에 대해서는 전혀 법을 존중하지 않습니다. 하지만 내부적으로는 칼 같은 규율을 세워 놓고 있습니다. 그 사이에서는 철저히 충성과 보상의 관계를 맺고 있습니다. 이것이 조폭 문화입니다. 그 조직에 들어 있는 한 특별한 대우를 받고 특별한 대우를 합니다. 그래서 아주 폐쇄적인 특권적 집단이 되는 것이죠.

이것이 과거 군국주의 군대에도 살아 있었고, 정치권력에도 이런 논리가 통했던 때가 있었습니다. 보편적 지지가 없으니까, 보편적으로 승인된 가치를 부정하니까 많은 사람들의 저항이 있을 수밖에 없습니다. 저항을 더욱더 강고하게 제압해야 되고, 그러다 보니까 주종 관계를 맺고 물질적인, 명예적인 보상을 주면서 갈라 먹기를 합니다. 그렇게 해서 외부 세계의 보편적 법·질서를 유린하는 것을 조폭 질서라고 말해야 되지 않습니까? 이게 지난날 우리의 정치였습니다. 잔재가 남아 있다는 것이죠.

제가 정경 유착을 끊자고 한 이유는 여기에 있습니다. 그 사이에 불합리한 부당한 거래가 이루어지면 일반 국민이 피해를 입게 된다는 것이죠.

권언 유착도 끊읍시다. 권언 유착은 끊긴 것 같은데, 정언 유착은 남아 있는 것 같습니다. 그 유착에는 항상 부당한 이익이 발생하고 부당한 특권이 발생합니다. 아직 정부 안에 있는 권력기관에도 이 사고의 잔재가 남아 있는 부분들이 없지 않습니다.

참여정부가 끝날 때에는 다 없어질 겁니다. 정부 안의 것은 제가 책임지겠습니다. 정경 유착도 높은 수준의 것은 제가 다 정리하겠습니다. 청소를 하겠습니다. 권언 유착도 제가 정리해 놓겠습니다. 정언 유착 정리는 국민들이 좀 해 주시기 바랍니다. 특권적 문화, 즉 조폭 문화를 청산하자는 것입니다.

대안적 운동이 필요한 시기입니다. 민주주의 권력은 끊임없이 견제 받아야 합니다. 감시 받아야 합니다. 그러나 너무 많이 흔들어 버리면 감사 받는다고 일을 못합니다. 공무원들이 감사 때문에 일을 못하겠다고 하는데 정부도 마찬가지입니다. 정권도 밤낮없이 감사만 하고 계속 흔들면 갈 길 못 갑니다.

그래서 비판은 적절해야 하고, 합리적 근거를 가져야 하고, 그다음에는 대안이 있어야 합니다. 대안 없이 하는 비판 운동은 그 사회의 효율을 현저히 떨어뜨릴 가능성이 있습니다. 그래서 창조적 대안 운동, 이것이 참여의 한 형태로서 새롭게 좀 자라났으면 하는 생각을 갖고 있습니다. 이런 것이 지금 이 시대의 과제라고 저는 생각합니다.

진보와 보수 얘기를 많이 합니다. 진보를 맨 왼쪽에 놓고 한 줄로 세우고 보수를 맨 오른쪽에 놓고 한 줄로 쫙 세운다고 합시다. 우리나라가 왼쪽으로 한참 달려가면 일본이 보일 겁니다. 일본을 지나서 또 왼쪽으로 한참 달려가면 미국의 사회제도가 있을 것입니다. 거기서 죽자 사자 또 뛰어가면 저쪽에서 오른쪽으로 막 달려오고 있는 영국을 만나게 될지도 모릅니다.

여기서 진보가 어떻고 보수가 어떻고 하는 것은 한심한 얘
깁니다. 우리나라의 복지 예산, 그다음에 세금과 재정의 재분배
효과 이런 등등을 보면 한심합니다. 일반적 복지도 중요하지만
최소한의 사회 안전망이라는 것은 대단히 중요합니다. 걸핏하면
진보는 좌파고, 좌파는 빨갱이라는 식으로 몰아붙이는 것은 그
야말로 한국 사회의 진보를 가로막는 암적인 존재입니다.

그렇게 진보와 보수로 나누는데, 진보는 무엇이고 보수는
무엇인가? 대개 이렇게 보면 됩니다. 보수는 힘센 사람이 좀 마
음대로 하게 하자, 경쟁에서 승리한 사람에게 거의 모든 보상을
주자는 것입니다. '적자생존의 원리를 철저하게 적용하자. 약육
강식, 그것이 우주의 섭리 아니냐' 그렇게 말하는 쪽에 가깝습니
다. 진보는 뭔가? '더불어 살자. 인간은 어차피 사회를 이루어 살
도록 만들어져 있지 않느냐.' 연대죠, 연대. 이런 얘깁니다.

어느 쪽도 극단적인 한쪽의 것은 없지만 크게 봐서 이렇습
니다. 그다음에 '가급적이면 바꾸지 말자.' 이게 보수입니다. '뭘
좀 바꾸자. 고쳐 가면서 살자.' 이것은 진보죠. 그래서 한때 소련
이 붕괴되었을 때 진보와 보수가 바뀌어 버렸습니다. 그렇죠? 그
건 이미 소련 사회가 노멘클라투라(nomenklatura: 공산주의
국가의 특권계급) 사회로서, 시장에서 승리한 사람이 특권을 갖
는 것이 아니라 시장은 죽여 버리고 권력의 장에서 모든 경제를
움직이면서 거기서의 승자들이 특권을 형성해 버렸기 때문에 부
득이 보수가 공산주의자가 될 수밖에 없었던 것입니다.

그래서 이 두 개가 서로 헷갈릴 때가 있습니다만, 자본주의

사회에 있는 한, 대개 보수는 적자생존론이나 약육강식론에 근거하고 있고, 아울러 되도록이면 바꾸지 말자는 것입니다. 특히 한국처럼 아주 오른쪽에 있는 나라에서는 더욱더 바꾸지 말자는 것입니다. 기득권의 향수가 강할 수밖에 없습니다. 그렇게 이해하시면 간명하죠. 합리적 보수, 따뜻한 보수, 별의별 보수를 다 갖다 놔도 보수는 '바꾸지 말자', 이겁니다.

성장과 분배는 반드시 배치되는 개념인가? 그렇지 않습니다. 노벨 경제학상을 수상한 스티글리츠 교수는 "성장과 분배는 서로 배타적인 것이 아니다. 같이 안 가면 둘 다 망한다. 같이 가야 장기적으로 성장할 수 있다." 그렇게 얘기합니다.

경제위기론, 여러분이 취직 걱정이 많으니까 경제위기론이 실감이 나죠? 이 문제는 그래프를 하나 갖다 놓고 봅시다. 우리의 GDP가 3.8% 성장했던 2001년에 경제가 그날로 붕괴하는 것 같은 그런 분위기 속에서 살았습니다. 실제로 그 분위기 때문에 경제가 더 살아나지 못하고 침체했다는 유력한 주장이 있습니다.

경제위기론에 저는 동의하지 않습니다. 많은 지표들을 가지고 보고 있는데, 위기는 언제든지 올 수 있는 것이지만 지금 잘 관리하고 있으므로 제가 있는 동안은 문제없습니다. 안심하십시오.

청년 일자리는 어쩌란 말이냐? 예, 열심히 노력하고 있습니다. 왜 그렇게 대학을 많이 갑니까? 전부 대학 가서 높은 자리만 하려고 하지 않습니까? 게다가 우리 산업구조는 빨리 바뀌고 있고요. 그래서 지식 서비스산업을 집중적으로 육성하기 위해서 대통령이 직접 진두지휘하고 있습니다.

효과가 언제 날 거냐? 좀 걸립니다. 아일랜드가 1987년에 노·사·정 합의를 하고 그때부터 외자 유치라든지 새로운 경제정책을 쓰기 시작했는데 고용이 살아나고 경제가 살았다고 국민들이 피부로 느낄 때까지 6년이 걸렸습니다. 1993년이었습니다.

우리는 1993년도에 '신경제 100일'을 했는데 지나고 나서 보니까 '신경제 100일'로 좋아진 건 하나도 없습니다. 죽는다고 엄살을 자꾸 부리면 국민들이 그런 줄 알고 불안해하고, 정부는 급하니까 이 정책 저 정책 막 갖다 쏟아부어서 경제 파탄과 같은 상황이 오는 일이 있습니다.

1989년의 위기론에서 1990년의 진짜 위기가 왔고, 2001년의 위기론에서 무리한 경제정책이 나오고, 2002년에 위기가 진짜 와 버린 것입니다. 곰곰이 한번 자료를 찾아보십시오. 아주 위험합니다.

그래서 누가 경제 위기를 가지고 어떻게 불안을 조성하더라도 저와 우리 경제팀은 정말 면밀히 검토하고 철저히 분석해서 흔들림 없이 의연하게 가겠습니다. 그동안에 욕은 제가 먹으면서 가겠습니다. 일자리는 조금만 더 기다리십시오.

시간이 많이 됐는데, 상생에 관해서 한 말씀 드리겠습니다. 좋은 겁니다. 대화와 타협의 문화가 바로 상생입니다. 상생은 그야말로 진실하게 이것을 실천할 의지가 있어야 됩니다. 상대방에게 양보를 받아 내기 위해서 상대방을 공격하기 위해서 상생을 내세우면 그 상생은 반드시 실패합니다.

어떻게 하는 것이 상생인지를 알아야 합니다. 세상이 변화할 때는 변화를 수용할 줄 알아야 하고, 기득권을 버려야 할 때는 기득권을 버려야 합니다. 새로운 문화를 장려해야 될 때 낡은 문화를 고집하면 안 됩니다. 시대의 흐름도 맞추어야 합니다.

그다음에 상생을 하는 기본 조건을 갖추어야 됩니다. 상대를 존중할 줄 알아야 합니다. 배제의 습관이 남아서, 지금도 계속 배제하려고 하는 방법으로는 상생할 수 없습니다. 상생은 결국 대화, 토론, 설득, 타협, 그리고 거의 다 합의가 된 것 같은데 마지막 결론이 안 날 때 그때 표결하는 겁니다. 그렇죠? 표결하고 승복하는 겁니다. 승복해야 상생이 이루어질 수 있는 것 아닙니까? 그 규칙을 무시하면 상생이 안 됩니다.

스포츠 게임도 규칙을 잘 지키고 끝났을 때 두 사람이 서로 악수하고 그렇게 하지 않습니까? 반칙으로 얼룩진 경기가 끝났을 때 무슨 상생이 되겠습니까? 규칙과 승복, 훌륭한 심판 매우 중요합니다. 패배를 넉넉하게 수용할 줄 아는 그런 역량을 갖추고 싶습니다.

저는 지금도 열심히 일하고 있습니다만, 어떻든 권력을 추구한 사람으로서는 이제 하산 길로 들어서고 있습니다. 발 삐지 않고 무사히 하산을 잘했으면 좋겠습니다.

등산은 올라갈 때보다 내려갈 때가 더 위험하다고 합니다. 무사하게 하산하기 위해서는 정상의 경치에 대해서 미련을 갖지 않아야 합니다. 정상의 경치가 저에게는 좋기도 하지만 골치 아픈 일도 많습니다. 미련을 갖지 않겠습니다. 이것은 말로 되는 것이 아니고 끊임없이 자기와의 승부 속에서 가능한 일입니다.

저 자신이 여유 있는 마음으로 하산할 수 있도록 자신을 다스려 내는 것, 그것이 제가 해야 될 남은 일입니다.

감사합니다.

2004. 5. 27. 연세대학교 초청 특별 강연

북악산을 시민의 품으로

반갑습니다. 여러분이 기뻐해 주니 저도 기쁩니다.

대통령 자리가 봉사하는 자리입니다. 그런데 대통령이 되고 보니 누리는 것이 참 많았습니다. 해외 나갈 때는 전용기나 전세기를 타기도 하고, 공식적인 나들이할 때는 도로 교통을 적절하게 통제해 신호 대기하지 않고 가기도 하는 등 누리는 것이 있습니다.

처음 대통령 되고서 제일 기분이 좋았던 것이 북악산을 누릴 수 있다는 것이었습니다. 올라와 보니 참 좋아요. 처음에는 혼자 누리는 것이 특권인 것 같아 기분 좋았는데, 시간이 지날수록 미안한 생각이 들었습니다. 와 보면 옛날 사람들이 다녔던 자국이 남아 있습니다. 돌계단도 그렇고 약수터도 있습니다. 그런 것을 보면서 어느 때인가 사정이 있어서 막았겠지만 시민들에게 돌려주자고 마음먹었습니다. 돌려주려고 하고 나니까 여러 가지 문제들이 있었습니다. 막아 놓고 지키면 부담이 적은데 사람들이 다니기 시작하는 상황에서 경비하는 것이 군부대로서는 난감한 일이었습니다. 거기다가 처음엔 문만 열면 되는 것이라고 생각했던 것이, 아름답게 역사를 느낄 수 있도록 다듬어서 열겠다는 생각으로 좀 더 늦춰지게 되었습니다. 문화재청에서 높은 안목으로 열심히 준비해서 추억을 되살린 자부심 있는 공간으로 훨씬 더 가치가 높아졌습니다.

성벽은 서울의 역사를 실감나게 상징하고 있습니다. 성벽에서 내려다보면 경복궁 참 좋습니다. 용산 미군기지 90만 평이 서울 시민의 품으로 돌아오면, 그곳을 녹지와 문화 공간으로 가꾸면서 건너편 남산에서 용산, 한강으로 이어지는 녹지와 문화 공간으로 복원되게 됩니다. 외국군이 주둔했던 것도 역사고, 돌려받은 것도 역사입니다. 그런 역사의 상징물이 만들어지면서 서울 시민 누구나 지하철표 한 장 사 들고 가볍게 나가서 즐길 수 있는, 가난한 연인들도 하루 보내기 어렵지 않은 그런 공간으로 만들어질 것으로 생각합니다. 이렇게 서울을 역사와 문화, 숲이 한데 어우러지는 공간으로 만들어 가면 서울이 지금보다 좋아질 것으로 생각합니다.

행정 도시가 생기면 서울 시민들이 섭섭할 수 있겠지만, 서울에 너무 집중되면 시민들이 불편해집니다. 돈과 권력, 정보가 한군데 집중되면 거대한 권력이 발생하고 그것이 우리 모두를 어렵게 하는 갈등과 문제를 만들어 냅니다. 심하면 분열로 이어질 수 있습니다. 예를 들면 서울 시민이 과반수고 서울 출신 국회의원이 과반수라면 서울 시민이 싫어하는 어떤 결정도 이뤄질 수 없습니다. 서울 시민이 좋아하는 것은 지방의 어떤 희생이 있더라도, 무엇이든 관철되는 그런 국가가 됩니다. 국가의 미래를 멀리 내다보면 서울은 국제적으로 경제와 정보가 집중되는 최고의 도시, 역사와 문화, 자연과 숲이 복원돼 사람 살기 좋은 도시가 될 것입니다. 전 국토가 조금씩 나눠서 발언권이 비슷한 국토에서 도시와 농촌이 상생하는 공동체로 발전할 것입니다.

농촌은 새로운 공동체로, 바쁘게 살아가던 사람들이 나중에 여유 있게 살 수 있는 공동체로 복원될 것입니다. 우리 어릴 때처럼, 아이들이 할아버지 집에 찾아가서 뛰어놀 수 있는 자연의 추억을 가질 수 있는 국토로 재편성할 것입니다.

어느 쪽으로 가든 서울은 그 중심에 있습니다. 서울 시민들이 이 북악산 꼭대기에 올라와 서울 시내를 내려다보면 마음이 넓어지고 여유가 생겨 국가의 미래를 생각하는 안목도 커지고 넉넉해질 것이라고 생각합니다. 오늘 가면 한참 있다가 오시게 될 테니 서울을 눈 안에 담아 가길 바랍니다. 기쁜 하루가 되길 바랍니다.

2006. 2. 12. 북악산 개방 시범 답사 인사말

새로운 시대, 언론의 소명

『경향신문』 창간 예순 돌을 진심으로 축하합니다.

해방 이듬해에 창간한 『경향신문』은 우리 현대사와 영욕을 함께해 왔습니다. 백범 김구 선생이 암살되자 두 번이나 호외를 발행했고, 6·25전쟁 발발도 가장 먼저 알렸습니다.

그런가 하면 권력의 횡포에 맞서 싸우다 폐간의 수난을 겪었고, 한때는 권력에 의해 회사가 강제 매각되는 굴욕의 세월도 거쳤습니다. 또 1980년 5월에는 신군부의 광주민주화운동 탄압에 맞서 제작 거부를 벌이던 많은 기자들이 큰 고초를 겪었습니다. 『경향신문』의 60년은 우리나라 언론 자유와 민주주의 발전의 살아 있는 역사라 할 것입니다.

돌이켜 보면 지난 60년, 우리는 숱한 어려움을 이겨 내고 세계가 놀랄 만한 기적을 만들어 왔습니다. 대한민국은 해방과 분단이라는 기쁨과 혼란, 대립과 좌절의 격동 속에서도 민주주의와 시장경제라는 희망의 씨를 뿌렸습니다.

우리는 6·25전쟁, 냉전과 남북 대립, 4·19혁명과 군사 쿠데타, 유신 독재와 5·18, 신군부독재와 6월항쟁, IMF 외환 위기 등 끊임없는 격변 속에서도 산업화와 민주화의 꿈을 이뤄 냈습니다. 60년 전 박토의 불모지에 뿌렸던 민주주의와 시장경제라는 소중한 씨앗이 세월의 풍파를 헤치고 마침내 아름드리나무로 자랐습니다.

보릿고개를 걱정하던 세계 최빈국에서 이제 대한민국은 세계 10위권의 경제력을 가진 힘 있는 나라로 성장했습니다. 한국에서 민주주의를 기대하는 것은 "쓰레기통에서 장미꽃을 구하는 것과 같다"는 악평을 들었던 대한민국은 지금 세계 어디에 내놓아도 손색이 없는 민주국가로 탈바꿈했습니다.

이 모두가 우리 국민들의 덕입니다. 도전과 시련을 기회와 도약의 계기로 바꿔 성공 신화를 만들어 온 국민 여러분께 존경과 감사의 말씀을 드립니다.

대한민국은 이제 다시 미래를 향해 새로운 도전을 준비하는 중요한 시대적 고비를 맞고 있습니다. 21세기 우리가 나아갈 선진 복지사회를 향해, 우리의 손자 손녀들이 꿈과 희망을 마음껏 펼쳐 갈 미래를 위해 지금 해야 할 일이 무엇인지 진지하고 책임 있게 뜻을 모아야 할 때입니다.

IMF 외환 위기 이후 구조화된 양극화 현상의 해소와 이미 눈앞에 다가온 저출산·고령화 시대에 대비하는 일은 이제 더 이상 지체할 수 없습니다. 우리의 미래를 가장 불안하게 하는 요소입니다.

또한 우리 사회는 어느덧 급속한 지식 정보화 시대에 들어서면서 성장은 곧 고용 창출이라는 옛 등식이 사라지는 이른바 고용 없는 성장 시대를 맞고 있습니다. 이를 극복하기 위해서는 기업의 투자만으로는 부족합니다. 제도적 혁신과 인적 자원의 고도화, 양질의 일자리 창출에 대한 국가적 장기 전략이 필요합니다. 그런 점에서 정부가 제시한 '비전 2030'은 대한민국의 새로운 성장 전략입니다.

한·미 FTA 체결, 국방 개혁과 전시 작전통제권 환수, 평화와 번영의 남북 관계 구축, 수도권·지방의 균형 발전과 동반 성장 정책, 사법 개혁과 연금 개혁, 대화와 타협의 정치 문화 등도 모두 우리가 명백히 가야 할 길입니다. 무엇 하나 외면하거나 미룰 수 없는 국가 과제들입니다.

이제 국가 발전의 패러다임을 바꿔야 합니다. 과거의 방식과 관행, 의식만으로는 우리 앞의 과제들을 해결할 수 없습니다. 어느 것 하나 쉬운 일은 없습니다. 그렇다고 포기할 수는 없습니다. 합리적 보수, 합리적 진보, 그리고 이를 함께 아우를 수 있는 제3, 제4의 길도 추구할 수 있는 유연한 자세와 노력이 대단히 중요합니다.

무엇보다 극단주의를 배제해야 합니다. 극단주의는 우리가 거쳐 온 60년 현대사의 어쩔 수 없는 그림자처럼 보입니다. 민주주의와 시장경제의 급속한 발전 과정에서 있을 수 있는 마지막 시련일 수도 있습니다. 그러나 변화의 속도를 따라갈 수 없는 좌·우 극단주의, 성장·분배의 극단주의, 진보·보수의 극단주의는 우리의 미래를 해결해 주지 못합니다.

세상은 엄청난 속도로 변화하고 있습니다. 국가 경쟁력을 높이고 사회적 효율성을 확대하며 공동체의 통합성을 강화하기 위해 밤낮없이 지혜를 모으고 있습니다. 변화의 시대에 살아남고 미래를 준비하기 위해서는 변화에 적응하고 도전해야 합니다. 냉전 시대의 교조적인 이념의 잣대와 흑백논리로는 지식 정보화 시대, 글로벌 시대의 미래를 설계하고 문제의 해법을 찾을 수 없습니다. 미래에 대한 비전과 합리적 선택, 냉철한 결단이 필요합니다.

이를 위해서는 국민의 동의가 중요하고, 무엇보다 정보의 균형 잡힌 소통이 절실합니다. 의제가 얼마나 투명하고 합리적으로 설정되느냐에 따라 사회의 흐름이 바뀌고 우리의 미래가 결정되기 때문입니다.

권력이 한곳에 집중된 시대에는 견제와 비판이 언론의 첫 번째 사명이었습니다. 숨겨진 진실을 파헤치고 일탈한 권력 행사를 바로잡아 시민의 권리와 민주주의를 지켜 내는 역할이 중요했습니다.

그러나 이제는 어떻습니까? 우선 권력이 분산됐습니다. 단순히 삼권분립 차원이 아니라 시민사회와 학계, 경제계 등 모든 영역에서 권력을 나누어 가지고 있습니다. 그중에서 언론은 가장 큰 영향력을 발휘하고 있습니다.

우리 사회의 의사 결정 구조도 바뀌었습니다. 일방적인 지시나 통제는 더 이상 받아들여지지 않습니다. 대화와 설득을 통해서만 합의를 이끌어 낼 수 있는 시대가 되었습니다. 정치권력 자체도 합리화됐습니다. 제도와 규범이 허용하는 범위를 초과하여 권력을 행사하지 못합니다. 이제 지도력의 위기를 걱정하는 수준에까지 와 있습니다.

시대가 바뀌면 언론의 역할과 기능도 달라져야 합니다. 정보가 권력이고, 권력에 의해 정보가 독점되던 시대에는 국민의 알 권리 충족이 중요했습니다. 그러나 정보가 투명하게 공개되고 정보가 홍수처럼 넘치는 지금은 정보의 취사선택과 가치판단이 더욱 중요해졌습니다. 따라서 언론은 사실을 정확할 뿐만 아니라 공정하게 전해야 합니다. 그래야 올바른 공론이 만들어집니다.

대화와 타협을 통한 설득과 합의가 국정 운영의 원리로 작동하는 지금, 언론은 우리 사회의 의사 결정 과정에 막강한 영향력을 행사하는 만큼 책임 있는 자세가 필요합니다.

민주 사회에서 모든 권력은 언론의 감시와 비판의 대상입니다. 감시하고 비판하기 위해서는 감시와 비판의 대상보다 더 높은 공정성과 투명성, 도덕성을 가져야 비판의 정당성을 가질 수 있습니다. 감시와 비판의 역할을 맡은 주체가 스스로 정치화되고 권력화되는 일은 구시대의 유물입니다. 성숙한 민주 사회에서는 사라져야 할 금기입니다.

우리 언론 문화는 이미 많이 달라지고 있습니다. 특히 정부와 언론과의 관계가 근본적으로 달라졌습니다. 유착이나 부당한 공생 관계는 더 이상 없습니다. 이렇게 가다 보면 정부와 언론이 견제와 균형의 긴장 관계를 넘어 창조적인 대안을 통해 함께 목표에 접근해 가는 건강한 협력 관계로 발전해 갈 수 있을 것입니다. 어렵지만 그런 의지와 희망을 포기하지 않겠습니다.

언론의 새 지평을 열고자 하는 『경향신문』이 국민에게 희망을 주고 대한민국의 미래를 밝히는 횃불로서 그 역할을 다해 줄 것으로 믿습니다. 참여정부도 역사 발전의 다리를 놓고, 새로운 시대의 강을 건너는 소명과 책임을 끝까지 다하겠습니다.

다시 한 번 창간 60주년을 축하하며, 『경향신문』의 무궁한 발전과 독자 여러분의 행복을 기원합니다.

2006. 10. 2. 『경향신문』 창간 60주년 기념 특별 기고

민주주의는 자기 이론의 근거, 자기 가치의 근거에 대해서 스스로 불완전성을 인정하고 있기 때문에 위대합니다. 그리고 그저 관념의 세계 속에서만 존재하는 것이 아니라 제 역사의 현실로서 업적을 남기고 있기 때문에 위대합니다.

2006. 12. 28. 정책기획위원회 오찬 발언 중에서

'원칙이 답이다'라고 했던 이 내용을 전부 풀어 보면 투명하고 공정한 사회, 투명하고 공정한 시장입니다. 그러면서 원칙 중심의 사회 ― 이런 것을 오늘날 경영학 이론에서는 사회적 자본이라고 얘기합니다 ― 를 이야기했습니다. 그 사회의 경제가 성공하고 그 사회에서 기업이 성공하기 위한 사회적 조건과 토대로서 소위 사회적 자본을 이야기하는 것입니다. 바로 '원칙이 답'이라는 전략과 민주주의가 같이 가는 것이라고 생각할 수 있습니다. (중략) 옳은 것은 하나하나 만들어 가 봅시다. 그렇게 해서 성공한 사람이 있는가. 궁극적으로 제가 앞으로 성공할지 안 할지는 모르지만, 적어도 대통령이 되는 데까지는 그렇게 해서 성공했습니다. 제가 또박또박 하나하나 원칙대로 해 왔던 것 말고는 다른 아무런 재주도 없었습니다.

2007. 3. 13. 국무회의 발언 중에서

우리 국민은 독재 권력을 물리친 데 이어, 정경 유착, 반칙, 특혜와 같은 특권 구조를 청산하고, 보다 투명하고 공정한 사회를 위한 개혁에도 성공하고 있습니다. 그러나 원칙과 신뢰, 통합과 같은 사회적 자본은 아직 낮은 수준에 머물러 있습니다. 독선과 독재의 시대가 남긴 불신과 대결, 불관용과 타도의 문화가 정치, 경제, 사회 곳곳에서 우리의 발목을 잡고 있는 것입니다. 이제 이것도 뛰어넘어야 합니다. 그러자면 우리 민주주의를 한 단계 더 성숙한 민주주의로 발전시켜 나가야 합니다. 관용의 문화를 뿌리내려야 합니다. 상대의 생각이 옳을 수도 있다는 원리를 인정해야 합니다. 대화와 타협으로 서로 설득하고, 설득이 되어 의견을 모으고 양보와 타협을 통해 이익을 서로 교환할 줄 알아야 합니다. 민주적이고 효율적인 규칙을 만들고, 규칙에 따라 승부하고, 결과에 승복해야 합니다. 그래서 승자는 책임 있게 일하고, 패자도 협력하면서 다음 기회를 기약할 수 있어야 합니다. 그래야 공동의 목표를 향해 힘을 모을 수 있습니다. 이것이 성숙한 민주주의입니다. 선진 민주국가입니다.

2007. 4. 30. 국민 화합을 위한 기원 대법회 발언 중에서

민주주의 최후의 보루는 깨어 있는
시민의 조직된 힘입니다

여러분, 안녕하십니까?

이렇게 영상으로나마 만나게 되니까 무척 반갑습니다. 노사모 총회를 축하드립니다.

노사모는 역사를 만들고 있습니다. 새로운 역사를 쓰고 있습니다. 7년 전, 여러분은 다시 일어설 수 없을 것 같았던 저를 일으켜 세웠습니다. 그리고 다시 도전하게 했습니다. 모두가 가능성이 없다고 저를 외면했을 때 여러분은 저를 지지해 주셨습니다. 세에 밀려 대의의 깃발을 접어야 될 상황에서 대의의 깃발을 다시 세울 수 있게 해 주셨습니다. 그리고 대통령 후보가 되는 기적을 만들어 냈습니다.

저의 실수로 지지도가 떨어졌을 때, 정권에 대한 실망으로 많은 지지자들이 돌아섰을 때, 기회주의 정치인들이 외부의 다른 후보와 내통하면서 저를 흔들었을 때, 그래서 후보인 저조차도 흔들리고 있을 때 여러분이 저를 다시 붙들어 주셨습니다. 그리고 후보 단일화를 이룰 수 있는 자신감을 주셨습니다. 기지와 열정으로 마지막 순간의 위험한 고비까지 넘겨 주셨습니다.

마침내 저를 대통령으로 만들어 냈습니다. 돈도 조직도 없는 저를 이기게 했습니다. 끝까지 대의와 원칙을 포기하지 않고 이길 수 있게 해 준 것입니다. 새로운 역사의 드라마를 창조한 것입니다.

이 새로운 역사의 결과로 저는 돈 정치로부터 자유로운 대통령, 몇몇 사람에게 빚진 대통령이 아니라 국민에게 빚진 대통령이 될 수 있었습니다. 그래서 대선 자금 수사를 견뎌 낼 수 있었고, 마침내 정경 유착의 고리를 끊고 돈 선거를 몰아낼 수 있었습니다. 여러분이 우리 정치를 개혁하고 있는 것입니다.

저는 여러분과의 약속대로 낮은 자리로 내려왔습니다. 여러분을 믿고 권력을 내놓았습니다. 이를 통해 독재 체제에서 구축된 특권과 반칙, 권위주의 문화를 청산하고 있습니다. 투명하고 공정한 사회를 만들어 가고 있습니다.

참여정부는 청산과 개혁에서 과거사 정리까지, 6월항쟁 이후 우리에게 부여된 민주주의 2단계 과제를 착실히 수행하고 마무리하고 있습니다. 역사의 책무를 착실히 수행하고 있습니다.

여러분이 저를 대통령으로 만들어 낸 결과입니다. 여러분이 진보의 역사를 쓰고 있는 것입니다.

사랑하는 노사모 여러분, 저는 확신을 갖고 말씀드릴 수 있습니다. 참여정부는 어느 정부보다 더 민주적인 정부입니다. 법과 원칙에 가장 충실한 정부입니다. 가장 투명한 정부입니다.

참여정부는 평화를 확실하게 지키고 남북 관계를 발전시키고 있는 정부, 자주국방을 실현하고 있는 정부, 균형 외교를 통해 유엔사무총장을 배출한 정부, 그래서 나라의 자주권과 위신을 높이고 있는 정부입니다.

경제 실패, 민생 파탄, 총체적 위기라는 주장이야말로 악의적인 중상모략입니다. 그야말로 10년 전 우리 경제를 결딴낸 사람들의 염치없는 모략입니다. 적반하장입니다. 참여정부는 경제

위기를 잘 관리하여 극복했고, 경제의 기초 체력을 튼튼하게 만들고 경쟁력을 높이고 있습니다. 경제를 원칙대로 운영한 결과입니다. 주가가 세 배 이상 올랐다는 사실이 이를 뒷받침하고 있습니다. '경제는 참여정부처럼 하라'고 감히 말씀드릴 수 있습니다.

참여정부는 복지 투자를 가장 많이 늘린 정부입니다. 양극화 해소를 위해 최선을 다하고 있습니다. 참여정부는 복지 정부, 진보의 정부입니다.

참여정부는 해야 할 일을 뒤로 미루지 않았습니다. 수십 년 동안 미루어 왔던 해묵은 과제들을 다 해결했습니다. 미국의 눈치를 보느라 미루어 두었던 자주 국가의 숙제, 집단 이기주의의 저항에 밀려 미루어 두었던 갈등 과제들을 다 풀었습니다. 참여정부는 소신을 가지고 할 일은 하는 뚝심 있는 정부입니다. 참여정부는 미래를 내다보고 미리 대비하는 국가 전략을 가지고 국정을 운영하고 있는 정부입니다.

저는 지역주의와 맞서 싸우고 있습니다. 언론 개혁을 위해 싸우고 있습니다. 선진 한국을 만들기 위한 역사의 과제입니다.

이 모두가 여러분이 요구한 것이고, 국민 모두가 바라고 있는 일입니다. 저는 국민이 바라는 것을 공약했고 그리고 약속을 지키고 있습니다.

역대 어느 정부, 세계 어느 정부와 비교해도 당당하게 말할 수 있는 성과입니다. 더욱이 여소 야대 국회와 적대적 언론이 끊임없이 흔들고, 심지어 여당조차 차별화하고 나오는 상황에서 이룬 성과입니다. 여러분 모두 자부심을 가져도 좋을 것입니다.

이 일이 어떻게 가능했겠습니까? 여러분이 있었기 때문입니다. 저는 여러분을 믿고 옳은 일이면 과감하게 맞섰고, 부당한 저항에 대해서는 정면으로 돌파했습니다. 여러분을 믿고 언론에도 맞설 수 있었습니다. 탄핵을 이겨 냈고, 여러 차례 여론의 역풍도 견디어 냈습니다. 지금은 레임덕을 모르고 대통령이 해야 할 일을 착실히 하고 있습니다.

깨어 있는 국민, 하나의 대의로 뭉친 국민의 힘이 역사 발전에, 그리고 민주주의 발전에 얼마나 소중한 힘인지를 여러분이 증명하고 있는 것입니다.

노사모 여러분, 이제 내년이면 대통령의 임기는 끝이 납니다. 그러면 노사모가 할 일은 끝이 나는 것일까요? 저 노무현의 할 일도 끝나는 것일까요?

민주주의에 완성은 없을 것입니다. 그러나 역사는 끊임없이 진보합니다. 우리 민주주의도 선진국 수준으로 가야 합니다. 그리고 거기에 만족하지 않고 성숙한 민주주의를 이뤄 가야 합니다. 민주주의의 핵심 가치인 대화와 타협, 관용, 통합을 실천해야 합니다. 미래를 내다보고 민주주의의 완전한 이상과 가치를 실현하기 위해 끊임없이 노력해 나가야 합니다.

이미 우리는 거의 모든 부문에서 선진국 수준에 들어섰습니다. 그러나 아직 후진국 수준에 머물러 있는 것이 정치, 언론, 그리고 복지 투자입니다. 정치 개혁, 복지 개혁, 언론 개혁이 필요합니다.

정치 개혁 중에 가장 중요한 것은 통합입니다. 이를 위해서는 균형 사회를 만들어야 합니다. 정치적으로는 지역주의를 극복해야 합니다. 경제적으로는 동반 성장, 균형 발전입니다. 사회적으로는 복지 투자를 선진국 수준으로 끌어올려야 합니다.

이것을 하자면 우리 언론이 달라져야 합니다. 현실을 정확하고 공정하게 전달하고, 우리가 가야 할 방향을 책임 있게 제시하는 언론이 되어야 합니다. 구시대의 특권 구조 속에서 누리던 기득권이나 관행도 과감하게 포기해야 합니다. 언론 스스로 개혁하고 수준을 높여야 하는 것입니다.

민주주의 최후의 보루는 깨어 있는 시민의 조직된 힘입니다. 이것이 우리의 미래입니다.

우리에게 역사의 과제가 남아 있는 한 노사모는 끝날 수 없습니다. 노사모는 노무현을 위한 조직이 아닙니다. 세상을 사랑하는 사람들이 보다 나은 세상을 만들기 위해 만든 모임입니다. 한국 민주주의, 새로운 역사를 위한 모임입니다.

저도 임기를 마치면 노사모가 될 것입니다. 여러분의 친구로 돌아갈 것입니다. 그때까지 저는 대통령으로서, 여러분은 깨어 있는 시민으로서 최선을 다해 나갑시다.

제가 직접 참가하지 못해 너무 아쉽습니다. 바빠서가 아닙니다. 시절이 하 수상하니 참석하지 않는 것이 좋겠다는 비서실의 만장일치 건의를 수용했습니다. 이것이 우리 민주주의의 현실입니다. 독재 시대에 만들어 놓은 대통령에 대한 위선적인 인식이 아직 남아 있고, 이를 이용하고 있는 언론과 정치 집단이 있기 때문입니다. 앞으로 우리가 고쳐 나가야 할 낡은 정치입니다. 그러나 지금은 이 수준에 맞게 행동하는 전략적 사고가 필요한 때입니다.

내년 이맘때는 저와 여러분이 자유롭게 만날 수 있을 것입니다. 그때까지 깊은 이해가 있으시기 바랍니다.

여러분, 감사합니다.

제헌절에 즈음해 국민 여러분께 드리는 글

존경하는 국민 여러분, 오늘은 대한민국 헌법이 제정된 지 쉰아홉 돌이 되는 날입니다. 이 뜻깊은 날을 맞아 저는 그동안 국정을 운영하면서 느낀 우리 헌정 제도에 대한 생각을 국민 여러분께 말씀드리고자 합니다.

헌정 수립 59년, 그동안 대한민국은 눈부신 발전을 이루었습니다. 경제 발전과 민주주의를 동시에, 그리고 압축적으로 달성했습니다. 식민지에서 해방된 나라로서는 세계적으로 유례를 찾기 어려운 큰 성공을 거두고 있습니다.

모두가 국민 여러분의 열정과 역량이 이루어 낸 결과라고 생각하며, 감사와 존경을 표합니다.

우리 현대사의 성공은 헌법 정신과 가치를 지키기 위한 국민들의 끈질긴 민주주의 투쟁이 있었기에 가능했습니다.

지난 수십 년 동안 독재자들은 수없이 헌법을 유린했습니다. 4·19혁명 직후와 1987년의 개헌을 제외하고는 모두 독재를 연장하거나 강화하기 위한 개헌이었습니다. 집권 연장을 위해 헌법 조항을 이리저리 뜯어고치다가 유신 독재에 이르러서는 아예 국민들의 대통령 선출 권한을 박탈하고, 국회의원 3분의 1을 대통령이 지명하는 등 국민주권의 헌법 정신을 본질적으로 훼손하는 참담한 헌법을 만들기도 했습니다.

그러나 독재자들의 헌법 유린에도 불구하고 민주 헌법의 기본 원리는 국민의 의식 속에 뿌리내려 끈질긴 민주주의 투쟁의 불씨가 되었습니다. 국민주권의 헌법 정신은 우리 현대사의 고비마다 분출돼 4·19혁명, 부마민주항쟁, 5·18민주화운동, 1987년 6월항쟁을 만들어 냈으며 마침내 우리는 국민을 위한 헌법을 되찾게 되었습니다. 1987년 개헌을 통해 훼손되었던 헌법이 다시 제 모습을 갖췄고, 헌법 속에 숨어 있던 독재와 권위주의의 잔재는 대부분 청산되었습니다.

그렇게 만들어진 1987년 헌법은 지금까지 우리 민주주의 발전의 토대가 되고 울타리가 되어 제 역할을 해 왔습니다. 그러나 우리 민주주의가 눈에 띄게 발전한 지금, 현행 헌법이 그 발전 속도를 감당하고 있는지 진지하게 생각해 볼 때가 되었습니다.

1987년 개헌 당시에는 독재적인 권력 행사와 독재의 재등장을 막기 위한 강력한 제도적 장치가 필요했습니다. 이런 제도들은 민주주의 선진국에는 있지 않은 제도였지만 독재의 상처가 아직 가시지 않은 우리에게는 필요한 것이었습니다. 그로 인해 자유로운 정치 활동에 제약이 있더라도 우리 정치의 발전 수준을 반영한 것이었기 때문에 나름의 의미가 있었습니다. 그러나 그 제도가 이제는 민주주의 발전을 제약하고 정치의 비효율성을 조장하고 있는 것이 현실입니다.

우리 정치의 후진성에서 비롯된 후진적인 제도가 한때는 필요했더라도 이제는 민주주의 발전의 발목을 잡고 있다면 고쳐야 합니다. 책임정치를 제약하고, 국민의 정치 활동을 제한하는 요소들을 바꿔 나가야 합니다. 1987년의 개헌이 독재를 청산하기 위한 것이었다면 이제는 민주주의 선진국, 선진 정치로 발전하기 위해 헌법적 제도를 손질할 때가 되었습니다.

손질이 필요한 대표적인 제도가 대통령 단임제입니다.

국가의 주요 정책이 성과를 내려면 시간이 걸립니다. 참여 정부의 성과도 임기 4년이 지난 이제야 조금씩 나타나고 있습니다. 단임제로는 멀리 내다보는 국정 운영이 어렵습니다. 아울러 단임제에서는 현직 대통령이 자신의 정책에 대해 책임지고 국민에게 평가받을 수 있는 기회마저 없습니다. 책임 있는 국정, 멀리 보는 국정을 위해서 단임제는 고쳐야 합니다. 선거가 평가의 기능을 하기 위해서도 단임제는 고쳐야 합니다. 세계에서 민주주의 선진국치고 단임제를 하는 나라는 없습니다. 독재에서 막 벗어난 국가에서나 채택하고 있는 후진적인 제도입니다.

여소 야대 국회를 불러오는 제도와 의식 또한 다시 생각해 봐야 합니다.

여소 야대가 되면 야당이 국회를 주도하게 되어 원활한 국정 운영이 어려워집니다. 현대사회는 변화의 속도가 경쟁력인 시대입니다. 국회 다수당과 정부가 사사건건 충돌하는 여소 야대 국회로는 도저히 변화의 속도를 따라갈 수 없습니다. 여소 야대의 가능성을 줄이기 위해서는 최소한 대통령과 국회의원의 임기를 일치시켜야 합니다.

여소 야대 국회가 정부를 더 잘 견제할 수 있다는 주장이 있습니다. 그러나 이는 근대 민주정치 초기의 매우 원론적인 권력 분립론으로 현대 민주정치 원리와는 맞지 않습니다. 과거와 달리 현대 정치는 의회와 정부가 정당을 통해 하나의 권력으로 통합되어 있습니다. 권력에 대한 견제는 국회와 정부의 대립과 갈등을 통해서가 아니라 정당 간의 경쟁과 선거를 통해 이루어지는 것이 바람직합니다.

지난 1월, 제가 4년 연임제와 임기 일치 개헌을 제안한 취지는 국가의 미래를 위해 차기 정부부터는 보다 효율적으로 국정 운영을 할 수 있도록 해 주자는 것이었습니다. 올해가 아니면 다시 20년을 기다려야 하는데 그때를 기다리다가 헌법을 손질할 수 있는 기회를 영영 놓칠 수도 있다는 절박한 심정 때문이었습니다.

그런데 막상 정권을 잡을 가능성이 높다는 정당과 후보들이 반대를 하니 참으로 실망스러웠습니다. 책임 있는 정당과 후보라면 정권을 잡는 것만이 아니라 정권을 잡은 후에 일을 제대로 하는 것을 중요하게 여겨야 합니다. 이를 위한 제도적 준비에 무관심했던 것은 지금도 안타까운 대목입니다.

제가 개헌안을 발의하겠다고 하자, 정당 대표들은 차기 국회 개헌을 국민 앞에 약속하며 저에게 개헌안 발의를 유보해 달라고 요청했습니다. 저는 아쉽고 안타까운 마음이 컸지만, 정당의 대국민 약속을 믿고 개헌 발의를 유보했습니다. 진정으로 개헌이 되도록 하기 위한 타협이었습니다.

18대 국회에서 개헌을 하려면 대통령이 되려는 사람들의 의지와 결단이 무엇보다 중요합니다. 개헌의 내용에 따라서는 차기 대통령 임기를 1년가량 단축해야 하기 때문입니다. 그러나 당론으로 약속을 한 지 석 달이 넘도록 각 정당과 대선 후보들은 이에 대해 명확한 입장을 밝히지 않고 있습니다. 걱정이 되지 않을 수 없습니다.

정당과 후보들은 개헌을 추진하기로 한 국민과의 약속을 반드시 지켜야 합니다. 정치의 신의를 지켜야 합니다. 그렇게 하기 위해서는 대통령 선거 시기에 이를 공론화해야 합니다.

차기 국회에서 개헌을 한다면 올해처럼 촉박한 시간 때문에 제한된 논의를 하지 않아도 될 것입니다. 기왕에 약속한 단임제와 임기 일치 문제 외에도 헌정 제도를 손질할 부분은 없는지 다양한 대안을 연구하고 논의해야 합니다.

우선 결선투표제를 생각해 볼 수 있습니다. 결선투표제는 국민 과반의 지지를 얻는 대통령을 선출하여 국민적 대표성을 높일 수 있는 선진적인 제도입니다. 정당 간에 다양한 연합을 촉진하기도 합니다.

이미 대통령제 국가에서는 보편적으로 시행하고 있습니다. 프리덤하우스가 선정한 인구 200만 명 이상의 대통령제 자유 민주국가 26개 나라 중에서 결선투표제를 시행하지 않는 나라는 한국 등 5개국에 불과합니다.

본질적으로는 내각제도 생각해 볼 수 있습니다. 내각제는 정당 책임정치를 구현하고, 여소 야대의 정치 구조를 근본적으로 해결하는 방안입니다. 아울러 내각제는 국민의 의사에 따라 정치 질서가 유연하게 반응하고, 정부와 의회의 갈등을 최소화해 정치적 통합성을 확보하기가 용이합니다. 또한 레임덕이 없으니 대통령제에서 주기적으로 겪는 국정의 공백도 최소화할 수 있을 것입니다.

우리 정치 현실에서 내각제는 제도 자체의 장단점을 떠나 논의 자체가 쉽지 않은 사안입니다. 그러나 개헌 논의가 폭넓게 진행된다면 내각제도 다양한 대안 중의 하나로 검토해 볼 수 있을 것입니다.

아울러 헌법 정신의 본질을 훼손시키는 지역주의 정치 구도를 극복하고 국민의 의사를 온전히 반영하기 위한 제도 개혁이 필요합니다. 그 핵심은 '선거구제 개혁'입니다.

현재의 선거구제하에서는 대표성의 왜곡이 헌법 정신을 훼손하는 심각한 수준입니다. 가령, 지난 총선에서 한나라당은 영남에서 52.3%를 득표했습니다. 하지만 의석수에서는 66석 중 90%가 넘는 60석을 차지했습니다. 반면 32%를 얻은 열린우리당은 6%인 단 4석을 얻는 데 그쳤습니다.

선거구제 개혁은 선거의 민주성을 제고시켜 정당 책임정치를 활성화하는 계기가 될 수 있으며, 특정 정당의 지역 독점을 막고 정책 경쟁이 가능한 정치 구조를 만들 수 있습니다.

국회의원 면책특권과 대통령의 사면권에 대해서도 과연 선진 민주정치에 부합하는 제도인지 생각해 볼 필요가 있습니다.

애초 면책특권은 제왕적 권력에 맞서 국회의원의 정치 활동 자유를 제도적으로 보장하기 위한 것이었습니다. 하지만 제왕적 대통령이 사라지고, 의회의 권한이 강화되면서 면책특권은 본래의 취지를 잃어 가고 있습니다. 오히려 면책특권은 무책임한 정치 공세의 수단으로 악용되는 경우가 많습니다. 그것은 특권을 이용한 반칙에 다름 아닙니다.

따라서 면책특권을 축소 또는 엄격하게 제한할 필요가 있습니다. 이를 위해서 면책특권을 국회의원 임기 중 형사상의 소추를 받지 않는 것으로 축소하거나, 허위 사실에 의한 명예훼손의 경우에는 이를 적용하지 않도록 조항을 바꾸는 방안을 검토할 수 있습니다.

국회의원의 면책특권만이 아니라 대통령의 특별사면권에 대해서도 진지한 검토가 필요합니다. 우리 헌법이 대통령에게 사면권을 폭넓게 인정한 것은 이를 국민 통합을 위한 통치 수단으로 활용하도록 하기 위해서입니다. 하지만 대통령의 사면이 계속 정치적 시비와 갈등의 소지가 된다면 사회적 합의를 거쳐 사면법 등 관련 법령을 개정하거나 차제에 헌법을 개정하는 것도 한 방안이 될 것입니다.

대통령이 사면권 행사를 절제하면 된다는 주장도 있습니다. 그러나 아무리 대통령의 절제 의지가 강하더라도 정치적 관행과 논리에 근거한 사회적 압력을 쉽게 거역하기가 어렵습니다. 또한 대통령 사면을 둘러싸고 보이는 우리 사회의 이중성도 문제입니다. 사회적 요구를 내세워 사면을 요청하는 여론이 높아졌다가 막상 사면을 하면 정치적 비난이 높아지는 이중적 모습을 보여 온 것이 사실입니다. 우리 사회의 이중성을 조장하는 제도는 고치는 것이 옳습니다.

대통령의 특별사면권과 국회의원의 면책특권을 제한하는 것은 특권 해소라는 시대적 가치와 정신에도 부합될 것입니다. 또한 정치권 스스로가 기득권을 제한하는 결단을 내리는 것이기에 국민적 합의를 모아 내기도 어렵지 않을 것입니다.

우리 사회가 선진 민주주의로 나아가기 위해서는 헌정 질서에 대한 성찰과 함께 선거법, 정당법, 정치자금법 등의 헌법적 정치제도를 개혁하는 것도 중요합니다. 이들 정치 관계법은 헌정 질서를 구체적으로 구현하는 법률이며, 헌법상의 통치 기구와 직접 관련되는 법률이기 때문입니다.

헌법적 정치제도를 개혁하는 데 가장 중요한 원칙은 국민주권의 민주주의 원리를 제대로 구현하는 것입니다. 즉 국민들의 자유로운 정치 활동과 참여를 보장하는 것이 우선입니다.

현재의 정치 관계법 규정은 국민의 정치 활동 자유와 참여를 지나치게 제한하고 있습니다. 과거 독재 시절에 관권·금권·조직 선거를 하면서 야당의 바람 선거를 통제하기 위하여 만들어 놓은 제도와 의식 때문입니다. 독재 정권은 활발한 선거 참여를 '과열'로 낙인찍었고, 이러한 인식의 잔재는 민주화 이후에도 정치와 선거 활동 전반에 대한 부정적 인식으로 이어져 왔습니다. 민주화 이후 정치 관계법이 여러 번 개정되었지만 그때도 공정성을 확보하는 데 치우쳐 금지 규정이 과도하다고 할 만큼 강화되어 왔습니다.

규제 중심의 정치 관계법은 과거 금권선거, 관권선거의 유산입니다. 실효성도 없이 규제를 강화할 것이 아니라 국민이 주권자로서 더 많이 참여하고 자유롭게 경쟁할 수 있도록 개혁되어야 합니다.

선거운동 기간 규정이 대표적인 사례입니다.

현행 선거법은 대선은 23일, 그 외 선거는 14일을 선거운동 기간으로 정하고 있어 이 기간 외에 하는 선거 관련 활동이나 정치적 의사 표현은 법 위반이 될 수도 있습니다. 이것은 선거운동의 자유를 제한하는 것으로 헌법 정신에 위배된다고 볼 수 있습니다. 또한 기성 정치인과 신인 후보자 간의 불평등을 야기해 헌법상 평등의 원칙과 기회균등의 원칙에도 맞지 않습니다.

선진국의 예를 보더라도 선거운동 기간을 따로 정하고 있는 나라는 거의 없습니다. 실제로 선거운동 기간의 제한은 유명무실해지고 있습니다. 각 정당과 대선 예비 후보자들은 상시적으로 선거운동에 준하는 활동을 하고 있는 실정입니다. 법과 현실이 따로 놀고 있는 것입니다.

선거운동의 자유는 더욱 보장되어야 하며, 금지는 제한적이고 구체적이어야 합니다. 일일이 규제하려 들면 오히려 실효성이 없어집니다. 최근 문제가 되고 있는 인터넷 선거운동도 자유롭게 이루어질 수 있도록 최대한 보장해야 합니다.

대통령의 선거 중립 조항도 손질이 필요합니다.

민주주의 사회에서 선거는 정치의 핵심입니다. 선거를 빼고 정치를 얘기할 수 없습니다. 대통령은 정치인이면서 공무원인 이중적 지위를 갖고 있습니다. 대통령에게 포괄적으로 선거 중립 의무를 부여하게 되면 사실상 정치 활동을 가로막게 됩니다.

대통령이 지켜야 할 것은 선거 관리의 중립입니다. 자신의 권한을 동원해 공무원이나 행정부를 정치적으로 이용하지 않고 선거를 공정하게 관리하면 되는 것입니다.

선진 민주주의를 하는 세계 어느 나라에서도 선거 관리의 중립성을 해치지 않는 한 선거 중립이라는 이름으로 대통령의 정치 활동을 금지하는 나라는 없습니다. 대표적인 대통령제 국가인 미국에서도 대통령은 자신의 선거만이 아니라 의회 선거나 지방선거 때도 지지 유세를 벌입니다. 프랑스의 대통령도 총선 때 자유롭게 정당 지원 유세를 합니다.

그렇게 하는 것이 민주주의 원칙에 맞습니다. 공무원이나 정부 조직을 부당하게 선거에 이용하지 않는 한 대통령은 책임 있는 정치인으로 말하고 행동할 수 있어야 합니다.

특히 선거 때 벌어지는 국정 운영에 관한 논쟁에서 대통령이 책임 있게 임하는 것은 자유롭고 공정한 경쟁을 위해 꼭 필요한 요소입니다. 국민들에게 가장 유익한 것은 정치적·정책적 쟁점에 대해 의견을 달리하는 정치 세력이 자유롭고 공정하게 경쟁하는 것입니다.

지난 5년 동안의 국정 운영을 놓고 논쟁한다면 이에 대해 당연히 대통령이 말해야 합니다. 그래야 책임 있고 정확한 논쟁이 이루어집니다. 대통령의 입을 묶어 놓고 선거용 정치 공세만 난무하는 상황은 민주주의 원칙에도, 국민의 이익에도 맞지 않습니다.

정당은 현대 민주정치의 기본 단위입니다. 헌법 제8조를 보면, 정당은 국가의 보호를 받는 조직으로 규정되어 있습니다. 하지만 현행 정치제도는 정당의 정상적인 정치 활동을 어렵게 합니다.

헌법의 테두리 내에서 정당의 자유로운 활동을 최대한 보장해야 합니다. 정당의 경제적 기반인 정당 후원회의 부활도 전향적으로 검토되어야 하며, 당원 모집 및 정당 집회 제한 등의 정당 활동을 제약하는 규정도 합리적으로 개선되어야 합니다.

대통령 후보자가 정치 활동을 하는 데 제약을 받거나 직접적으로 불법에 노출될 가능성이 있어서는 안 됩니다. 지금처럼 당내 경선 시기에만 후원회를 허용하는 것은 불법 선거를 제도적으로 조장하는 것이나 마찬가지입니다. 국회는 이른 시일 내에 대통령 후보자의 후원회를 허용하는 법률안을 통과시켜야 합니다.

공천 헌금 비리는 '정당의 조직과 활동이 민주적이어야 한다'는 헌법 제8조에 정면으로 위반되는 것으로 민주 질서를 훼손하는 중대한 위협입니다. 이러한 공천 비리를 제대로 근절할 수 있도록 하루 빨리 공직선거법·정치자금법을 개정해야 합니다.

1989년 이후 단 한 번도 개정되지 않은 국민투표법은 변화된 사회 환경에 맞게 합리적으로 개정되어야 합니다. 국민 투표는 직접민주주의에 의한 국민주권을 현실화하는 가장 중요한 수단이기 때문입니다.

좋은 규범이 좋은 사회를 만듭니다. 보다 발전된 민주주의를 위해서는 보다 민주적인 규범이 필요하고, 보다 합리적인 사회를 위해서는 보다 합리적인 규범이 필요합니다.

헌법은 모든 규범의 근본입니다. 헌법에 문제가 있다면 헌법을 고쳐야 합니다. 또한 헌법적 정치제도에 문제가 있다면 낡은 제도와 관행은 바꿔야 합니다.

이 과정이 때로는 번거롭게 비춰질 수도 있지만, 가치가 있는 문제 제기라면 해야 합니다. 역사는 논쟁이 치열했던 시기에 가장 역동적으로 발전했습니다. 끊임없는 문제 제기, 토론과 대안의 경쟁을 통해 민주주의도 성장합니다.

우리 국민은 더 좋은 헌법과 제도를 갖고 보다 나은 민주주의를 누릴 권리가 있습니다. 대통령과 국회는 국민의 권리를 실현하기 위해 봉사해야 할 의무가 있습니다.

이번 제헌절이 이런 의미를 다시 한 번 되새기는 계기가 되기를 바랍니다.

2007. 7. 17. 「제헌절에 즈음해 국민 여러분께 드리는 글」

민주주의도 수십 년간의 실천 과정에서의 훈련이 필요합니다. 그래야 제대로 된 민주주의를 할 수 있고, 민주주의가 비로소 자유와 평등, 그리고 국민 통합의 가치를 실현하는 제도와 문화가 될 수 있는 것입니다.

민주주의를 마음껏 지체시켜 놓고, 인사를 통해서 국민을 지역적으로 완전히 갈라놓고, 중앙과 수도를 또 갈라놓고도 대책을 세우지 않겠다고 하는 사람들을 저는 도저히 이해할 수가 없습니다. 결코 수도권도 성공할 수 없다는 것입니다.

저는 그렇게 말씀드리고 싶습니다. 행정수도가 단지 충청권의 발전, 그리고 다른 지역의 지리적 근접성을 부여해서 약간 우리 경제가 좀 더 골고루 발전할 수 있다는 것, 그 이상의 매우 중요한 정치적이고도 철학적 의미를 가진다고 저는 그렇게 생각합니다. 국민 통합의 결정적 계기가 돼야 합니다.

2007. 7. 20. 균형 발전 주요 인사 오찬 간담회 발언 중에서

여러분에게 희망을 겁니다

여러분 반갑습니다. 좀 격식 없이 말해도 괜찮겠죠. 여러분들도 조금 놀랐을 겁니다. PD 모임에 대통령이 왜 왔을까. 저도 조금 놀랐습니다. 여러분들의 모임이 제가 생각했던 것보다 훨씬 소박해서 좀 놀랐습니다. 프로듀서들이 일하는 곳은 방송사이고, 방송사는 언론사이고, 언론사는 막강한 권력이 있어서 언론사 행사에 가 보면 흔히 말하는 기라성 손님이 가득 들어차 있는데 이 자리에는 와 보니까 여러분과 아주 가까운 사람들하고 여러분들이 특별히 좋아하는 사람들이 와 있습니다. 특별한 손님이 없어요.

제가 와서 좀 멋쩍어졌습니다. 의아스럽다는 느낌도 있지만 느낌이 참 좋고요. 희망 같은 것이 있지 않은가. 이런 모습에 대해서 억지로 해석을 붙이는 것 같기는 합니다만, 그래도 PD연합회라는 곳에 우리 한국 사회의 희망이 있을지도 모르겠다는 생각을 해 봅니다. 제가 왜 왔냐, 궁금하시죠. 저는 PD연합회가 되게 센 줄 알고 왔습니다.(일동 웃음) 저는 지금도 그렇게 생각하고 있습니다. 말하자면 방송의 전 영역을 커버하고 있지요. 보도는 주로 사실 보도라는 국한된 범위이지만 여러분들은 보도 영역에도 관여하시고, 순수한 예술적인 창작의 영역에도 참여하시고, 대중들의 정서와 함께하는 대중문화에도, 주로 대중문화에 제일 많이 참여하시죠.

그러니까 보기에 따라 영향력이 일반 보도만 하는 사람들보다 훨씬 큰 사회적 영향력을 가지고 있지요. 그런데 사람들은 여러분들이 그만한 큰 영향력을 가지고 있다는 사실을 잘 모르는 모양입니다. 저는 여러분들이 굉장히 큰 영향력 가지고 있다고 믿는 사람입니다.

조언을 하나 해 드리지요. 권력은 아무리 큰 권력을 가지고 있어도 휘두르지 않으면 아무도 안 알아줍니다. 더러 좀 쓰세요.(일동 웃음) 쓰시면 아마 알아주는 사람도 많고 이런 모임에 여러분들이 굳이 원하지 않을지도 모르지만 초청하면 많은 사람들이 옵니다.

1987년에 여러분 연합회가 탄생했습니다. 1987년은 제게 새로운 인생을 열어 준 해입니다. 그해 6월 9일에 제가 부산에서 영장을 3번 청구해서 3번 기각되는 사건이 있으면서 조금 보도를 탔지요. 그 전에도 더러 나오곤 했는데, 그러니까 미디어에 본격적으로 등장한 해입니다. 1987년 6월항쟁에는 저도 큰 감투를 맡아 가지고 제법 했노라고 그렇게 얘기할 수 있는 경력이 있었고요. 오늘이 8월 31일이지요. 사실은 이때 제가 대우조선 사건으로 막 구속됐을 때입니다. 지금 해운대경찰서에 있을 시기입니다. 그 뒤 11월에 변호사 자격 정지를 먹었습니다. 그러니까 울고 싶은데 매 때렸다고, 안 그래도 누구나 국회의원 배지 달고 재는 것 보면 나도 저거 한번 해 보고 싶다는 생각이 드는데 변호사 못하게 하니까 그거 한번 하면 좋겠다고 그렇게 해서 정치에 대해 생각하기 시작했습니다.

그다음에 2월에 공천을 받고 정치에 나섰습니다. 그러니까

1987년은 제 인생에도 큰 전환기였습니다. 여러분들이 태어난 것과 같은 사회적 환경과 조건으로 태어났었지요. 그래서 여러분들과 저하고 보기에 따라서는 역사적으로는 남남이 아니라고 말할 수는 있지요. 이럴 때 박수 한번 쳐 주셔도 괜찮습니다.(일동 박수)

그렇지만 그냥 마음으로 축하하고 넘어갔을 것입니다. 오늘 꼭 온 것은 하고 싶은 말이 있는데 말할 자리가 없었어요.(일동 웃음) 기자 간담회 한번 하겠다고 하면 비서실에서 '나가 봤자 절대로 좋은 기사 안 나오니까 나가지 마세요, 당신이 뭐라고 얘기하든 얘기한 것은 몇 사람에게만 전달되고 그다음에 나가는 기사는 전부 기자 마음에 달린 거니까 가급적이면 사건 만들지 마세요' 그러니까 말할 자리가 없는 것이죠. 초청 좀 해 주면 말을 좀 하겠는데 아무도 초청도 안 해요. 그런데 마침 여러분들이 제게 영상 메시지 하나 보내 달라고 하셨습니다. 저도 아마 스무 살짜리 새로운 인생이니까, 동갑내기라고 축하 영상 메시지라도 하나 보내 달라고 해서……. 영상 메시지보다는 실물이 안 좋겠습니까.(일동 웃음)

방송 영역에서, 언론 영역에서 일하고 계시기 때문에 언론하고 저하고의 인연에 대해 몇 가지 말씀을 드리겠습니다. 제가 하고 싶은 얘기를 좀 말씀드리겠습니다. 그러나 여러분과 전혀 관계없는 것은 아닐 것입니다. 여러분이 고민하고 있는 문제하고 같이 가거나 아니면 적어도 끝에 가면 맞닿아 있을 것이라고 생각합니다.

제가 초등학교, 중등학교 다닐 때 제가 아는 신문은 오로지

『동아일보』하나였는데, 독재와 맞서서 싸우고 있었습니다. 그래서 우리 진영읍의 『동아일보』 신문지국장을 무지무지하게 존경하고 있었습니다. 그 뒤에는 언론에 대해 잘 몰랐습니다. 1980년대 초부터 저도 소위 인권 변호사, 노동 변호사라는 이름을 달고 사회 현실에 참여하기 시작했는데 우리 언론이 왜 독재 정권의 입 노릇을 하고 그 사람들이 좋아하는 말만 하는지 그래도 저는 잘 몰랐습니다. 그 뒤에 제가 제 문제에 관해서 부닥쳐 보니까 거짓말이 너무 많아요. 사실과 다른 얘기, 이치가 맞지 않는 얘기를 너무 일방적으로 많이 해서 '아, 이 사람들이 독재 권력의 앞잡이 노릇을 하고 있구나' 이런 인식을 가지고 지나왔습니다.

그런데 1987년이 지나고 그 뒤로 가면서 많이 달라졌지요. 제가 막연하게 보기에는 언론이 마치 그 당시 우리 사회 큰 격동기의 흐름과 마찬가지로 양쪽으로 편을 갈라 가지고 한쪽은 아주 수가 많고 힘이 세고 한쪽은 힘이 적지만 편을 갈라서 싸우는 것 같았습니다. 1987년 대선 때 특히 많이 그랬고 그 뒤로 가면서도 편을 갈라 싸우는 모습을 봤는데, 어떻든 그때는 언론이 자유롭기 시작했던 것 같습니다. 그런데 진정으로 자유롭고 싶은 사람은 자유로워졌고, 자기가 선 자리 때문에 스스로 알아서 자유롭기를 거부한 언론도 있었던 것 같습니다. 그게 그 시절이었습니다.

그래서 우리 편 언론 좋아 보이고 저하고 반대편 언론은 미워 보이고, 그때부터 제가 반대편 언론하고 꾸준히 싸움을 했습니다. '확 긁어 버린다' '확 조져 버리겠다'는 협박을 참 많이 당했고……. 저에게 해 보고 안 되니까 당에 가서 '노무현 대변인의 소송을 취하시키지 않으면 당을 긁겠다, 시리즈로 긁겠다'고 하는 바람에 적이 됐지요. 그러면서 지금까지 편을 갈라 우리 편, 저 편 대개 언론을 그렇게 이해하고 있었습니다.

그런데 노태우 대통령이 말년에 그들을 지지하는 언론으로부터 드디어 버림을 받고 몰락하는 모습을 봤습니다. 말하자면 새로운 권력의 대안이 떠올랐기 때문이지요. 김영삼 씨라는 새로운 권력의 대안을 선택하고 노태우 대통령을 무력화시켜 나가는 과정을 봤습니다. 그리고 문민정부 말년에 가니까 또 새로운 권력의 대안과 손잡고 김영삼 정권을 가차 없이 침몰시켜 버리는 모습을 봤습니다. 권력 내에서 말하자면 제1당의 지위를 무력화시켜 버린 것이죠. 그런 모습을 봤습니다. 그러면서 '아, 언론은 권력이다. 그들이 어느 권력에 편드는 권력이 아니라 그들 스스로 이미 권력이구나' 그렇게 느끼고 있었습니다.

그러나 제가 관여할 만한 역량이 되지 않아서……. 언론 개혁안에 대한 이런저런 말들이 있었습니다만 예를 들면 소유에 대한 규제, 편집권 독립에 관한 문제, 그리고 언론의 편중의 문제 이런 것들을 어떻게 개선해야 하느냐 이 문제만 가지고 있었죠. 그런데 유감스럽게도 제가 대통령에 당선돼 버렸습니다. 인수위를 운영하는 기간 동안에 니 편 내 편 할 것 없이 새로운 갈등이 생겼습니다. 뭐냐 하면, 저는 아직 들어 보지도 않고 아무 결정도 하지 않았는데 신문을 보면 전부 새로 들어설 정부 인수위가 이런 정책도 결정하고 저런 정책도 결정하고 계속 나옵니다. 그런데 정책을 결정한 것만 아니라 그 정책에 대한 비판 기사 또한 따라 나옵니다. 조금 있다가 그거 아니라고 얘기하면 오리

발이라고 또 비판합니다.

　정책이라는 것은 여러분 아시듯이 청와대에서 기획할 때도 있고, 아이디어에서부터 출발하는 것 아닙니까? 지금은 여러분들이 언론사에서 만드는 많은 기사 하나하나가 정책의 단서가 되는 경우가 굉장히 많습니다. 그러면 실무자가 정책을 기획하고 그다음 상급자와 협의하고 그다음 부서 안에서 소위 연구 과제로 채택되면 그다음에 그것을 가지고 관계되는 부서하고 다시 조정을 해야 합니다. '이런 방향으로 가 보려고 하는데 어떻게 하면 좋겠느냐' 어느 정도 조율되면 경우에 따라서는 정책에 대해 많은 조사 분석을 해야 되는 경우가 있습니다. 조사하고 분석하니까 그 기간에 사실들이 전부 알려질 수밖에 없습니다. 그런데 아직까지 실무자 차원에서 정책 기안 차원에서 검토되고 있을 뿐이지 그 부처의 정책으로 채택되지 않은 정책, 더욱이 부처 간 협의를 거치지 않은 정책, 심하면 총리실이나 청와대의 승낙을 받아야 될 정책까지 일개 과장 수준, 사무관 수준에서 전부 정책이 돼 가지고 마구 나와 버립니다.

　더욱이 인수위에 있는 사람 가운데 공직 경험이 없는 사람은 잘 모르니까 묻는 대로 그냥 한마디 해 버리면 그날 대문짝만하게 나옵니다. '칸을 미리 비워 놓고 무조건 인수위 기사로 다 채우라는 명령이 떨어져 있기 때문에 우리로서는 그렇게 하지 않을 수 없다'고 그럽니다. 그동안 문서까지 사라져 버리고요. 수월하게 말하겠습니다. 도둑맞았습니다. 우리 나름대로 기획 문서인데 도둑맞았으니까……. 그래서 정부 조직의 기능을 보호해야 되겠다, 그런 생각을 가지게 됐습니다. 도저히 이대로는 정부

조직의 기능을 유지해 갈 수 없다, 지금도 엇박자 계속 나오지요. 엇박자 기사 항상 나옵니다. 아직까지 다 익지 않은 정책에 대해서 물으면 공무원들 자기 생각대로 불쑥 얘기해 버리고, 전혀 훈련이 안 되어 있어요.

그래서 시작했습니다. 그래서 참여정부가 처음 시작한 것이 첫째, 특권을 인정하지 않는다. 그래서 검찰도 제 측근을 임명하지 않고 그 안에서 가장 신망 있다는 사람을 임명했습니다. 그러니까 일선 검사들과 토론까지 했는데 좀 흥했다고 말하는 사람도 있었고요. 어떻든 그들에게 특권을 주지 않고 그들의 도움을 받지 않겠다는 것입니다. 소위 특권과 유착의 구조가 제게 큰 과제였지요. 그래서 검찰, 국정원, 국세청, 경찰 전부 각기 자기 일들을 하게 하고 그들의 특별한 도움, 말하자면 법적으로 허용되지 않는 일체의 도움을 제가 받지 않는 대신에 그들도 가외의 권력을 행사할 이유가 없고 잘못이 있어도 비호 받을 수 없습니다. 제가 불법적인 명령이 아니라 청탁을 해서 그 사람들이 저를 위해 불법적인 일을 하고 나면, 그다음에 그 사람들의 오류, 과오가 발견됐을 때도 제가 징계할 수가 없지요. 그런 것 아니겠습니까? 그런 공생 관계를 청산했습니다.

그다음이 언론 차례입니다. 언론들이 사실은 제가 보기에 상당히 막강한 특권들을 누리고 있더라는 것이죠. 심지어 인사에 대해서도 발언할 만큼 강한 권력을 가지고 있었습니다. 그래서 그 근거가 되는 제도들 몇 가지를 끊어 버린 것이죠. 그때 기자실을 폐지시켰습니다. 그런데 다 폐지된 줄 알고 있었는데 몇 년 지나고 보니까 아직 그루터기가 남아 있어요. 옛날 우리 어려서 고구마 농사지을 때 고구마를 다 캔 것 같은데 비 오고 난 뒤에 보면 고구마가 순이 올라와요. 고구마가 이삭이 여기저기 남아 있는 것처럼 남아 있어요. 무덤가에 아카시아가 자꾸 들어오면 골치 아프거든요. 아무리 잘라도 자꾸 들어와요, 뿌리가 남아 있어 가지고……. 그렇게 기자실이 남아 있어요.

　　가판 끊고 그다음에 일체 접대하지 마라, 그래서 '술밥 먹고' 이렇게 말했다가 기자들이 '우리가 술밥 얻어먹고 다니는 사람인 줄 아냐'고 또 막 화를 내니까 '아, 내가 말을 심하게 했구나. 표현을 좀 다르게 해야 되는데' 그러기도 했습니다. 그 뒤에 일체 금지시키고 그런 일이 있을 때 징계하겠다고 엄포 놓고……. 눈이 많지 않아서 완전히 근절이야 했겠습니까만, 가판, 기자실, 그다음에 사무실 무단출입을 막았습니다. 세계에 그런 일이 없다고 해서, 또 그건 막아야 합니다. 그리고 사전에 취재할 때 원칙적으로 공보실을 통해 취재하도록 했습니다. 또 공직자가 기자들과 대담·인터뷰를 할 때는 반드시 정부의 정책을 다시 확인해야 한다는, 말하자면 연관된 정책에 대해서 확인해야 하기 때문에 반드시 대변인실과 상의해라, 공보실과 협의해라, 그런 것이 사전 승인 되는 것이죠. 승인 받아라. 그때부터 이제 참여정부는 언론 탄압하는 정부가 된 것이죠. 여기까지 왔습니다.

　　지금 이 시점에서 제가 말씀드리고 싶은 것은, 저도 주장이 있습니다. 이 문제에 대해서 저도 정당성을 주장하기 위해서 그 정당성을 뒷받침하는 여러 가지 사실들을 〈국정브리핑〉에 잔뜩 올려놨습니다. 그런데 우리 신문 방송들은 전혀 쓰지도 않고 읽지도 않습니다. 정당하냐. 언론이 개인의 사유재산이냐 공공의 재산이냐, 공공재냐 개인재냐. 공공재라고하면 어떤 공공재냐. 그 사회의 공론이 다 표출되게 하고 공무원 사이에 토론과 설득과 납득, 양보와 타협 이런 것들이 이루어질 수 있는 근거의 장을 마련하는 것이죠. 경기를 운영해 줘야 하는 것입니다. 경기위원회로서 선수들이 뛸 수 있도록 경기를 운영하는 겁니다. 자기 이해관계가 걸렸을 때는 어떻게 하냐, 그래도 그 공론의 장에 모두를 다 올려놓고 공정하게 뛰게 해 줘야 합니다. 그럼 노무현 하고 싶은 얘기도 실어 줘야 될 것 아닙니까? 전 세계에서 기자실을 운영을 하고 있는 나라가 과연 몇 개국이나 되며, 그 기자실에 대한 선진국 기자들의 평가는 어떻게 나와 있으며, 사무실 출입에 대한 원칙은 어떻게 돼 있으며, 기자가 공무원을 인터뷰하려고 할 때 거치는 절차가 어떻게 돼 있는지에 대해서, 우리가 주장하는 문제에 대해서 같이 내놓고 같이 갑론을박하고 이해관계가 없는 제3자 그리고 이 사회의 지성을 가진 사람들이 판단하게 해 줘야 될 것 아닙니까. 전혀 안 합니다. 그들의 사유물입니다. 그래서 제가 어디 가서라도 이 말을 해야겠는데 말할 데가 없습니다. 이 말이 보도가 될까요.(일동 박수)

그리고 대한민국, 아이들을 안 낳습니다. 아이를 더 낳게 하려고 저출산 고령화 시대를 대비한 자녀 교육, 자녀 양육에 관한 정책 합의를 하고 왔습니다. 연대 회의를 만들어 가지고서 합의하고 왔습니다. 아이를 낳을 수 있는 환경을 만들어 줘야 아이를 낳을 거 아닙니까? 보육하기 좋게 하고 교육하기 좋게 하고 취직 걱정도 덜고 노후 걱정도 적게 해 줘야 아이를 낳을 것 아닙니까? 총체적으로 내가 아이를 낳으면 그 아이가 장래가 있을까,

성공할 수 있을 것인가 거기에 대한 낙관적 전망이 있어야 아이를 낳을 것입니다.

그 아이가 전망이 있을 것인가 알기 위해서는 우리나라가 성공할 것인가를 먼저 알아야 하는 것이죠. 좀 더 가까이 실감 나게 알기 위해서는 일류 사회로서 미래가 있는가 하는 데까지 전망을 해 봐야 될 것입니다.

나라의 미래가 있는가, 이렇게 생각해 보면 언론과 관련된 문제입니다. 나라의 미래가 있는가. 있다고 생각합니다. 있습니다. 경쟁에서 낙오하면, 국가가 낙오하면 미래가 없을 것입니다. 경쟁이 인간의 행복을 오히려 황폐하게 만드는 것 아니냐는 많은 문제 제기가 있음에도 불구하고 아마 이 현실을 우리가 거역하지 못할 것입니다. 살아서 숨 쉬는 한 거역할 수 없는 것이 경쟁의 환경입니다. 그래서 국가도, 개인도 경쟁해서 이겨야 할 것입니다. 그러나 '경쟁력의 원천이 무엇인가'에 대해서는 개방과 민영화만이, 또는 작은 정부 이런 것만이 아니라 총체적으로 아이 낳아서 기르는 데서부터 노인들의 생활에 대한 안정과 만족감까지가 총체적으로 국가 경쟁력이라고 말하는 사람들도 있습니다. 그런 사회 투자론, 사회국가 투자론이 제기되고 있습니다. 그것 맞습니다.

어떻든 경쟁력이라는 프레임으로 우리가 얘기하는 것인데 그러나 경쟁력만 있는 국가가 과연 성공할 수 있는가. 저는 절대 그렇지 않다고 생각합니다. 사람이 한계선 이하로 낙오하지 않아야 됩니다. 극단적으로 말하면 막가파, 지존파가 나오지 않는 사회라야 그 사회에 더불어서 안전하게, 행복하게 살 수 있는 것입니다. 나아가서는 사회 갈등과 대립, 분열을 우리가 극복할 수 있어야 하는 것입니다. 한마디로 말해 통합할 수 있어야 되는 것입니다. 민주주의 사회는 개성을 존중하는 사회이기 때문에 각자 하고 싶은 대로 하는 것입니다만, 그러나 우리가 합의해서 함께하지 않으면 안 되는 상당히 많은 일들이 있습니다.

'나 군대 가기 싫다.' 존중하되 그러나 그것이 자기 마음대로 하는 것이 대세는 되지 않도록 그 자유는 아주 예외적인 자유가 되도록 해 줘야 되는 것입니다. '세금 내기 싫다.' 그렇게 하면 안 되는 것이죠. 합의해야 되는 부분들이 있습니다. 합의해야 되는 부분에 합의가 이루어질 수 있을 때, 우리가 크게 말해서 공동체를 이대로 가지고 가자, 이 공동체 안에서 우리가 각자 개인의, 공동체의 목적을 함께 살려 보자는 것입니다. 공동체를 함께 꾸려 가면서 개인의 자유와 창의, 그리고 꿈을 살려 보자, 이 전제는 어떤 사회에서도 거역할 수 없는 것이라고 생각합니다. 그래서 통합이 필요한 것입니다.

옛날에는 임금이 강제로 통합을 했습니다. 전제 권력을 통해서 강제로 지배함으로써 국민들을 통합했습니다. 그러나 그런 경우에도 사회의 행복의 균형이 너무 심하게 깨졌을 때 그 사회는 유지될 수 없었기 때문에 많은 왕조가 망했고, 새 왕조가 들어서는 것을 반복하다가 드디어는 민주주의라는 체제의 변혁이 일어난 것 아닙니까? 그래서 사회적 균형이라는 것은 객관적 조건입니다. 주관적으로 차이와 불균형을 얼마만큼 우리가 용인하고 그것을 수용할 것이냐. 공동체 안에서는 불균형이지만 그래도 전체적으로 봐서 나한테 이익이다, 내가 혼자 떨어져 나가는 것보다는 이익이라고 판단할 것인가는 사람의 사고방식에 달려 있습니다. 똑같은 상황을 놓고 어떤 사람은 견딜 수 없는 억압이라고 생각하고 어떤 사람은 이 정도는 당연한 통제라고 생각하는 차이가 있습니다. 이것 때문에 그 공동체를 유지해 가려고 하는 사람은 이데올로기를 만드는 것입니다. 이데올로기를 만들고 또 공동체 운영을 위해서 필요 권력을 창출해 놓으면 권력이 사유화되어서 그 안에서 자기가 특권을 누리기 위해 또 이데올로기를 만들고요.

우리 공동체의 이데올로기에는 반드시 필수 불가결한 이데올로기가 있습니다. 다른 한편 권력을 누리는 사람이, 절대적 진리에 대한 해석 권한을 가진 사람이―진리가 있는지는 모르지만―지휘, 명령하고 자기 이익을 위해 자의적으로 새로운 규칙들을 만들어 넣습니다. 이것이 문제가 된 것이죠.

면죄부를 판 것도 거기에 해당되는 거 아니겠습니까? 이렇게 규칙을 만들어 오던 것도 드디어 인간의 이성이 눈뜨기 시작하고 인간의 자유와 평등의 가치를 확실하게 이해하게 되면서부터 무너지고 민주주의 사회가 된 것입니다.

지금 민주주의 사회에서 '그러면 이건 어떻게 하냐' 이거죠. 여기에서 합의를 어떻게 이끌어 나가느냐. 아마 이 자리에 프로그램을 만든 분도 계실 수도 있겠지만, FTA를 놓고 저와 의견이 많이 달랐습니다. 저도 거기에 대해서 〈국정브리핑〉에 반박문을 쓰고 또 쓰고 또 쓰고 했습니다. 그런데 의견이 다르단 말이죠. 어떻게 할 거냐. 다행히 FTA에 대해서는 결론이 어떻든 간에 많은 토론이 있었습니다. 그 토론 과정에서 사실이 아닌 것은 많이 걸러졌습니다. 그러나 사실이 아닌 것을 걸러 내는 데 우리는 엄청나게 많은 정력을 소비했어야 했습니다. 그렇게 했지만 그런 토론을 거쳐 점차점차 수렴해 가고 있습니다. 그래서 민주주의 사회에서 우리가 합의를 이루어 나가기 위해서는 필수적으로 거쳐야 하는 절차가 있습니다. 첫째로 정확한 사실, 사실에 관한 정보를 공유할 것, 반드시 정확한 사실을 근거로 할 것. 두 번째로 공정하게 토론의 기회를 줄 것. 토론해야 합니다. 토론하고도 결론이 안 날 수가 있지만 그러고 나서는 제3의 사람들을 포함한 여러 사람들이 충분한 토론에 참여한 사람들로서 마지막에는 표결하는 것입니다. 공론 조사라는 방법도 더러 쓰고 있습니다만, 표결하는 것입니다. 이 규칙을 우리가 존중해 가는 것입니다. 틀렸을 때에는 몇 년 뒤에 다시 바꾸는 것입니다. 얼마든지 다시 바꿀 수 있게 되어 있죠. 민주주의 사회에서 견제의 메커니즘 중에 가장 중요한 것은 임기입니다. 선거를 다시 한다는 것이죠. 그래서 다시 고쳐 갈 수 있고, 이 작동이 제대로 되느냐 안 되느냐 하는 것이 그 나라 언론, 소위 사회적 재산으로서, 공공의 자산으로서 언론의 역할입니다. 이것이 떨어지면 그 사회는 통합할 수 없고, 앞으로 나아갈 수 없습니다. 저는 그 말씀을 드리고 싶은 것입니다.

그리고 앞서서 말씀드렸습니다만 또 하나, 언론은 커다란 권력입니다. 이것은 사실입니다. 영국의 토니 블레어 총리가 10년 임기를 끝내고 나와서 어떤 언론사가 운영하는 연구소에 가서 "지금까지 다 알지만 그러나 정치를 하는 사람이나 공공에 자기 얼굴을 내는 사람은 그 누구도 차마, 감히 말하지 못했던 진실 하나를 저는 오늘 이 자리에서 감히 얘기하려고 합니다" 그렇게 얘기해 놓고, '언론이 선정적으로 쓴다, 책임 없이 쓴다' 이 말을 했습니다. 근데 그분의 얘기 속에서 언론이 권력을 행사한다는 점에 대해서는 별 고민이 없었던 것 같습니다. 언론이 권력을 가지고 있습니다.

그래서 저는 김영삼 대통령도 막판에 자기를 좋아하는 언론에 버림을 받았다고 생각합니다. 김대중 대통령에 대해서 그런 언론은 처음부터 별로였고, 어떻든 그렇게 이젠 타협하기 어려운 갈등 관계를 저한테 넘겨줬습니다.

저는 소신대로 특권을 인정하지 않고 소위 개혁을 하려고 했고, 서로 공생 관계를 완전히 청산하려고 했는데 그렇게 되니까 옛날에는 편을 갈라서 싸우던 언론이 저한테 대해서는 전체가 다 적이 돼 버렸어요. 매우 중요한 얘기입니다. 저를 그래도 편들어 주던 소위 진보적 언론이라고 하는 언론도 일색으로 저를 공격하는 것이죠. 그리고 그게 지금 이 싸움이고요. 그래서 요즘 깜도 안 되는 의혹이 많이 춤을 추고 있습니다. 과오는 부풀리고, 그런 것이지요. 우리 사회에 미래가 있으려면 정확하고 공정하게 이루어지는 정론의 장이 있어야 되고, 거기에 있는 모든 사람들이 책임을 다할 줄 알아야 합니다. 선진국 정도로 가면 되느냐, 저는 그렇게 생각하지 않습니다. 선진국이라고 되는 것이 아닙니다. 민주주의는 기본적으로 국민이 선택하는 정치입니다. 국민이 선택할 때 어떤 정책이나 사람, 이 선택과 자기의 이해관계, 그것도 1차적으로 생각하는 이해관계의 인과관계를 이해할 수 있어야 합니다.

감세론이 있지요. 세금을 깎았을 때 내 위치에 있는 사람이 어떤 프로세스, 어떤 인과관계를 통해서 나에게 어떤 손해가 오고, 어떤 이익이 올 것이라는 점에 대한 정확한 인식이 있어야 됩니다. 그래야 선택다운 선택이 될 수 있습니다. 굉장히 복잡하지만 이것들을 우리가 추구해 나가야 합니다. FTA가 실질적으로 나와 나의 가족, 그리고 현재와 미래에서 어떤 이익을 가져다줄 것인가에 대해서 이 인과관계를 정확하게 이해해야만 FTA에 대해 표결하는 사람들이 정확한 표결을 할 수 있습니다. 같은 맥락에서 언론과 노무현 정권이 지금 갈등을 일으키고 있는데 이것이 우리에게 가져다주는 의미가 뭐냐, 나중에 우리의 이해관계에 어떻게 결부될 것이냐 하는 데 대한 이해가 있어야 하는 것입니다.

오늘 의사 집단이 성분명 처방을 반대하는 집단 휴업을 했습니다. 그런데 아직 좀 빠르지 않느냐는 것이죠. 시범 사업하자고 했거든요. 이론적 논쟁, 논리적 검증만으로는 검증이 어려우니까 실제로 시범해 보고 나타나는 결과를 가지고 할 것인가, 안 할 것인가를 최종적으로 결정하는 토론이 아직 남아 있습니다. 현실적 검증을, 시뮬레이션 자체를 거절하는 것은 토론하는 자세가 아닙니다. 이런 사회에서는 국민들이, 소비자들이 그것이 나하고 어떤 이해관계가 있는지 모르잖아요. 누가 말해 줍니까? 제가 말해 주고 싶은데 제 말이 전달이 안 됩니다. 비전 2030이 우리 국민들에게 어떤 의미가 있는지에 대해서 전달해 주는 사람이 없었던 것 같습니다. 그래서 저희도 가지고 있는 매체가 있습니다. 〈국정브리핑〉, 〈청와대 브리핑〉, 열심히 하는데 많이 안

본데요. 재미가 없나 봅니다. 그러나 이전에 없던 무기입니다. 그나마 그거라도 있으니까 마구 거짓말 쓰는 사람이 얼마나 가슴 찔리겠습니까? 저는 양심과 용기, 그것이 우리의 미래라고 생각합니다.

그래서 이 복잡한 인과관계를 누가 이해할 것인가. 저는 언론이 도와줘야 한다고 생각합니다. 정부 정책을 잘 선전해 달라는 뜻은 결코 아닙니다. 그 하나하나가 갖는 이해관계, 아프간 문제에 관해서도 그렇습니다. 국민의 생명이라는 소중한 가치와 국가 위신이라고 하는 가치가 충돌합니다. 과연 오늘날 테러 집단과는 대화조차 하지 않는다는 것이 절대적으로 옳은 판단인지는 저는 아직 단언하지 못합니다만 그러나 세계적 대세는 그렇게 돌아가고 있으니까 국가의 위신이라는 것은 대세를 거역했을 때 생기는 현실적 위신을 말하는 것이지 도덕적 의미에 있어서의 판단을 말하는 것은 아닙니다. 도덕적 의미에서 국가 위신이 아니라 현실적 의미에서 전 세계의 대세를 거역했을 때 느끼는 외교상의 부담이 있는 것입니다. 이 때문에 우리가 문제를 해결해 가는 과정에서 내부적으로 엄청나게 많은 토론과 갈등을 겪어 나왔던 것입니다.

겉으로 보기엔 조용했지만 이 안엔 아주 많은 그런 인식 차를 조율하면서, 최종적으로 그 결판을 내라고 대통령을 뽑아 준 거니까 대통령이 결정을 내리면서 여기까지 왔습니다. 이젠 일이 지났으니까 새로이 복귀하면서 '이런 점도 있다, 저런 점도 있다' 어떤 평가든 좋습니다만 그러나 '선택 가능한 대안이 무엇인가' 하는 것을 항상 전제로 하고 균형 있게 얘기해 주면 좋겠는데

요즘 분위기로 봐서는 이것도 일방적으로 비판한다는 쪽으로 가지 않을까 저는 그렇게 우려하고 있습니다.

저는 그래서 정치에서 일어나는 일뿐만이 아니라 세상에서 일어나고 있는 모든 문제에 대해서 적어도 나와의 관계에서 중요한 문제에 대해선 이해관계에 대한 인과관계를 알게 해 주자. 그것은 사실과 정론과 토론이다, 다시 거듭 반복해서 말씀드립니다. 이런 모두를 다 이해할 수 없기 때문에 죽 들어가 보면 하나 법칙이 나옵니다. 인과관계를 따라가고 따라가고 따라가 보면 마지막에 초등학교 때나 중등학교 때 배웠던 도덕적 명제와 일치하는 점을 굉장히 많이 만납니다. 정직해라. 왜 정직해야 되는가. 정직해야지만 궁극적으로 공동체가 건강하게 유지될 수 있고 그 안에서 나도 최대한의 행복을 누릴 수 있다는 그 공식이, 분석해서 설명하면 몇 시간이 걸려 설명을 해야겠지만 그러나 우리는 초등학교 때 그냥 딱 한마디로 정직해라 이렇게 배웠듯이 도덕적 명제를 가지고 가야 됩니다.

요즘 정치 한번 보십시오. 가관입니다. 그렇잖아요? 김영삼 대통령의 3당합당을 틀린 것이라고 그렇게 비난하던 사람들이 요즘은 그쪽에서 나와 가지고 이쪽 당으로—(저에게는) 우리 당 없습니다. 범여권에서 하니까 나와 가까운가 생각되는데—범여권으로 넘어온 사람한테 가서 줄서 가지고 부채질하느라고 아주 바빠요. 왜 YS는 건너가면 안 되고 그 사람은 건너와도 괜찮냐, 이거죠. 사회가 대단히 발전한 것 같지만 아직 초보적인 문제를 해결하지 못하고 있는 것입니다. 우리나라의 정치에서 민주주의가 이만큼 왔다고 절대 말하지 마십시오. 우리가 이 많은 문제에 대해서 아직까지 양보와 타협을 해 나갈 수 있는 수준이 안 되고 보다 더 가까이 그 진실을 명석하게 하는 그런 토론도 잘 이루어지지 않는 사회이고, 주먹부터 먼저 내미는 사회지 않습니까?

정치에서 무슨 원칙이 있습니까? 오늘의 언론에서 무슨 대의가 있습니까?

오늘 제가 이렇게 복잡한 말씀을 드렸는데 이 복잡한 얘기는, 기자들은 쓸 수가 없습니다. 복잡한 인과관계라든지 이런 것들을 기자들은 쓸 수가 없습니다. 그야말로 PD라야 이 긴 얘기를 담아낼 수 있습니다. 그래서 우리 사회가 앞으로 어디로 가야 하는가 하는 과제는 여러분의 손에 크게 달려 있다고 생각하는 것입니다. 가야 할 방향에 대해서 오늘도 많은 서로 다른 의견들이 있지만 이 수준을 높이 끌어올리는 것은 여러분들의 몫입니다.

기자협회장도 와 계시지만 앞으로 기자들 오라면 이제는 안 갑니다.(일동 웃음) 안 가고 PD가 오라고 하면 갑니다. 행세하지 않지만, 이익을 취하진 않지만, 여러분에게는 권력이 있습니다.

저에게도 권력이 있습니다. 제가 검찰도 제 손아귀에서 움직이지 않고, 부당한 명령 하나 받을 검찰이 없고 모든 권력을 손에서 놨지만, 그러나 그동안의 이전 정권들이 풀지 못했던 많은 문제들, 다 해결했습니다. 엄청난 갈등 과제들도 다 해결했습니다. 얼마나 자신만만하면 기자 집단하고 맞서겠습니까? 권력이라는 것은 행세하는 것만이 권력이 아니라 진정으로 우리가 필요한 것을 이루어 나가는 영향력과 힘, 그것이 권력 아니겠습니까?

지금 전 언론사들이 무슨 성명 내고 국제언론인협회(IPI)까지 동원하고 난리를 부리는데 아무리 난리를 부려도 제 임기까

지 가는 데 아무 지장 없을 것입니다. 요것만 (나올지 모르겠네.) (일동 웃음)

그래서 여러분들 권력은 크게 표가 나지 않더라도 권력은 권력입니다. 잃어버린 10년이라고 합니다. 김대중 5년, 노무현 5년이 우리의 기회를 다 잃어버렸다는 것이죠. 잃어버렸습니까? 뭘 잃어버렸습니까? 1997년에 여러분이 가지고 있었던 것이 뭐죠? 1998년에 여러분이 가지고 있었던 것은 뭐죠?

여러분을 덮쳐눌렀던 1998년의 상황은 뭡니까? 왜 왔죠? 독재가 만들어 놓은 부작용들입니다. 독재는 우리에게 사회적 불균형이라는 커다란 부담을 넘겨줬잖습니까. 그래서 통합하기 어려운 사회를 만들어 놨고, 부글부글 끓는 사회를 만들어 놓은 것이죠. 불신 사회를 만들어 놨지 않습니까. 돈은 얼마 좀 천천히 벌면 어떻습니까. 불신으로 사회를 붕괴시켜 놓았습니다. 권력이 불신 받는 사회가 됐습니다. 아무도 신뢰받는 데가 없습니다. 불신 사회를 만들어 놓고 대화가 안 되는 사회를 만들어 놨지 않습니까. 죽기 살기로 싸운 사람들의 경력이 있으니까 어렵지요.

이렇게 말하는 저 또한 그럴 수가 있습니다. 저 또한 타협하는 데 부적절한 사람일지 모릅니다. 제가 대통령 후보 나가 있는 누구보고 '아마 당신은 그것은 나보다 훨씬 잘할 것이오. 사람들을 포섭하고 남의 얘기를 진지하게 귀 기울여 듣고 그것만이 아니고 다 잘하지만 확실하게 그 점에 있어서 나보다 잘할 것'이라고 얘기를 했는데 저도 각박한 사람이 됐지요. 본시 그랬는지 모르겠는데 시대의 영향도 있을 것입니다. 이 많은 숙제들을 잔뜩 넘겨줘 놓고 자기들은 잘했다면서 잃어버린 10년이라고 하니까요. 그때와 비교해 보자. 그래서 지표로 말합시다, 자료를 내놓았습니다. 10년 전과 비교하자는 것이죠.

한마디 더 하면, 자기들이 했으면 어떻게 했겠습니까. 이건 언론 책임 아닙니다. 그런데 받아만 쓰니까 열 받아서 그러는 것이죠. 그것이 진실인가, 한번 찾아볼 일 아닙니까? 무슨 무슨 의혹이 있다 그러는데 '카더라'만 방송했지 서로 싸우고 있는 진실이 어느 것인지는 아마 역량이 없어 못 들어가 보는 모양인데, 추구하지를 않습니다. 대개 일부 언론들은 빨리 덮어라 덮어라 하고 있는 것 같지요. 저희는 일개 공기업 사장 한 사람 하는데도 옛날에 음주 운전했다고 자르고 뭐 했다고 자르고, 안 자르고는 견딜 방법이 없어서 잘랐습니다. 제가 무슨 천하에 투명하고 깨끗한 사람이 아니고, 저 혼자 깨끗해서 자른 사람이 아니고 통과가 안 됩니다. 음주 운전 하나만 있어도, 옛날에 부동산 상가 하나만 있어도, 그리고 무슨 위장 전입 한 건만 있어도 도저히 장관이 안 돼요. 그런데 이런 문제들에 대해서 요즘 언론들은 팔짱 끼고 앉아서 또 싸움 나면 중계방송하겠죠. 이런 수준을 우리가 넘어가지 않으면 절대로 민주주의 못 갑니다.

저는 여기 와서 여러분께 간곡히 제가 희망을 건다는 말씀을 드립니다. 잘 부탁합니다. 저를 위해서가 아니고 여러분을 위해서, 그리고 아이들을 위해서. 20년 전 여러분들이 부끄러움을 가지고 사명감을 가지고 뭉쳤을 때, 그때 심정으로 다시 돌아가 보길 바랍니다. 모든 문제가 해결된 것처럼 보이지만 그렇지 않습니다. 많은 문제들이 아직 남아 있고, 지배와 소외의 문제는 끊임없이 반복될 수 있는 문제입니다. 지금도 잘사는 집 아이와 그렇지 않은 집, 지방 사람과 서울 사람들 사이에 아이들의 학력 격차가 점점 더 벌어지고 있는 이 상황이 정상이라고 말할 수 있겠습니까. 물론 제가 5년 동안 그 문제 해결 못해서 송구스럽습니다만, 우리가 그때만 눈을 부릅떠야 할 사명이 있는 것이 아니라, 지금 이 시기에도 우리가 또 다짐하고 다짐해야 할 많은 사명들이 있습니다. 모두가 성공할 수 있다는 믿음을 가지고 아이를 낳을 수 있는 사회를 위해서 말입니다.

2007. 8. 31. PD연합회 20주년 축사

교육 시설, 교육제도는 공공의 재산입니다. 사교육이라든지 이런 것은 공공의 재산이 아니죠. 선진국이 무슨 뭐가 선진국이냐? 공공의 재산이 많은 나라가 선진국입니다. 그 사회의 부를 전부, 개인이 집 안의 금고 안에 쓸어 담아 놓고 있는 사회는 부자 나라가 될지 모르지만 선진국은 안 됩니다. 선진국의 순서대로 개인의 집 담장 바깥에 있는 재산의 총량을 합하면 더 많은 것이죠. 공공의 재산이 더 많은 나라가 선진국입니다. 그중에 가장 중요한 공공재가 교육입니다. (중략) 교육이 제일 경쟁력의 핵심입니다. 각 기업이 할 수도 없고, 국가가 해야 되는 가장 중요한 일이라고 생각합니다. 아무리 고통스러운 사람한테도 아이들의 교육에 대해서 국가가 책임만 져 주면 그 사회를 그렇게 저주하지는 않을 것입니다.

2007. 10. 12. 방과후학교 모범 현장 방문 및 성과 보고회 발언 중에서

사인할 때 저의 표어는 '사람 사는 세상'입니다. 그런데 제 생각에는 사람 사는 세상이라는 것이, 그리로 가기 위한 길이 지금까지 제가 설명드린 기업하기 좋은 나라의 내용과 전혀 다르지 않다고 생각하는데, 여러분은 어떻게 생각합니까? 좀 달라 보입니까, 비슷해 보입니까?

여러분은 본질적으로 시민입니다. 그리고 민주주의 사회에서, 국민주권 국가에서 여러분은 주권자입니다. 어떤 정부를 가질 것인가는 여러분이 선택합니다. 어떤 정부가 앞으로 만들어질 것인가에 대해서는 여러분의 책임입니다. 제가 간단하게 오늘 내일의 선거를 가지고 얘기하는 것은 절대 아닙니다.

제가 오늘 여러분께 미래를 얘기하러 왔습니다. 얘기하다가 오해 받을 소지도 있겠는데 그 점에 대해서 어떤 영향을 끼칠 생각은 없습니다.

제 생각에는 보수주의의 문제점은 정의, 연대 의식, 연대의 가치, 지속 가능한 미래에 대한 전략이 없다는 것입니다. 보수주의 이론에 대해 여러 가지 탐구를 해 봤는데, 미래에는 어떻게 되느냐고 물으면 오로지 '보이지 않는 손', '성장하면 해결된다'고 말할 뿐입니다.

그러나 성장하면 해결된다는 것은 사실이 아니라는 것

이 이미 역사적으로 증명돼 있습니다. 그리고 성장만 하면 다 해결되고 세금은 깎고, 세출도 줄이고, 정부도 줄이자고 하면서 해 주겠다고 약속하는 것은 한 보따리입니다. 그러니까 정치의 신뢰를 깨뜨려 나가는 것이지요. 이렇게 하면 정치가 망합니다. 정치가 망하면 나라도 망하지요.

그래서 저는 여러분에게 진보적 시민 민주주의를 한번 해 보자고 제안합니다. 시민 민주주의는 역사적 개념이어서 이 시민에는 옛날에 흔히 말하는 부르주아 계급만 포함되고, 돈이 많지 않은 사람은 포함 안 되는 개념으로 그렇게 이미지가 남아 있습니다. 그러나 그것은 그 시기 민주주의가 잘못되어서 시민이라는 말이 잘못 사용된 것이고, 민주주의가 올바르게 가서 보편적 시민이 주도하는 민주주의가 됐을 때는 시민 민주주의라고 이름을 부르는 것이 적절하다고 생각합니다.

그래서 저는 "시민 민주주의를 복원하자. 제대로 된 시민 민주주의 사회가 답이다"라고 말씀드리고 싶습니다. 민주주의에는 진보주의가 내재되어 있는 것이고, 그래서 진보적 시민주의, 이것을 참여정부가 추구해 왔고, 앞으로 제가 개인적으로 추구해야 될 정치적 노선이라고 생각합니다.

'생각하는 시민' '주권 행사'가 쉽지는 않습니다. 정책과의 인과관계, 약속과 결과, 이 많은 것들이 너무 복잡하기 때문에 생각하지 않으면 헷갈리게 되어 있습니다. 달콤해서 찍었는데 찍어 놓고 돌아서서 보니까 다른 사람이 됐어요.

그러나 저는 아닙니다. 확실하게 저한테 속았다고 생각

하는 사람은 아마 이라크 파병할 때 그렇게 느꼈을 것입니다. 근데 그건 어쩔 수 없는 일인 것 같습니다. 그것까지 왜 그랬는지 생각해 주는 시민이면 아주 생각이 깊은 시민이죠.

멀리 보는 시민, 책임을 다하는 시민, 행동하는 시민이 주권자입니다. 저는 여러분이 시장에서 기업인으로 성공하시길 바라고, 시장의 주류가 아니라 새로운 사회, 진보된 시민사회의 주류가 돼 주시길 바랍니다. 그래야 우리가 정의로운 사회로 갈 수 있고 풍요롭고 행복한 사회, 항상 희망이 보이고 활력이 있는 사회로 갈 수 있다고 생각합니다. 그래서 여러분께 오늘 '무엇을 구체적으로 해 보자'가 아니라 '같은 방향으로 가 봅시다. 어디서 따로 만나서 깊이 있는 생각도 나눠 봅시다'라는 제안을 드리고 싶습니다.

우리 민족에 자유와 평화를

3부

군은 전쟁을 위해서 존재하는 것이 아니라 평화를 위해 존재한다는 믿음을 가지고 있습니다. 그러나 조선 말에 평화를 싫어해서가 아니라 힘이 없어서 국권을 빼앗겼듯이 강한 힘을 가지고 평화를 지키겠다는 확고한 신념을 가진 나라가 세계 평화를 지켜 갑니다. 힘만 가지고는 평화를 지킬 수 없고, 힘을 가지고 있으면서 평화를 사랑하고 관대하며 대화할 줄 알아야 비로소 평화를 지킬 수 있습니다. 한반도의 안정과 먼 훗날의 평화를 지키려면, 강력한 전투력과 관용할 줄 아는 가치를 균형 있게 가져가야 합니다.

2003. 12. 12. 중부전선 전방 부대 방문 인사 중에서

차분함과 냉정함을 당부드립니다

3·1운동이 갖는 역사에서의 무게가 워낙 무거워서 자연히 3·1절 기념식도 무겁습니다. 귀엽고 아름다운 우리 아이들이 나와서 힘찬 노래를 불렀는데도 분위기가 풀리지를 않습니다. 저는 3·1운동 같은 역사적인 큰 기념식을 맞이할 때마다 너무 딱딱하다, 이렇게 느낍니다. 이제 이 시점에서 좀 더 밝은 마음으로 좀 더 자연스럽고 열린 자세로 편안하게 역사의 사실을 돌이켜 보고 기념하는 것이 좋다고 생각합니다.

85년 전 3·1운동은 전 국민이 떨쳐 일어났습니다. 정말 뜻 깊은 것은 전 국민이 하나가 됐다는 것입니다. 빈부, 노소, 더 배우고 덜 배운 사람의 차이 없이, 사회적 신분과 지위에 관계없이, 특히 전 종교인들이 전부 하나가 됐다는 것은 정말 우리 역사에서 놀라운 일입니다. 그 당시에도 서로 다르고 그래서 다툼이 있었습니다. 그럼에도 불구하고 하나가 됐습니다. 우리 한국 역사에서 이처럼 전 국민이 하나가 됐던 일이 그 이전에도 별로 없었고 그 이후에도 사실 별로 없었습니다.

하나로 어우러졌던 그 가운데에는 우리 민족의 자주독립의 정신이 있었습니다. 혼이 있었습니다. 그리고 자유와 평등이라는 인류 사회의 보편적 대의가 있었습니다. 이 가치는 아무리 시대가 변해도 아무리 세월이 흘러도 결코 달라질 수 없는 불변의 가치입니다. 그 후 상해 임정이 수립되고 독립운동은 더욱 치열해졌고, 세계만방에 한국인의 정신과 의지를 널리 떨쳤습니다.

'우리의 해방과 우리의 독립은 외세의 도움에 의한 것이다. 우리 스스로 이룬 것이 아니다'라고 말하는 분들이 있습니다. 실제로 그런 점이 전혀 없지는 않을 것입니다. 그러나 우리 국민들이 3·1운동에서 하나가 돼서 목숨을 걸고 이렇게 떨쳐 일어나지 않았더라면 아마 우리 한민족은 전후 처리에서 잊혀졌을지도 모르고, 따라서 오늘 우리 한국은 독립국가로서 성립되지 못했을지도 모릅니다.

3·1운동은 우리 역사의 기본입니다. 오늘 우리가 헌법에서 그 법통을 상해 임시정부에서 잇고 있지만, 바로 그것은 3·1운동의 정신에서 출발된 것입니다. 이제 3·1운동의 정신을 이어받아서 우리는 민주주의를 상당히 발전시켰고, 세계 11번째를 자랑하는 경제력을 키웠습니다. 참으로 우리 애국선열들이 자랑스럽고 존경스럽습니다. 다시 한 번 머리 숙여서 감사의 인사를 드립니다.

그러나 우리가 기념식을 하는 이 시점에도 저와 여러분, 그리고 우리 모두의 가슴에 부끄러움과 아쉬움이 남아 있습니다. 비록 해방되고 독립했지만 분단된 나라였습니다. 동족끼리 피흘리고 싸웠습니다. 처참한 비극을 겪었습니다. 아직도 서로 대결하고 있습니다. 남한 내에서 좌우는 대립했고, 그 좌우의 대립에 엉켜서 많은 대립들이 있었습니다. 불신과 갈등이 있었습니다. 과거는 말끔히 청산되지 않았고 새로운 역사의 대의도 분명히 서지 못했습니다.

역사적 사실과 진실은 아직 많은 것이 묻혀 있습니다. 아직도 국회에서 친일의 역사를 어떻게 밝힐 것인가를 놓고 혼란을 거듭하고 있습니다. 지금도 정신대 할머니들은 한을 씻지 못하고 정리되지 못한 역사 앞에서 몸부림치고 있습니다. 독립투사, 그분들의 후손들이 오늘 누리고 있는 사회적 처지는 소외와 고통입니다.

우리의 독립투사들이 우리의 역사를 주도하지 못했습니다. 아직도 우리의 역사에 대한 해석, 오늘의 현실에 대한 인식에 있어서 대립과 갈등을 우리는 극복하지 못하고 있습니다.

이제 우리는 다시 한 번 일어서야 합니다. 3·1운동 때 목숨을 걸고 일어섰던 우리 선열들이 마음속에 품었던 그 비장함을 가지고 다시 한 번 우리 스스로를 돌아보고 다시 일으켜 세워야 합니다.

마음을 모으고 지혜를 모아서 우리에게 남겨진 아직까지 풀지 못한 이 숙제를 풀어 나가야 할 것입니다. 우리 스스로를 너무 부끄러워하고 너무 질책만 하고 그래서 낙담할 일만은 아니라고 생각합니다. 우리 민족은 할 수 있습니다. 자신을 가지고 하나로 뭉치면 무슨 일이든 해낼 수 있을 것입니다.

1945년 식민지에서 해방된 나라 중에서 민주주의를 우리 대한민국만큼 잘하는 나라가 없습니다. 경제는 지난 40년간 100배의 성장을 이루어 냈습니다. 전 세계가 놀람과 부러움으로 우리를 바라보고 있습니다.

비록 우리는 아쉽게 생각하는 역사이긴 하지만 남북 간의 대결도 한 발 한 발 극복해 나가고 있습니다. 7·4공동성명, 그리고 남북 간 기본 합의를 거쳐서 2000년 6월 15일에는 마침내 남북 정상이 만나서 6·15 정상 합의를 이루어 냈습니다. 그 이후 남북 관계는 착실히 풀려 가고 있습니다. 북핵 문제가 남북 문제에 가로놓여 있지만 이 문제에 관해서도 우리 한국은 주도적으로 참여해서 상황을 관리해 나가고 있습니다. 저는 북핵 문제를 풀어 나가는 그 어느 대목에서도 우리 한국 국민들의 간절한 염원을 외면하지 못할 것이라고 생각합니다.

이제 용산기지 이전이 결정되었습니다. 몇 년 지나면 용산기지는 우리 국민들, 우리 서울 시민들에게 반환될 것입니다. 간섭과 침략과 의존의 상징이던 그 용산기지가 우리 국민들의 손에 돌아옵니다. 성장한 대한민국, 점차 자주권이 강화되고 어엿한 독립국가로서의 대한민국 국민들의 품에 돌아올 것입니다.

안보에 있어서 한국군의 역할은 점차 증대돼 가고 있습니다. 머지않아 한국군 중심의 안보 체제로 전환될 것입니다. 100년 전 우리 민족은 이 동아시아에 있어서 아무런 변수도 아니었습니다. 스스로의 독립을 지킬 힘이 없었음은 물론이거니와 우리 조선이 일본의 편을 들든 중국의 편을 들든 러시아의 편을 들든 그것은 대세에 영향을 주지 못했습니다.

그러나 지금은 그렇지 않습니다. 스스로의 자주와 독립을 지킬 만한 넉넉한 힘을 가지고 있습니다. 이제 우리 한국이 어떤 길을 선택하느냐에 따라서 동북아시아의 정세가 변화할 수밖에 없습니다. 자신감을 가질 만합니다. 정말 자신을 가지고 함께 나갑시다.

친미냐 반미냐 이렇게 얘기하지 맙시다. 우리의 자주와 독립을 영원히 지켜 나가고 후손들에게 떳떳한 역사를 물려주기 위해서 우리가 할 일을 합시다. 친미냐 반미냐가 우리를 재는, 우리를 평가하는 잣대가 될 수 없습니다. 한 발 한 발 자주권을 강화해 나가고 독립국가의 실력을 쌓아 나가는 것입니다. 그것을 하는 데 필요한가 아니한가, 그렇게 평가합시다.

한반도에 평화를 정착시키고 그 위에 번영을 이룹시다. 나아가서 그것이 동북아시아의 평화와 번영으로 이어지게 해야 합니다. 그 위에 한국의 자주와 독립이 있고, 그 위에서 우리가 평화와 자유와 행복을 함께 누려 가야 합니다. 한반도뿐만이 아니라 동북아시아, 그리고 동아시아, 나아가 전 세계의 평화와 번영의 질서에 적극적으로, 그리고 주도적으로 참여해 나갈 수 있는 당당한 대한민국을 만들어 나갑시다.

실력을 가다듬어야 합니다. 그러나 저는 이 문제에 관해서 걱정하지 않습니다. 우리 한국 국민들이 개인적으로, 집단적으로 실력을 쌓고 힘을 기르는 데는 탁월한 능력이 있다고 생각합니다.

우리가 이 시점에서 꼭 해야 될 것은 마음을 열고 차이를 극복하고 상대를 존중하고 대화로써 모든 문제를 풀어 갈 줄 아는 통합된 국민이 되는 것입니다. 85년 전 3·1운동 때 전 국민이 모든 차이를 극복하고 하나가 됐듯이 우리 후손들에게 물려줄 우리의 미래를 위해서 다시 한 번 차이를 극복합시다. 동이다 서다 나라를 지역으로 갈라서, 그렇게 해서 정당이 뭉치고 그렇게 해서 감정 대립을 하는 정치도 이제 끝을 냅시다. 노사 간에 갈등이 있었지만, 이런 많은 갈등들은 잘 극복돼 갈 것이라고 생각합니다.

항일을 했던 사람, 친일을 했던 사람, 어쩔 수 없어 입을 다

물었던 사람들, 이 사람들 사이에 맺혀 있는 갈등, 그리고 좌우 대립의 사이에서 생겼던 많은 갈등, 아직 아물지 않은 상처, 이 상처들을 극복하기 위해서 새로운 역사적 안목으로 우리 스스로를 돌아보고 용서하고 화해하는 지혜를 만들어 갑시다. 스스로 한발 물러서자는 것입니다. 스스로 가슴을 열자는 것입니다.

북한에 대해서는 설명이 어렵습니다. 상식이 통하지 않는 많은 부분이 있습니다. 그럼에도 불구하고 결국 한 민족으로서 보듬어 가야 하고 끝내 우리가 책임져 가야 될 사람들이라는 생각으로 따뜻하게 문을 열고 대화로써 풀어 나갑시다.

일본에 대해서 한마디 꼭 충고를 하고 싶은 말이 있다면 한국이, 한국의 정치 지도자가 굳이 역사적 사실을, 오늘 일어나고 있는 일본의 법·제도의 변화를, 아직 해결되지 않은 문제에 관해서 말하지 않는다고 모든 문제가 다 해소된 것으로 생각해서는 안 됩니다. 앞으로 만들어 가야 될 미래를 위해서 마음에 상처를 주는 얘기들을 절제하는 것이 미래를 위해서 도움이 된다는 뜻으로 우리 국민들은 절제하고 있습니다.

특히 우리 정부는 절제하고 있습니다. 우리 국민들의 가슴에 상처를 주는 발언들은 흔히 지각없는 국민들이 하더라도, 흔히 인기에 급급한 한두 사람의 정치인이 하더라도, 적어도 국가적 지도자의 수준에서는 해서는 안 됩니다. 우리 국민들이 우리 정부가 절제할 수 있게 일본도 최선을 다해서 노력해야 합니다. 그 이상의 말씀은 더 드리지 않겠습니다.

이 자리에서 여러분께 당부드리고 싶은 말씀은 일본이 한마디 한다고 해서 우리도 감정적으로 대응하는 일만은 절제하자는 것입니다. 과거사의 문제이든 동북아시아 미래사의 문제이든 그것은 감정으로 만들어 나갈 수 있는 일은 아닙니다. 차분하고 냉정하게 대응하면서 어떻게 하면 우리가 평화와 번영의 동북아시아 질서를 주도적으로 이끌어 나갈 것인가, 그것을 어떻게 우리 한국 국민들의 자랑이고 자부심으로 만들 것인가, 오늘 3·1운동 85주년을 맞은 이 시점에서 단단한 다짐과 함께 차분하고 냉정한 미래의 준비를 당부드리면서 기념사에 갈음하고자 합니다.

감사합니다.

역사의 당당한 주인이 됩시다

존경하는 국민 여러분, 그리고 해외 동포 여러분, 쉰아홉 돌 광복절을 온 국민과 함께 경축합니다. 아울러 오늘을 있게 하신 애국선열들의 높은 뜻을 기립니다.

불의와 압제에 굴하지 않고 일제에 맞서 싸운 선열들의 빛나는 정신이 있었기에 지금 우리는 당당할 수 있습니다. 선열들의 희생과 공로가 오늘의 대한민국을 있게 했습니다. 모든 것을 바쳐 독립된 나라와 불굴의 민족혼을 물려주신 애국선열들께 머리 숙여 경의를 표합니다. 독립유공자와 유가족 여러분께도 깊은 존경과 감사의 말씀을 드립니다.

국민 여러분, 우리는 선열들이 꿈꾸었던 풍요롭고 힘 있는 나라를 건설하기 위해 지난 반세기 동안 땀 흘려 왔습니다. 선열들은 전쟁의 잿더미 위에서 세계 11위의 경제를 이룩해 낸 우리를 자랑스러워하실 것입니다. 군사독재를 물리치고 민주주의를 꽃피워 낸 우리가 대견스러울 것입니다.

지금 아테네에서 뛰고 있는 우리의 장한 아들딸들을 보면서 1936년 베를린에서 쌓였던 울분도 이제는 풀리셨을 것입니다. 지금까지 이룩한 경제적 성취와 민주주의의 발전은 우리 국민의 위대한 역량을 보여 준 신화와도 같은 역사입니다.

그러나 우리 국민의 저력은 여기서 멈추지 않습니다. 한 단계 더 도약한 대한민국을 만들기 위해 새로운 도전에 나서고 있습니다. 국민들이 정치의 당당한 주역으로 나섰습니다. 지난 수십 년간 계속된 지시와 통제의 굴레를 이제 벗어던졌습니다. 국민의 힘으로 투명하고 깨끗한 정치를 실현해 가고 있습니다. 이제 누구도 국민 위에 군림할 수 없는 시대, 국민 모두가 적극적으로 참여하고 앞장서 이끌어 가는 시대, 명실상부한 국민주권의 시대가 열리고 있는 것입니다.

민주주의의 진전에 발맞추어 우리 경제도 변화하고 있습니다. 정부가 경제를 이끌어 가던 관치 시대를 벗어나 시장경제의 자율성과 창의성을 높여 나가고 있습니다. 정경 유착과 불공정 거래, 독점의 횡포를 근절하면서 공정하고 투명한 시장을 만들어 가고 있습니다. 이제 오로지 실력으로 경쟁하는 시장이 만들어질 것입니다. 반칙과 특권이 설 땅은 없을 것입니다. 열심히 기술을 혁신하고 인재를 키운 기업이 성공하는 시대가 될 것입니다. 그만큼 우리 경제는 경쟁력이 높아지고 체질도 튼튼해지게 됩니다.

지금 우리 앞에 많은 과제가 놓여 있지만 대한민국은 놀라운 속도로 변화하고 있습니다. 보다 나은 내일을 향해 전진하고 있습니다. 이렇게 새로운 대한민국을 만들어 가는 것, 이것이야말로 선열들의 뜻을 받들고 그 희생에 보답하는 길이라고 확신합니다.

국민 여러분, 그러나 지금 이 시간 우리에게는 애국선열에 대한 존경만큼이나 얼굴을 들기 어려운 부끄러움이 남아 있습니다. 광복 예순 돌을 앞둔 지금도 친일의 잔재가 청산되지 못했고, 역사의 진실마저 제대로 밝혀지지 않았기 때문입니다.

애국선열들이 하나뿐인 목숨까지 내놓고 투쟁했던 그 시간에 민족을 배반하고 식민 통치를 앞장서 대변했던 친일 행위가 여전히 역사의 뒤안길에 묻혀 있습니다. 더욱 부끄러운 일은, 역사의 바른 길을 걸어온 독립투사와 그 후손들은 광복 후에도 가난과 소외에 시달리고, 오히려 친일에 앞장섰던 사람들이 사회 지도층으로 행세하면서 애국지사와 후손들을 박해하기도 했다는 사실입니다. 심지어 한때는 친일 인사가 독립운동가의 공적을 심사하는 어처구니없는 일이 벌어지기도 했습니다.

독립운동을 했던 사람은 3대가 가난하고 친일했던 사람은 3대가 떵떵거린다는 뒤집혀진 역사 인식을 지금도 우리는 씻어내지 못하고 있는 것입니다. 우리는 이 왜곡된 역사를 바로잡아야 합니다. 진상이라도 명확히 밝혀서 역사의 교훈으로 삼아야 합니다. 이제 와서 반민족 친일파를 처벌하고 그들의 기득권을 박탈하는 일은 현실적으로 어려울 것입니다.

과거로 돌아가자는 것은 더더욱 아닙니다. 올바른 미래를 창조하기 위해서입니다. 역사는 미래를 창조해 나가는 뿌리입니다. 우리 아이들에게 정의와 양심이 살아 있는 바른 역사를 가르칠 때 그들이 바른 미래를 만들어 갈 수 있기 때문입니다. 오늘 우리가 이 자리에 모여서 59년 전 광복의 의미를 되새기는 이유도 바로 여기에 있을 것입니다.

분열과 갈등을 걱정하는 분들이 계십니다. 화합하고 포용하자고 하십니다. 그런데 왜 진실을 밝히는 일에 의견이 갈리고 대립이 있어야 하는지 저는 이해할 수 없습니다. 진실은 합심해서 밝혀야 하는 것입니다. 진실이 밝혀져서 부끄러운 일이 있다 해도 회피할 일이 아닙니다.

밝힐 것은 밝히고 반성할 것은 반성해야 합니다. 그 토대 위에서 용서하고 화해할 때 진정한 용서와 화해가 있을 수 있습니다. 그것이 진정으로 국민의 힘을 하나로 모으는 길이라고 저는 생각합니다.

존경하는 국민 여러분, 반민족 친일 행위만이 진상 규명의 대상은 아닙니다. 과거 국가권력이 저지른 인권침해와 불법 행위도 그 대상이 되어야 합니다. 진상을 규명해서 다시는 그런 일이 없도록 해야 할 것입니다.

저는 이 자리를 빌려 지난 역사에서 쟁점이 됐던 사안들을 포괄적으로 다루는 진상규명특별위원회를 국회 안에 만들 것을 제안드립니다. 이미 국회에서는 진상 규명과 관련하여 열세 건의 법률이 추진되고 있습니다. 그러나 법안마다 기준이 다르고 이해관계가 엇갈리기 때문에 개별적으로 다루기가 어려운 것이 사실입니다.

국회가 올바른 진상 규명이라는 원칙에만 동의한다면 구체적인 방법은 국민 여러분의 의견을 수렴해서 충분히 합의해 낼 수 있을 것입니다. 그리고 그동안 각종 진상 조사가 이루어질 때마다 국가기관의 은폐와 비협조 문제가 논란의 대상이 되어 왔습니다. 그러나 이번만은 그런 시비가 없어야 할 것입니다. 고백해야 할 일이 있으면 기관이 먼저 용기 있게 밝히고 새롭게 출발해야 합니다.

물론 부담도 있을 것입니다. 권위와 국민의 신뢰가 무엇보다 중요한 국가기관이 스스로 부끄러운 과거를 들추어내는 것은 힘든 일입니다. 그러나 더 큰 신뢰를 쌓고 올바른 권위를 세우기 위해서도 더 이상 진실을 묻어 두어서는 안 됩니다.

그동안 여러 이유로 수십 년을 미루어 왔습니다. 언젠가는 해야 할 과제라면, 반드시 풀어야 할 역사적 과업이라면 지금 우리가 해야 합니다. 지금이 질곡의 역사를 직접 경험한 세대가 생생하게 증언할 수 있는 마지막 기회입니다.

그래서 내년에는 역사를 바로잡아 가고 있다는 확신을 가지고 광복 예순 돌을 이 자리에서 다시 기념할 수 있게 되기를 간절히 바랍니다.

국민 여러분, 지금 우리가 겪고 있는 분열과 반목도 우리의 굴절된 역사에서 비롯된 것입니다. 친일과 항일, 좌우 대립, 독재와 민주 세력 간에 서로를 인정하지 않는 대결의 시대가 오랫동안 계속되어 왔습니다. 특히 과거 독재 정권이 정략적인 목적으로 지역을 가르고 차별과 배제를 되풀이하면서 갈등과 불신의 골은 더욱 깊어졌습니다.

이제 이 분열의 역사에 종지부를 찍어야 합니다. 무엇보다도 상대를 존중하고 대화와 타협을 통해 문제를 풀어 가는 성숙한 민주주의 문화를 뿌리내려야 할 것입니다. 부당한 차별을 바로잡고, 사회적 약자와 소수자들에게 더 많은 관심과 배려를 기울여야 합니다.

정책이 아니라 지역으로 갈려 감정적인 대립을 일삼는 지역 구도 정치도 이제는 고칠 때가 됐습니다. 지역 구도를 극복할 수 있는 선거구제 개편에 관한 정치권의 큰 결단을 다시 한 번 호소합니다.

　　국가 발전과 국민 통합의 심각한 장애가 되고 있는 수도권과 지방 간의 불균형도 더 이상 방치할 수 없습니다. 더 악화되기 전에, 다시 돌이킬 수 없는 상황이 되기 전에 반드시 해결해야 합니다. 신행정수도 건설과 국토 균형 발전을 통해서 수도권은 한 차원 높은 질적 발전을 모색하고, 지방도 각기 특성 있는 발전의 길을 걸어가야 합니다.

　　존경하는 국민 여러분, 광복의 기쁨을 되새기는 오늘, 선열들께 면목이 없는 또 하나의 현실은 바로 남북 분단입니다. 지구상에 냉전의 벽이 허물어진 지 십수 년이 지났지만 한반도는 여전히 냉전 체제를 벗어나지 못하고 있습니다.

　　당장 통일이 이루어지기는 어려울 것입니다. 그러나 통일이 되는 그날까지, 전쟁의 위험을 없애고 남북 교류와 협력을 확대해 가는 일은 한시도 멈출 수 없습니다.

　　참여정부는 역사적인 6·15공동선언의 정신을 하나하나 착실하게 실천해 나가고 있습니다. 분단 이후 처음으로 남북 장성급 군사 회담이 열려 군사적 신뢰 구축을 위한 토대를 마련해 가고 있습니다. 밤낮없이 울려 대던 비무장지대 선전 방송도 휴전 50여 년 만에 사라졌습니다.

　　올림픽에서 남과 북이 손에 손을 잡고 입장하는 모습도 더 이상 낯설지 않습니다. 얼마 전 개성에서는 남북이 힘을 모아 민족의 대역사를 새로이 시작했습니다. 올해 말 시범 가동되는 개성공단 건설이 2012년 모두 마무리되면 여의도 면적의 열 배나 되는 남북 공동 번영의 터전이 마련됩니다. 그렇게 되면 남북 모두가 커다란 경제적 이익을 얻을 수 있을 것입니다. 나아가 한반도에서 전쟁 위험이 감소되고, 우리 경제의 대외 신인도도 높아지는 일석삼조의 효과를 거둘 수 있게 됩니다.

올 가을에는 경의선이 연결되고 도로도 개통됩니다. 지난 반세기 동안 끊어졌던 민족의 혈맥이 다시 이어지고, 장차 육로를 통해 중국과 러시아, 유럽까지 가는 시대가 열리는 것입니다.

이렇게 펼쳐질 밝은 미래를 위해서도 북핵 문제는 반드시 평화적으로, 그리고 조속히 해결되어야 합니다. 우리는 북핵 문제가 해결되면 북한의 개혁·개방을 지원하기 위한 포괄적이고도 구체적인 계획이 있음을 이미 밝혔습니다. 이제 북한 당국이 결단을 내려야 할 단계입니다. 그래서 7,000만 겨레가 함께 손잡고 평화와 공영의 길을 열어 나가야 합니다. 이와 함께 우리와 북한, 그리고 미·일·중·러가 참여한 6자회담의 소중한 경험을 살려 동북아시아의 평화와 번영을 위한 새로운 협력 틀을 발전시켜 나갈 수 있을 것입니다.

존경하는 국민 여러분, 지금 우리에게 필요한 것은 자신감입니다. 우리의 운명을 스스로 만들어 갈 수 있다는 믿음입니다. 우리의 50대, 60대, 70대 어른들은 그야말로 무에서 유를 창조하며 여기까지 왔습니다. IMF 외환 위기도 그 어느 나라보다 빨리 극복해 낸 우리 국민들입니다. 아직 그 후유증이 남아 있기는 하지만 오히려 경제 체질을 바꾸는 좋은 계기가 되고 있습니다.

일본 경제가 10년간의 침체 늪에서 이제 막 벗어나고 있지만, 우리도 지난 몇 년 동안 더 착실하게 구조조정을 해 왔고 혁신과 창의력이 주도하는 경제로 빠르게 변화시켜 나가고 있습니다. 중국의 고속 성장도 부러워하거나 두려워할 일이 아닙니다.

미래 경쟁력의 원천인 기술력과 효율적인 시장 시스템, 민주주의 문화, 그 어느 면에 있어서나 우리는 보다 발전된 내일을 기대할 수 있습니다. 그럼에도 지금 우리는 스스로의 미래에 관해 자신감을 갖지 못하고 있습니다. 중국의 미래는 밝게 보고 일본의 현재도 높이 평가하면서 정작 우리 자신에 대해서는 지나치게 비하하는 경향이 있습니다.

당장 피부로 느끼는 경제가 어렵기 때문에 국민 모두가 걱정하고 있는 것이 사실입니다. 그러나 지나친 비관과 불안감, 그리고 자기 비하는 도움이 되지 않습니다. 연초부터 지속해 온 일자리 창출과 투자 활성화, 민생 회복의 노력도 머지않아 효과를 나타내게 될 것입니다. 그리고 장기적인 성장 잠재력을 확충하는 노력도 게을리하지 않고 있습니다.

자만해서도 안 되겠지만 지금 우리의 역량에 대해서도 정확하게 평가해야 합니다. 그리고 그에 맞는 자신감을 가져야 합니다. 희망과 자신감을 가지고 힘차게 나아갈 때 우리의 미래가 열리는 것입니다.

안보에 대한 인식도 바로잡을 필요가 있습니다. 지금 우리는 100년 전 열강들의 틈바구니에서 사분오열하다가 국권을 빼앗긴 힘없는 나라가 결코 아닙니다. 우리의 역사와 영토를 지킬 만한 충분한 힘을 가지고 있는 국가요 국민입니다.

이제 우리 국민이 어느 방향으로 가고자 하느냐에 따라서 동북아의 질서와 구도가 달라질 수 있습니다. 적어도 동북아의 미래를 예측하는 데 있어 대한민국의 선택은 결코 빼놓을 수 없는 중요 변수가 되고 있습니다. 그러나 아직도 자주국방을 얘기하면 마치 한·미 동맹을 해치는 것처럼 불안해합니다. 우리의 달라진 역량에 대한 자신감 부족을 표현하는 것이라고 생각합니다.

자주국방은 한·미 동맹과 배치되는 것이 아니라 상호 보완적입니다. 한·미 우호 관계를 보다 굳건히 하고 미래지향적으로 발전시키기 위해서도 자주국방은 착실히 추진되어야 합니다.

미국에 대해 무조건 반대하는 목소리도 마찬가지입니다. 우리의 어제와 오늘, 그리고 내일에 대한 책임과 장애 사유가 모두 미국으로부터 비롯되고 있다는 외세 결정론적 사고에 다름 아닙니다. 그래서는 우리가 만들어 나갈 능동적인 역사에 대한 대안이 나올 수 없습니다.

지난 10여 년간 끌어 왔던 용산 미군기지 이전 협상이 우리의 노력과 미국의 협조로 마무리됐습니다. 한때는 청나라 군대가, 일제 때는 일본군 사령부가 주둔했던 바로 그 땅입니다. 무려 120여 년간 외국 군대가 주둔하던 서울의 한복판이 이제 우리 국민의 품으로 돌아옵니다.

모든 것이 우리가 하기에 달려 있는 것입니다. 오늘 우리의 꿈과 의지가 바로 내일의 역사를 만듭니다. 우리 스스로를 믿고 자신 있게 미래를 창조해 나갑시다.

국민 여러분, 우리가 가는 길은 분명합니다. 평화와 번영의 동북아 시대입니다. 그곳에 유럽 인구의 네 배에 이르는 거대한 시장과 무한한 자원이 펼쳐져 있습니다.

의지를 가지고 일관되게 노력해 나간다면 우리는 이 지역에 협력과 통합의 새 질서를 만드는 중심적인 역할을 해낼 수 있습니다. 동북아의 경제 허브로 도약할 수 있는 미래가 우리 앞에 놓여 있습니다.

우리 함께 힘과 지혜를 모아 나갑시다. 그 통합된 힘으로 우리 운명을 자주적으로 개척해 나갑시다. 우리가 주도하는 대한 민국의 새 역사를 만들어 나갑시다.

우리 모두가 우리 역사의 당당한 주인이 됩시다.

감사합니다.

EU 통합과 동북아 시대

존경하는 케네 교육총감, 장 로베르 피트 총장, 그리고 교수와 학생 여러분, 따뜻한 환영에 감사드립니다. 소르본대학은 세계 지성의 상징입니다. 누구나 한 번 와 보고 싶어 하는 이곳에서 여러분과 대화하게 된 것을 매우 기쁘게 생각합니다. 그리고 방금 총장님께서 해 주신 연구소 설립 제안에 대해 매우 감사하게 생각합니다. 이 제안에 대해서는 좀 더 깊이 상의했으면 좋겠습니다.

학생 여러분, 희망이 없는 미래는 미래가 아닙니다. 그리고 가능성이 없는 희망 또한 희망이라 할 수 없습니다. 나는 프랑스의 역사와 문화를 존경합니다. 프랑스는 역사의 고비마다 인류에게 창조적 미래를 제시하고, 그 미래가 실현 가능한 것임을 역사로써 증명했습니다. 뿐만 아니라 인류가 추구하는 이상의 실현은 많은 희생과 시행착오를 거쳐야 한다는 역사의 법칙까지 일깨워 주었습니다. 자유와 평등의 횃불을 밝힌 프랑스대혁명이, 그리고 그 이후 민주주의를 제도화해 온 것이 대표적인 사례일 것입니다.

그러나 한편, 19세기 역사는 민주주의라는 숭고한 이상만으로 인간의 행복이 보장되지 않는다는 것을 보여 주었습니다. 민주주의 대의가 인류의 보편적 가치로 자리 잡은 20세기 들어서도 전쟁과 혁명, 이념 갈등 등 극단적 대결의 과정을 겪어 왔습니다. 오늘날도 냉전 체제는 종식되었지만, 세계 도처에는 여전히 분쟁이 있고, 대화와 타협보다는 힘의 질서가 재현되지 않을까 하는 우려와 불안이 있습니다. 세계 질서가 어디로 가게 될지, 인류의 미래가 어떻게 될지 확신을 갖지 못하고 있습니다.

프랑스대혁명이 인류에게 희망을 주었듯이 지금 우리에게도 새로운 희망과 그 가능성에 대한 믿음이 필요한 때입니다. 정치력으로 갈등을 종식하고, 과학기술 문명이 악용되는 것을 통제할 수 있고, 기아와 질병, 생태계 파괴, 무엇보다 도덕적 위기가 극복될 수 있는 것이라는 희망을 가질 수 있어야 합니다. 평화를 통한 공존, 화해·협력을 통한 번영이 가능하다는 믿음을 증명할 필요가 있습니다.

교수 여러분, 그리고 학생 여러분, 나는 그 가능성을 EU에서 찾고자 합니다. EU는 평화와 공존, 화해와 협력의 상징입니다. 이제 유럽은 제국주의의 약육강식과 극단 대립의 질서를 극복하고, 전 세계 교역량의 40%를 차지하는 평화와 번영의 공동체로 자리매김하고 있습니다. 나는 EU의 발전 과정을 보면서 프랑스에 대한 존경을 다시 한 번 확인합니다. 프랑스는 전쟁의 고통을 받은 국가이면서도 독일을 포용하는 도덕적 결단으로써 과거를 청산했습니다. 이를 통해 국민의 도덕적 수준을 높이고, EU를 주도할 수 있는 명분과 자부심을 확보할 것이라고 생각합니다. 나아가 스스로 강대국임에도 불구하고 패권적 질서를 거부하고, 이웃 나라들에 불안감을 주지 않으면서 통합의 질서를 만들어 가고 있습니다. 이러한 프랑스의 화해와 관용을 높이 평가하며 찬사를 보냅니다.

학생 여러분, 나는 오래전부터 EU의 출현에 깊은 관심을 가지고 있었습니다. 특히 유럽 통합의 아버지 장 모네, 유럽석탄철강공동체 창설을 제의한 슈망 외교 장관 등 프랑스 지도자들의 선구적인 노력이 매우 인상 깊었습니다. 대통령에 취임한 이후 '평화와 번영의 동북아 시대'를 국정의 목표로 삼아 왔습니다. 내가 동북아 시대를 이야기하는 것은 힘센 나라나 지배하는 나라가 되고자 하는 것이 아닙니다. 동북아에 EU와 같은 개방적 지역 통합체를 만들고, 이러한 질서가 세계 질서로 확대되어 나가기를 기대하는 것입니다.

한국은 강대국이 아닙니다. 한때 식민 지배를 당했고, 아직도 남북 분단의 아픔을 겪고 있는 나라입니다. 그럼에도 불구하고 동북아에서 프랑스와 같은 역할을 하고자 하는 근거가 있습니다. 동북아에는 해소되지 않은 과거사의 앙금이 남아 있고, 언제 다시 배타적 국수주의가 등장하고 적대 감정이 되살아날지 모른다는 불신이 잠재해 있습니다. 한국은 이러한 갈등과 불신을 풀 수 있는 도덕적 기반을 갖추고 있다고 생각합니다. 역사에 있어서 누구에게도 빚지지 않았고, 해를 끼친 일도 없습니다. 주변국 모두로부터 어떤 경계의 대상도 아닙니다. 한민족은 역사상 900여 차례나 외침을 받았지만 단 한 번도 주변국을 침략한 적이 없습니다. 한글이라는 고유한 문자를 발명했고, 다양한 문화를 독창적으로 발전시켜서 이웃 나라에 전파했습니다. 일본은 과거 제국주의 시대에 침략 전쟁을 일으킨 적이 있고, 그 이후 지금까지도 주변 국가의 깊은 불신을 극복하지 못하고 있습니다. 중국이 동북아의 질서를 주도하려 한다면 주변국들이 불안해할 우려가 있습니다. 중화주의가 패권주의로 변하지 않을까 하는 주변의 불안이 있는 것이 사실이기 때문입니다. 여기에 바로 우리 한국의 주도적 역할과 선택이 가능하고 또 필요한 것입니다. 우리 국민은 이러한 역할을 감당할 만한 충분한 저력을 가지고 있습니다. 6·25전쟁의 폐허를 딛고 세계 10위의 경제와 민주주의 나라를 이룩했습니다. 2차 대전 이후 수많은 나라가 독립했지만 우리만큼 성공한 나라가 많지는 않습니다. 분단의 멍에를 지고 있지만 그 극복 과정조차도 새로운 질서를 창조하는 진보의 계기로 만들어 가고 있습니다.

교수 여러분, 그리고 학생 여러분, 한반도 평화는 동북아 시대에 있어서 또 하나의 핵심적 요소입니다. 이 문제에 관한 한 한국은 주도적인 역할을 해야 할 당사자이고 또한 실제로 많은 노력을 기울이고 있습니다. 일례로 지난 50여 년 동안 휴전선으로 가로막혀 있던 남북 간 철도와 도로가 올해 안에 개통됩니다. 지금 우리가 추진하고 있는 대북 화해·협력 정책은 위험을 회피하려는 소극적인 차원의 정책이 아니라 동북아에 새로운 역사를 만들려는 적극적인 노력입니다. 북핵 문제를 반드시 평화적으로 해결하려는 것도 이와 관계가 있습니다. EU의 기초가 프랑스와 독일의 화해에 있었듯이 한국이 화해의 전령사가 되고, 한반도가 평화의 진원지가 될 때 동북아에는 새로운 역사가 펼쳐질 것입니다. 나아가 세계 질서는 보다 안정되고 유럽을 비롯한 각 지역도 더 많은 협력과 공존의 기회를 갖게 될 것입니다.

학생 여러분, 인류 역사는 그 전환의 시기마다 누구에겐가 소명을 맡겼습니다. 선각자들의 피와 땀으로 역사의 요구에 충실했을 때 인류 사회는 진보를 이루어 냈고, 그렇지 못한 때에는 쇠락의 길을 걸어야 했습니다. 오늘의 세계도 새로운 모색이 필요한 시기입니다.

누가 이 역사의 소명을 받들 것인가? 이것은 세계 인류를 이끌어 가는 선진국들의 책무라고 생각합니다. 그중에서도 나는 프랑스를 주목합니다. 소르본 지성의 적극적인 역할을 기대합니다.

역사는 여러분에게 묻습니다.

역사로부터 무엇을 배웠으며, 어떤 미래를 꿈꾸고 있는가?

지금 여러분의 생각과 실천이 바로 내일의 역사입니다.

감사합니다.

2004. 12. 7. 소르본대학교 초청 연설

독도는 우리 땅입니다

존경하는 국민 여러분, 독도는 우리 땅입니다.

　그냥 우리 땅이 아니라 40년 통한의 역사가 뚜렷하게 새겨져 있는 역사의 땅입니다. 독도는 일본의 한반도 침탈 과정에서 가장 먼저 병탄되었던 우리 땅입니다. 일본이 러일전쟁 중에 전쟁 수행을 목적으로 편입하고 점령했던 땅입니다. 러일전쟁은 제국주의 일본이 한국에 대한 지배권을 확보하기 위해 일으킨 한반도 침략 전쟁입니다. 일본은 러일전쟁을 빌미로 우리 땅에 군대를 상륙시켜 한반도를 점령했습니다. 군대를 동원하여 왕궁을 포위하고 황실과 정부를 협박하여 한일의정서를 강제로 체결하고, 토지와 한국민을 마음대로 징발하고 군사시설을 마음대로 설치했습니다. 우리 국토 일부에서 일방적으로 군정을 실시하고, 나중에는 재정권과 외교권마저 박탈하여 우리의 주권을 유린했습니다. 일본은 이런 와중에 독도를 자국 영토로 편입하고, 망루와 전선을 가설하여 전쟁에 이용했던 것입니다. 그리고 한반도에 대한 군사적 점령 상태를 계속하면서 국권을 박탈하고 식민지 지배권을 확보하였습니다.

　지금 일본이 독도에 대한 권리를 주장하는 것은 제국주의 침략 전쟁에 의한 점령지의 권리, 나아가서는 과거 식민지 영토권을 주장하는 것입니다. 이것은 한국의 완전한 해방과 독립을 부정하는 행위입니다. 또한 과거 일본이 저지른 침략 전쟁과 학살, 40년간에 걸친 수탈과 고문·투옥, 강제징용, 심지어 위안부까지 동원했던 그 범죄의 역사에 대한 정당성을 주장하는 행위입니다. 우리는 결코 이것을 용납할 수가 없습니다. 우리 국민에게 독도는 완전한 주권 회복의 상징입니다. 야스쿠니신사 참배, 역사 교과서 문제와 더불어 과거 역사에 대한 일본의 인식, 그리고 미래의 한·일 관계와 동아시아의 평화에 대한 일본의 의지를 가늠하는 시금석입니다. 일본이 잘못된 역사를 미화하고 그에 근거한 권리를 주장하는 한, 한·일 간의 우호 관계는 결코 바로 설 수가 없습니다. 일본이 이들 문제에 집착하는 한, 우리는 한·일 간의 미래와 동아시아의 평화에 대한 일본의 어떤 수사도 믿을 수가 없을 것입니다. 어떤 경제적인 이해관계도, 그리고 문화적인 교류도 이 벽을 녹이지는 못할 것입니다.

한·일 간에는 아직 배타적 경제수역의 경계가 획정되지 못하고 있습니다. 이는 일본이 독도를 자기 영토라고 주장하고, 그 위에서 독도 기점까지 고집하고 있기 때문입니다. 동해 해저 지명 문제는 배타적 경제수역 문제와 연관되어 있습니다. 배타적 수역의 경계가 합의되지 않고 있는 가운데, 일본이 우리 해역의 해저 지명을 부당하게 선점하고 있으니 이를 바로잡으려고 하는 것은 우리의 당연한 권리입니다. 따라서 일본이 동해 해저 지명 문제에 대한 부당한 주장을 포기하지 않는 한 그리고 배타적 경제수역에 관한 문제도 미룰 수 없는 문제가 되었고, 결국 독도 문제도 더 이상 조용한 대응으로 관리할 수 없는 문제가 되었습니다. 독도를 분쟁 지역화하려는 일본의 의도를 우려하는 견해가 없지는 않으나, 우리에게 독도는 단순히 조그만 섬에 대한 영

유권의 문제가 아니라 일본과의 관계에서 잘못된 역사의 청산과 완전한 주권 확립을 상징하는 문제입니다. 공개적으로 당당하게 대처해 나가야 할 일입니다.

존경하는 국민 여러분, 이제 정부는 독도 문제에 대한 대응 방침을 전면 재검토하겠습니다. 독도 문제를 일본의 역사 교과서 왜곡, 야스쿠니신사 참배 문제와 더불어 한일 양국의 과거사 청산과 역사 인식, 자주독립의 역사와 주권 수호의 차원에서 정면으로 다루어 나가겠습니다. 물리적인 도발에 대해서는 강력하고 단호하게 대응해 나갈 것입니다. 세계 여론과 일본 국민에게 일본 정부의 부당한 처사를 끊임없이 고발해 나갈 것입니다. 일본 정부가 잘못을 바로잡을 때까지 전 국가적 역량과 외교적 자원을 모두 동원하여 지속적으로 노력해 나갈 것입니다. 그 밖에도 필요한 모든 일을 다할 것입니다. 어떤 비용과 희생이 따르더라도 결코 포기하거나 타협할 수 없는 문제이기 때문입니다.

저는 우리의 역사를 모독하고 한국민의 자존을 저해하는 일본 정부의 일련의 행위가 일본 국민의 보편적인 인식에 기초하고 있는 것은 아닐 것이라는 기대를 가지고 있습니다. 한·일 간의 우호 관계, 나아가서는 동아시아의 평화를 위태롭게 하는 행위가 결코 옳은 일도, 그리고 일본에 이로운 일도 아니라는 사실을 일본 국민들도 잘 알고 있을 것이기 때문입니다. 우리가 감정적 대응을 자제하고 냉정하게 대응해야 하는 이유도 여기에 있습니다.

일본 국민과 지도자들에게 간곡히 당부합니다. 우리는 더 이상 새로운 사과를 요구하지 않습니다. 이미 누차 행한 사과에 부합하는 행동을 요구할 뿐입니다. 잘못된 역사를 미화하거나 정당화하는 행위로 한국의 주권과 국민적 자존심을 모욕하는 행위를 중지해 달라는 것입니다. 한국에 대한 특별한 대우를 요구하는 것이 아니라 국제사회의 보편적인 가치와 기준에 맞는 행동을 요구하는 것입니다. 역사의 진실과 인류 사회의 양심 앞에 솔직하고 겸허해지기를 바라는 것입니다. 일본이 이웃 나라에 대해, 나아가서는 국제사회에 이 기준으로 행동할 때, 비로소 일본은 그 경제의 크기에 알맞은 성숙한 나라, 나아가서는 국제사회에서 주도적인 역할을 할 수 있는 국가로 서게 될 것입니다.

국민 여러분, 우리는 식민 지배의 아픈 역사에도 불구하고 일본과 선린 우호의 역사를 새로 쓰기 위해 부단히 노력해 왔습니다. 양국은 민주주의와 시장경제라는 공통의 지향 속에 호혜와 평등, 평화와 번영이라는 목표를 향해 전진해 왔고 또 큰 관계 발전을 이루었습니다. 이제 양국은 공통의 지향과 목표를 항구적으로 지속하기 위해 더욱더 노력해야 합니다. 양국 관계를 뛰어넘어 동북아시아의 평화와 번영, 나아가서 세계의 평화와 번영에 함께 이바지해야 합니다. 그러기 위해서는 과거사의 올바른 인식과 청산, 주권의 상호 존중이라는 신뢰가 중요합니다.

일본은 제국주의 침략사의 어두운 과거로부터 과감히 떨쳐 일어나야 합니다. 21세기 동북아의 평화와 번영, 나아가 세계 평화를 향한 일본의 결단을 기대합니다.

감사합니다.

2006. 4. 25. 한일 관계에 대한 특별 담화문

어떤 가치도 평화 위에 두지 않을 것이며 평화를 최고의 가치에 두고 관계를 관리해 나가면 우리는 평화가 깨지는 일이 없도록 충분히 관리해 나갈 수 있다고 생각합니다. 우리는 북한의 핵무기를 결코 용납하지 않을 것이며 반드시 폐기되도록 노력할 것입니다. 그러나 폐기를 위한 노력이 또 다른 어떤 충돌의 계기가 되지 않도록 관리해 나가야 된다는 생각입니다. 그래서 폐기할 때까지 매우 합리적이고 냉정한 판단을 통해서 안정적으로 관리해 나가고 마침내 남북 관계, 동북아시아 전체의 평화와 공동 번영의 질서를 만들어 나감으로써 궁극적으로 핵 문제를 해결해 나갈 것입니다.

북한에 대해 말하자면 별로 퍼 준 것도 없는데 보기에 따라 퍼 줬다고 할 수도 있을 것입니다. 하지만 그 정도의 지원은 꼭 해야 합니다. 투자죠. 미래를 위한 투자라고 생각합니다. 그런데 퍼 준다고 하고, 너 북한하고 친한 정권이냐, 친북 정권이냐 하는데, 세상에 대한민국에 친북 정권이 어디 있을 수 있습니까. 앞으로 대한민국이 살자면 친북해야 합니다. 친미도 하고 친북도 해야 합니다. 북한을 우리하고 원수로 만들어 놓고, 그 우환을 언제까지 감당하려고 합니까? 친한 친구가 되고 나면 지금까지와는 다른 새로운 세상을 열어 갈 수 있지 않겠습니까. 항상 미래를 새롭게 만들기 위해 과거를 극복할 것은 해야 합니다. 마음에 용서하기 어려운 몇 가지가 있습니다. 한국전쟁은 국민들로서 잊기 어려운 일이기는 하나 옛날 일만 가슴에 담고 그것 때문에 우리의 미래를 위해서 새롭게 열어 가야 할 길을 열지 말자고 하는 것은 결국 우리의 손해입니다.

2007. 3. 26. 사우디아라비아 동포 간담회 발언 중에서

5·18의 역사는 우리의 피 속에 살아 있습니다

존경하는 국민 여러분, 광주 시민과 전남 도민 여러분, 바로 엊그제 일 같은데 벌써 스물일곱 돌이 되었습니다. 먼저 자유와 정의, 민주주의를 위해 고귀한 목숨을 바치신 임들의 영전에 머리 숙여 경의를 표하고 삼가 명복을 빕니다.

고문과 투옥, 부상의 후유증으로 지금 이 순간까지 고통 받고 계신 피해자 여러분, 사랑하는 가족을 가슴에 묻고 통한의 세월을 살아오신 유가족 여러분께 충심으로 위로의 말씀을 드립니다.

아울러 성숙한 시민 의식으로 역사의 고비마다 시대적 사명을 앞장서 실천해 오신 광주 시민과 전남 도민 여러분께 깊은 존경과 감사의 말씀을 드립니다.

국민 여러분, 5·18은 역사에 많은 의미를 남기고 있습니다.

무엇보다도 정의는 반드시 승리한다는 진리를 확인해 주었습니다. 1980년 광주에서 타오른 민주화의 불꽃은 꺼지지 않는 횃불이 되어 1987년 6월항쟁으로 이어졌고, 마침내 군부독재를 물리쳤습니다. 군부와 언론에 의해 폭도로 매도되어 무참히 짓밟혔던 5·18 광주는 민주주의의 성지로 부활했습니다.

5·18 그날의 광주는 목숨이 오가는 극한 상황에서도 놀라운 용기와 절제력으로 민주주의 시민상을 보여 주었습니다. 너와 내가 따로 없이 부상자를 치료하고 주먹밥을 나누었습니다.

시민들의 자치로 완벽한 민주 질서를 유지했습니다. 그리고 마지막 순간까지 대화를 위한 노력을 멈추지 않았습니다. 참으로 세계 시민 항쟁의 역사에 유례가 없는 민주 시민의 모범을 보여 주었습니다.

이제 이 같은 비극이 다시는 없을 것입니다. 불의한 권력이 국민의 자유와 인권을 짓밟는 역사가 되풀이되지 않을 것입니다. 역사의 큰 물줄기는 모든 사람들이 자유롭고 평등하며 평화로운 삶을 누리는 방향으로 흘러갈 것입니다. 그리고 그 어느 누구도 이 도도한 진보의 흐름을 가로막거나 되돌리지 못할 것입니다. 4·19혁명, 10·16부마항쟁, 5·18민주화운동, 6월항쟁의 역사가 우리들의 가슴속에 우리들의 피 속에 살아 있기 때문입니다.

국민 여러분, 모든 것이 다 해결된 것만은 아닌 것 같습니다. 요즈음 다시 민주주의 역사를 냉소하고 비방하는 사람들이 있습니다. 민주 세력이 무능하다거나 실패했다는 말을 하는 사람들이 있습니다. 민주 세력임을 자처하는 사람들 중에도 그런 사람들이 있으니 참으로 민망하기 짝이 없습니다.

그분들에게 한번 물어보고 싶습니다. 이 나라 민주 세력이 누구보다 무능하다는 얘기입니까? 언제와 비교해서 실패했다는 얘기인지 정말 물어보고 싶습니다. 군사독재가 유능하고 성공했다고 말하고 싶은 것이냐 물어보고 싶습니다. 민주 세력은 새로운 역사를 쓰고 있습니다. 정치·경제·사회·문화·외교 안보, 모든 면에서 1987년 이전과는 뚜렷이 구분되는 새로운 대한민국의 역사를 쓰고 있습니다.

독재 정권을 퇴장시키고 민주주의 시대를 활짝 열어 가고 있습니다. 약 10년간 정권의 성격을 말하기 어려웠던 과도기가 있었습니다만, 우리는 1997년 마침내 완벽한 정권 교체를 이루어 냈습니다. 그리고 독재 체제에서 구축된 특권과 반칙, 권위주의 문화를 청산해 가고 있습니다. 정경 유착과 권력형 부패의 고리를 끊어 내고 있습니다. 권력기관은 제자리로 돌려보내고, 권력과 언론의 관계도 다시 정리하고 있습니다. 더 이상 유착은 없을 것입니다. 과거사 정리로 역사의 대의를 바로잡아 가고 있습니다. 투명하고 공정한 사회로 가고 있습니다. 국민들은 자유와 인권을 누리고 창의를 꽃피우고 있습니다. 진정한 국민주권 시대를 열어 가고 있습니다.

이보다 더 큰 일이 무엇입니까? 이 큰일을 민주 세력보다 누가 더 잘할 수 있다는 것입니까?

군사정권의 경제 성과를 굳이 깎아내리지는 않겠습니다. 그러나 군사정권의 업적은 부당하게 남의 기회를 박탈하여 이룬 것입니다. 그리고 그 업적이 독재가 아니고는 불가능한 업적이었다는 논리는 증명할 수 없는 것입니다. 그런 논리는 우리 국민의 역량을 너무나 무시하는 것입니다.

실제로 1987년 민주화 이후부터 우리 경제는 체질을 전환하기 시작했습니다.

IMF 외환 위기는 개발독재의 획일주의와 유착 경제의 잔재를 신속하게 청산하지 못한 데서 비롯된 것입니다. 국민의 정부는 신속하고 과감한 개혁과 구조조정을 통해 이 위기를 극복해 냈습니다. 이후 우리 경제는 인재 중심의 지식 기반 경제, 혁신 주도의 경제로 빠르게 전환되고 있고, 개방을 통해 세계적 흐름에도 한 걸음 앞서가고 있습니다.

1987년보다 나라의 경제적 역량이 훨씬 더 성장하고 있지 않습니까? 세계 선진국 속에서의 순위도 훨씬 더 올라가고 있지 않습니까? 경제 규모·과학기술·산업 경쟁력·환경·문화, 이 모든 분야에서 그 이전과는 비교도 할 수 없을 만큼 세상이 달라지고 있습니다. 수출 4,000억 달러, 국민소득 2만 달러 시대를 눈앞에 두고 있습니다. 이제 누구도 의심 없이 3만 달러 시대를 공약하고 있습니다.

자유와 창의가 꽃피는 사회, 투명하고 공정한 사회라야 의욕 넘치는 시장, 혁신하는 경제를 만들 수 있습니다. 민주 정부가 아니고는 할 수 없는 일들입니다.

국민의 정부 시절 기초생활보장제도가 도입되고 전 국민 국민연금 시대가 열렸습니다. 그리고 이제는 복지 투자를 사회 투자 전략으로 발전시켜 나가고 있습니다. 사람에 대한 투자를 통해 나라의 경쟁력을 높이고 모두에게 기회가 열려 있는 더불어 잘사는 균형 사회를 만들자는 전략입니다. '함께가는 희망한국 비전 2030'이 바로 그것입니다. 이 또한 민주 정부가 하는 일입니다.

평화주의를 확실한 대세로 굳혀 가고 있습니다. 남북 관계가 오랜 냉전의 굴레에서 벗어나 화해 협력의 길로 확실하게 방향을 잡아 가고 있습니다. 핵심적인 군사 요충지였던 개성공단이 한반도 경제협력의 중심으로 거듭나고 있습니다. 반세기 이상 끊어졌던 남북한의 철길도 어제 전 국민이 지켜보는 가운데 감격스럽게 열렸습니다. 이렇게 가면 한반도의 평화와 안정이 더욱 굳어지고 한국 경제에 새로운 기회도 열릴 것입니다.

또한 한·미 관계가 일방적인 의존 관계에서 상호 존중의 협력 관계로 바뀌어 가고 있습니다. 자주국방도 착착 진행되고 있습니다. 한·미 동맹은 여전히 견실합니다. 노벨 평화상을 수상하고, 유엔사무총장을 배출했습니다. 국제사회에서의 위상이 이렇게 달라지고 있는 것입니다.

민주 정부가 아니고는 결코 거둘 수 없는 성과입니다. 민주 세력이 이룬 성취입니다. 민주 세력이야말로 한국의 미래를 새롭게 열어 가고 있습니다. 우리 스스로를 깎아내리지 맙시다. 역사의 가치를 함부로 폄훼하지 맙시다.

지금 이 시간에 민주, 반민주로 편을 갈라서 서로 헐뜯고 싸우자는 말이 아닙니다. 정당하게 평가받아야 될 역사적 가치가, 정당하게 평가받아야 할 역사적 세력이 그렇게 훼손되어서는 안 된다는 것입니다.

다시 한 번 민주주의를 위해 헌신해 오신 분들께, 그리고 희생하신 분들께 깊은 감사와 존경의 말씀을 드립니다.

존경하는 국민 여러분, 그러나 아직도 남은 일이 있습니다. 정말 입에 올리기도 가슴 아픈 일이지만 그러나 우리 정치에 지역주의가 아직 남아 있습니다. 이것은 숨길 수 없는 사실입니다.

5년 전 이곳 광주 시민들은 참으로 훌륭한 결단을 해 주셨습니다. 영남 사람인 저를 대통령이 될 수 있도록 만들어 주셨습니다. 저는 여러분의 결단에 보답하고자 혼신의 노력을 다해 왔습니다. 이제 국정 운영과 정부 인사에서 지역 차별, 편중 인사, 이런 비판들은 점차 사라져 가고 있는 것 같습니다. 말을 해도 설득력이 없기 때문일 것입니다.

영남의 국민들도 화답하고 있습니다. 지난 대통령 선거와 그 이후의 선거에서는 영남에서도 30% 내외의 국민이 지역 당을 지지하지 않았습니다. 기대를 걸어 볼 만한 의미 있는 변화 아니겠습니까? 만일 선거제도가 합리적인 제도로 되어 있었더라면 영남에서도 아마 30% 가까운 지역 당에 반대하는 정당이 생겼을 것입니다. 그래서 서로 경쟁하는 정치가 이루어졌을 것입니다. 그러나 유감스럽게도 제도는 바꾸지 못했고, 지금 정치는 다시 후퇴의 조짐이 나타나고 있습니다.

존경하는 국민 여러분, 지역주의는 어느 지역 국민에게도 이롭지 않습니다. 오로지 일부 정치인들에게만 이로울 뿐입니다.

지역주의를 극복하지 않고는 정책과 논리로 경쟁하는 정치, 대화와 타협으로 국민의 뜻을 모아 가는 정치, 정치인의 이익이 아니라 국민에게 봉사하는 정치, 그런 아름답고 수준 높은 정치를 보기가 어려울 것입니다. 욕설과 몸싸움, 태업과 공전을 일삼고 공천 헌금과 정치 부패가 반복되는 정치를 벗어나지 못할 것입니다. 지난해 지방선거에서는 공천 헌금 비리가 118건에 이르렀습니다. 이대로 가면 부패 정치가 되살아날지도 모릅니다.

여러분이 제게 대통령의 중책을 맡긴 것은 제가 일관되게 지역주의에 맞서 왔기 때문일 것입니다. 그러나 저는 아직도 책임을 다하지 못했습니다. 물론 앞으로도 끝까지 책임을 다하기 위해 노력할 것입니다. 그러나 제게 더 남은 힘이 별로 있는 것 같지 않아서 무척 안타깝습니다.

이제 다시 국민 여러분의 몫으로 돌아가는 것 아닌가 생각됩니다. 국민 여러분의 깊은 헤아림이 필요한 때입니다.

국민 여러분, 문제가 있고 어려움이 있어도 역사는 앞으로 진전할 것입니다. 역사를 멀리 내다보고, 가치를 소중히 여기고, 바른 역사, 정의로운 역사를 위해 헌신하고 희생하는 사람이 있기 때문입니다.

우리 모두 5·18의 숭고한 정신을 다시 한 번 새깁시다. 마음과 힘을 모아 성숙한 민주주의를 꽃피우고 선진 한국의 밝은 미래를 함께 열어 나갑시다.

이곳에 계신 5·18 영령께서 우리를 이끌어 주실 것입니다.

감사합니다.

진보란 무엇인가? 약자의 권리를 보장하자, 이런 것이지요. 약자도 같이 살자, 아주 쉽게 말해서 그렇습니다. 그래서 함께 가는 민주주의, 그것이 진보의 사상이고요. 그렇게 하기 위해서는 약자에게도 그들의 이익을 말할 수 있는 권리를 주어야 한다, 밥만 주는 것이 아니라 권리도 함께 주어야 한다는 것이지요.

더불어 살자는 사상을 연대의 사상이라고 얘기하지요. 또한 우리 사회의 여러 가지 경쟁의 장에서 권력 간의 경쟁 또는 투쟁의 장에서 기회균등과 세력균형을 보장해야 된다는 것입니다. 이것이 대개 진보적 사상이라고 말할 수 있지요.

진보 사상은 자유와 평등이라고 하는 민주주의 고유의 원리 속에 이미 내재되어 있는 가치입니다. 그래서 요즘 와서 진보를 말하는 사람에게 '너 좌파냐? 공산주의자냐?' 하고 묻는 사람들은 민주주의의 본질적인 내용을 잘 이해하지 못한 사람들이라고 생각합니다.

진보적 민주주의는 통합의 조건입니다. 통합의 실질적 조건은 갈등을 예방하고 해소할 수 있는 사회라야 하는 것이지요. 그러자면 복지와 기회의 균등이 필요하고, 이런 사회를 만들기 위해서는 연대의 사상과 계층 간 집단 간의 세력균형이 필요한 것입니다. 말하자면 균형 사회로 가야 한다는 것입니다.

진보를 위해서 제도를 만들 때 시장의 기능을 완전히 죽여 버리자 하는 사상이 있습니다. 극단적으로 시장을 폐쇄하자는 주장도 있었죠. 시장을 많이 규제하자는 의견도 있고, 가급적이면 시장은 적게 규제하고 시장은 시장대로 살려 가면서 시장의 규제를 덜 하는 방법으로 우리가 말한 연대의 가치를 실현할 수 있는 방법을 찾아보자는 의견도 있습니다. 이런 의견들의 차이가 많이 있을 수 있겠죠.

시장과 조화되지 않는 진보의 정책은 성공하기가 매우 어렵습니다. 극단주의 좌파의 주장들이 성공하지 못하는 이유입니다. 근본주의 진보의 주장이 성공하지 못하는 이유입니다. 진보적 사상은 시장과 조화되어야 한다는 것이죠. 시장은 인간의 본성을 고려해서 만든 제도이기 때문입니다.

2007. 6. 8. 원광대학교 명예박사 학위 수득 특별 강연 중에서

6월항쟁은 아직 절반의 승리를
넘어서지 못하고 있습니다

존경하는 국민 여러분,

정말 감회가 새롭습니다. 그날의 기억이 아직도 생생한데 벌써 20년이 흘렀습니다. 4·13호헌조치는 서슬이 시퍼랬습니다. 그러나 국민의 소망은 간절했고 분노는 뜨거웠습니다. 마침내 두려움을 떨치고 일어났습니다. 그리고 군사독재를 무너뜨렸습니다.

국민이 승리한 것입니다. 정의가 승리하고, 민주주의가 승리한 것입니다. 참으로 감격스러운 역사가 아닐 수 없습니다.

그러나 수많은 사람들이 땀과 피를 흘리고, 목숨까지 바쳤습니다. 이 자랑스러운 역사를 위해 목숨을 바치신 분들의 고귀한 희생에 경의를 표하며 삼가 명복을 빕니다. 항쟁을 이끌어 주신 항쟁 지도부, 하나가 되어 승리의 역사를 이룩하신 국민 여러분께 깊은 존경을 표합니다.

국민 여러분,

6·10민주항쟁은 특별히 기억에 새겨 두어야 할 의미가 있는 역사입니다. 6·10항쟁은 국민이 승리한 역사입니다. 그동안 우리 역사에는 자랑스러운 역사로 기록할 만한 많은 투쟁이 있었고, 오늘날 우리는 이들을 엄숙하게 기념하고 있지만, 안타깝게도 아무런 주저함 없이 승리한 투쟁으로 말할 만한 역사를 찾기는 어려운 것이 사실입니다.

그러나 6월항쟁은 승리했습니다. 항쟁 이후 20년간 우리는 군사독재의 뿌리를 완전히 끊어 내고 민주주의를 꾸준히 발전시킴으로써 6월항쟁을 승리한 역사로 주저없이 말할 수 있게 되었습니다. 승리한 역사는 소중한 것입니다. 국민에게 자신감을 심어 주고, 그 위에 새로운 역사를 지어 갈 수 있기 때문입니다.

6월항쟁은 자연 발생적인 항쟁이 아니라 잘 조직되고 체계화된 국민적 투쟁이었습니다. 항쟁의 지도부는 잘 조직되어 있었고, 각계의 지도자들이 두루 참여하여 국민들에게 신뢰를 주었습니다. 그리고 지향하는 가치와 목표를 뚜렷이 제시함으로써 국민 모두가 참여하는 대중적 투쟁을 이끌어 냈습니다. 그리고 승리했습니다. 잘 조직된 국민의 의지와 역량이 역사의 진보를 이루어 낸 것입니다.

6월항쟁은 가치와 목표를 더욱 뚜렷하게 제시하여 국민을 통합하고, 잘 조직하면 더 큰 역사의 진보를 이루어 낼 수 있다는 믿음의 근거가 될 것입니다.

6월항쟁의 승리는 축적된 역사의 결실입니다. 우리 국민은 오랫동안 많은 항쟁의 역사를 축적하여 왔습니다. 부패하고 무능한 전제 왕권의 학정에 맞섰던 민생·민권 투쟁, 일본 제국주의 압제에 맞섰던 수많은 민족 독립 투쟁, 그리고 군사독재에 맞선 꾸준한 민주주의 투쟁들이 그것입니다. 우리 국민은 수많은 좌절을 통하여 가슴에 민주주의의 가치와 신념을 키우고, 그리고 역량을 축적하여 왔습니다.

의미 있는 좌절은 단지 좌절이 아니라 더 큰 진보를 위한 소중한 축적이 되는 것입니다. 우리는 6월항쟁의 승리를 보고 일시적인 좌절을 두려워하지 않는 지혜, 당장의 성공에 급급하여 대의를 버리지 않는 지혜를 배워야 할 것입니다.

존경하는 국민 여러분,

6월항쟁은 그 역사적 의미로만 소중한 것이 아니라 국가 발전의 획기적인 전기를 마련하였다는 점에서도 큰 의미가 있습니다.

1987년 이후 우리 경제는 개발 연대의 요소 투입형 경제를 넘어서 지식 기반 경제, 혁신 주도형 경제로 전환하고, 세계와 경쟁하여 당당하게 성공하고 있습니다. 국민총생산은 1987년 세계 19위에서 2005년 12위로 상승하였습니다. 같은 기간 동안 1인당 국민소득은 63위에서 48위로 상승하였습니다. OECD 국가 중에는 24위입니다. 그 밖에도 많은 경제 지표는 우리 경제가 1987년 이후 장족의 발전을 하였다는 사실을 증명해 주고 있습니다. 관치 경제, 관치 금융을 청산하여 완전한 시장경제를 실현하고, 투명하고 공정한 시장을 만들어 그 위에서 다양성을 존중하고, 자유와 창의로 경쟁할 수 있게 된 결과입니다.

6·10항쟁의 승리와 정권 교체, 그리고 지난 20년간 꾸준히 이어진 청산과 개혁이 없었더라면 이룰 수 없는 성과를 이루어 낸 것입니다.

1997년 경제 위기 때문에 많은 지체가 있었습니다. 아직도 그 당시의 지표를 회복하지 못한 항목이 많이 있습니다. 1997년 경제 위기는 관치 경제, 관치 금융, 법치가 아닌 권력의 자의적 통치라는 독재 시대의 낡은 체제를 신속히 개혁하고 정비하지 못했기 때문에 생긴 것입니다. 완전한 정권 교체로 완전한 민주

정부가 들어서서 신속하고 철저한 개혁으로 극복한 것입니다.

그럼에도 1997년 이후의 우리 경제의 지체를 빌미로 민주 세력의 무능을 말하는 사람들이 있습니다. 참으로 양심이 없는 사람들의 염치 없는 중상모략이 아닐 수 없습니다.

민주주의와 인권의 신장에 관하여는 굳이 설명이 필요 없을 것입니다. 저는 해외에 나가서 우리 한국이 단지 경제에만 성공한 나라가 아니라 민주주의에도 성공한 나라라는 말을 수없이 들었습니다. 그리고 민주주의 정통성을 가진 지도자가 국제사회에서 제대로 대우받고 나라의 위상도 높인다는 사실도 실감하고 있습니다. 다시 한 번 민주주의를 위해 헌신해 오신 모든 분들께 깊은 존경과 감사의 말씀을 드립니다.

국민 여러분,

그러나 6월항쟁은 아직 절반의 승리를 넘어서지 못하고 있습니다. 6월항쟁의 정신을 활짝 꽃피우고 결실을 맺지 못했기 때문입니다. 지난 20년 동안 우리는 정권 교체를 이루고, 특권과 유착, 권위주의와 부정부패를 청산하고, 투명하고 공정한 사회를 만들어 가고 있습니다. 뒤늦기는 하지만 친일 잔재의 청산과 과거사 정리도 착실히 해 나가고 있습니다. 제도의 측면에 있어서는 독재 체제의 청산과 민주주의 개혁에 상당한 성과를 거두고 있다고 말할 수 있을 것입니다.

그러나 아직 반민주 악법의 개혁은 미완의 상태에 머물러 있습니다. 지난날의 기득권 세력들은 수구 언론과 결탁하여 끊임없이 개혁을 반대하고, 진보를 가로막고 있습니다. 심지어는 국민으로부터 정통성을 부여받은 민주 정부를 친북 좌파 정권으로 매도하고, 무능보다는 부패가 낫다는 망언까지 서슴지 않음으로써 지난날의 안보 독재와 부패 세력의 본색을 공공연히 드러내고 있습니다. 나아가서는 민주 세력 무능론까지 들고나와 민주적 가치와 정책이 아니라 지난날 개발독재의 후광을 빌려 정권을 잡겠다고 하고 있습니다.

지난날 독재 권력의 앞잡이가 되어 국민의 눈과 귀를 가리고 민주 시민을 폭도로 매도해 왔던 수구 언론들은 그들 스스로 권력으로 등장하여 민주 세력을 흔들고 수구의 가치를 수호하는 데 앞장서고 있습니다. 저는 그들 중에 누구도 국민 앞에 지난날의 과오를 반성했다는 말을 듣지 못했습니다. 군사독재의 잔재들은 아직도 건재하여 역사를 되돌리려 하고 있고, 민주 세력은 패배주의의 늪에 빠져 우왕좌왕하고 있습니다.

이런 사정으로 아직 우리 누구도 6월항쟁을 혁명이라고 이름 붙일 엄두를 내지 못하고 있습니다. 이 모양이 된 것은 6월항쟁 이후 지배 세력의 교체도, 정치적 주도권의 교체도 확실하게 하지 못했기 때문입니다. 민주 세력의 분열과 그에 이어진 기회주의 때문입니다.

1987년의 패배, 1990년 3당합당은 우리 민주 세력에 참으로 뼈아픈 상실이 아닐 수 없습니다. 지역주의와 기회주의 때문에 우리는 정권 교체의 기회를 놓쳐 버렸고, 수구 세력이 다시 뭉치고 일어날 기회를 준 것입니다. 그중에서도 가장 뼈아픈 상실은 군사독재와 결탁했던 수구 언론이 오늘 그들 세력을 대변하는 막강한 권력으로 다시 등장할 수 있는 기회를 허용한 것입니다.

분열과 기회주의가 6월항쟁의 승리를 절반으로 깎아내린

것입니다. 그래서 우리는 나머지 절반의 승리를 완수해야 할 역사의 부채를 아직 벗지 못하고 있는 것입니다.

국민 여러분,

우리 앞에 놓인 과제는 자명합니다. 나머지 절반의 책임을 다하는 것입니다.

그것은 민주주의를 제대로 하는 것입니다.

반독재 민주화 투쟁의 시대는 끝이 났습니다. 새삼 수구 세력의 정통성을 문제 삼을 수는 없습니다. 민주적 경쟁의 상대로 인정하고 정정당당하게 경쟁할 수밖에 없습니다. 그렇게 하여 대화와 타협, 승복의 민주주의를 발전시켜 나가야 합니다.

이를 위해서는 1987년 이후 숙제로 남아 있는 지역주의 정치, 기회주의 정치를 청산해야 합니다. 수구 세력에 이겨야 한다는 명분으로 다시 지역주의를 부활시켜서는 안 될 것입니다. 기회주의를 용납해서도 안 될 것입니다.

이와 함께 눈앞의 정치에 급급할 것이 아니라 후진적인 정치제도도 고쳐서 선진 민주제도를 만들어야 합니다. 대통령 단임제와 일반적으로 선거운동을 금지하고 대통령에 대한 정치적 중립을 요구하는 선거법, 당정 분리와 같은 제도는 고쳐야 합니다. 여소 야대가 더 좋다는 견제론, 연합을 야합으로 몰아붙이는 인식도 이제는 바꾸어야 합니다. 그래야 우리도 선진국다운 정치를 할 수 있습니다.

언론도 달라져야 합니다. 더 이상 특권을 주장하고 스스로 정치권력이 되려고 해서는 안 됩니다. 사실에 충실하고, 공정하고 책임 있는 언론이 되어야 합니다.

한국의 민주주의는 언론의 수준만큼 발전할 것입니다. 이것이 마지막 남은 개혁의 과제라고 생각됩니다.

주권자의 참여가 민주주의의 수준을 결정할 것입니다. 정치적 선택에 능동적으로 참여해서 주권을 행사하는 시민, 지도자를 만들고 이끌어 가는 시민, 나아가 스스로 지도자가 되고자 하는 창조적이고 능동적인 시민이 우리 민주주의의 미래입니다.

저는 우리 국민의 역량을 믿습니다. 마음만 먹으면 못해 낼 것이 없는 우리 국민입니다. 20년 전 6월의 거리에서 하나가 되었던 것처럼 이제 우리의 민주주의를 완성하는 데 함께 힘을 모아 나갑시다. 지역주의와 기회주의를 청산하고 명실상부한 민주국가, 명실상부한 국민주권 시대를 열어 갑시다.

감사합니다.

2007. 6. 10. 6·10민주항쟁 20주년 기념사

지금 당면한 과제는 북핵 문제 해결이지만 그것이 궁극적인 목표는 아닙니다. 한반도에 항구적인 평화를 구축하고 남북이 함께 보다 풍요로운 미래를 열어 나가야 합니다. 나아가 평화와 번영의 동북아 시대를 열어 나가야 합니다. 정부는 이러한 구상 속에서 북핵 문제를 단순히 핵무기를 폐기하는 차원을 넘어서 동북아 평화 전반에 걸친 문제로 다루어 왔습니다. 이미 우리는 9·19공동성명에 동북아시아의 다자 안보 체제를 위한 기본적인 내용들을 담아 놓았습니다. 그 첫걸음은 한반도에 평화 구조를 정착시키는 것입니다. 한반도 비핵화를 조속히 달성하고, 정전 체제를 평화 체제로 전환해 나가야 합니다. 군사적 신뢰 구축과 함께 경제협력을 확대해서 남북 공조를 통한 북방 경제 시대를 열어 나가야 합니다. 북방 경제 시대가 열리면 베트남 특수, 중동 특수와는 비교도 할 수 없는 우리 한국 경제의 크나큰 도약의 기회를 맞이하게 될 것입니다. (중략) 참여정부는 이 과정에서 관용과 신뢰의 구축이라는 일관된 원칙을 지켜 왔습니다. 끊임없이 상대를 경계하고 적대해서 대결적 분위기를 조성하는 것이 아니라, 상대방의 존재를 인정하고 주장을 포용하고 역지사지하는 태도를 가짐으로써 신뢰를 쌓아 왔습니다. 상대가 불합리하게 나올 때도 역시 인내심을 갖고 대화의 끈을 놓지 않았습니다. 상대방이 하는 대로 우리도 똑같이 대응해야 한다는 상호주의로는 이처럼 어려운 대화를 이어가기가 어렵습니다. 상호주의는 당장은 속 시원할지 몰라도 국민의 안전과 평화에는 별 도움이 되지 않습니다. 오히려 신뢰를 해치고 또 다른 대립과 갈등을 불러올 뿐입니다. 상호주의로 얻을 수 있는 것은 수시로 발생하는 위기의 반복과 대결 구도밖에 없을 것입니다.

2007. 7. 19. 제13기 민주평화통일자문회의 출범식 발언 중에서

남과 북의 길이 다를 수 없습니다

존경하는 국민 여러분,

　저는 오늘부터 사흘간 평양을 방문합니다. 취임 전후의 긴박했던 상황을 생각해 보면, 이제 한반도 정세나 남북 관계가 정상회담을 열 수 있을 만큼 변화했다는 사실이 참으로 다행스럽고 기쁩니다. 오늘이 있기까지 참여정부의 대북 정책을 믿고 성원해 주신 국민 여러분께 진심으로 감사드립니다.

　국민 여러분,

　이번 정상회담은 좀 더 차분하고 실용적인 회담으로 이끌어 가고 싶습니다. 지난 2000년 정상회담이 남북 관계의 새 길을 열었다면, 이번 회담은 그 길에 아직도 놓여 있는 장애물을 치우고 지체되고 있는 발걸음을 재촉하는 회담이 되었으면 좋겠습니다. 여러 가지 의제들이 논의되겠지만, 무엇보다 평화 정착과 경제 발전을 함께 가져갈 수 있는, 실질적이고 구체적인 진전을 이루는 데 주력하고자 합니다.

　비핵화 문제와 한반도 평화 체제는 궁극적으로 남북의 합의만으로 해결될 수 있는 일은 아닙니다. 그러나 기본 방향을 설정하고 속도를 내는 데 있어서는 남과 북의 의지가 무엇보다 중요하다고 생각합니다. 이번 회담이 6자회담의 성공을 촉진하고, 한반도와 동북아의 평화에 기여하는 회담이 될 수 있도록 최선을 다할 것입니다.

경제협력은 많은 진전이 이루어지고 있습니다만, 아직도 장애가 많습니다. 국제적인 요인만이 아니라 남북 간 인식의 차이에 기인한 장애도 적지 않습니다. 이 장애를 극복하지 않고는 본격적인 경제협력이 속도를 내기가 어렵습니다. 저는 이 인식의 차이를 극복하는 데 노력을 집중할 것입니다.

군사적 신뢰 구축과 인도적 문제에 있어서도 구체적인 합의가 이루어질 수 있도록 최대한 노력하겠습니다.

국민 여러분,

저는 이번 회담에 거는 국민 여러분의 요구와 기대를 잘 알고 있습니다. 많은 국민들과 전문가들이 제안한 의제들, 각 부처에서 제안한 의제들, 정상회담 추진위원회에서 검토된 의제들, 그 외에도 많은 의제들이 있을 것입니다. 국민의 기대를 최대한 의제에 반영하고 결과를 얻고 싶은 심정이나, 한 번의 만남으로 이 많은 과제를 소화할 수는 없을 것입니다. 남은 임기를 고려하면 이번 회담에서 논의하고 성사할 수 있는 일에도 분명한 한계가 있을 것입니다.

시기를 놓치지 않고 한 걸음 한 걸음 착실히 나아가는 것이 중요하다고 생각합니다. 저는 욕심을 부리지 않을 것입니다. 그렇다고 몸을 사리거나 금기를 두지도 않을 것입니다.

역사가 저의 책임으로 맡긴 몫이 있을 것입니다. 이 시기 우리를 둘러싼 상황에 대한 냉정한 판단을 토대로 제게 맡겨진 책임만큼 최선을 다하고 돌아오겠습니다. 합의를 이루기 위하여 설득할 것은 설득하고, 타협할 것은 타협하겠습니다. 많은 합의를 이루지 못하더라도 상호 인식의 차이를 좁히고 신뢰를 더할 수 있다면 그 또한 중요한 성과일 것입니다.

저는 잘될 것이라는 확신을 가지고 있습니다. 멀리 보고 큰 틀에서 생각한다면 남과 북이 가는 길이 다를 수 없기 때문입니다.

국민 여러분,

이제 북녘 땅을 향해 출발하겠습니다. 이틀 후 좋은 결과를 가지고 돌아올 수 있도록 아낌없는 성원을 당부드립니다. 잘 다녀오겠습니다.

감사합니다.

눈에 보이는 것은 아무것도 없는데, 여기 있는 이 선이 지난 반세기 동안 우리 민족을 갈라놓고 있는 장벽입니다. 이 장벽 때문에 우리 국민들은, 우리 민족은 너무 많은 고통을 받았습니다. 발전이 정지돼 왔습니다. 다행히 그동안 여러 사람들이 수고해서 이 선을 넘어가고 또 넘어왔습니다. 저는 이번에 대통령으로서 이 금단의 선을 넘어갑니다. 제가 다녀오면 또 더 많은 사람들이 다녀오게 될 것입니다. 그러면 마침내 이 금단의 선도 점차 지워질 것입니다. 장벽은 무너질 것입니다.

2007. 10. 2. 군사분계선을 걸어서 통과하기 전 발언 중에서

역사는 진보한다, 이것이 나의 신념이다

역사는 진보한다, 이것이 나의 신념이다.

반복하는 역사가 있고 진보하는 역사가 있다. 대립과 갈등, 패권의 추구, 지배와 저항, 이런 역사는 반복되어 왔다. 그러나 그런 가운데서도 되돌아가지 않는 역사가 있다. 왕과 귀족들이 누리던 권력과 풍요와 여유가 보다 많은 사람들에게 확산되어 왔다. 말하자면 인간의 존엄, 자유와 평등의 권리가 꾸준히 확산되어 왔다. 나는 이것을 역사의 진보라고 믿는다. 그리고 이 진보는 계속될 것이다.

역사의 진보는 민주주의, 민주적 시장경제, 개방과 협력, 평화와 공존의 질서로 발전해 왔고 발전해 갈 것이다. 좀 더 간단한 말로 표현하자면, 세계 인류가 함께 행복을 추구하는 방향으로 가야 하고 또 가고 있다는 것이다.

한국의 민주주의는 진보를 계속하고 있다. 1945년 해방과 더불어 민주주의 헌법을 채택한 이후 1960년 4·19혁명, 1979년 부마항쟁, 1980년 광주민주화운동, 1987년 6월항쟁이라는 반독재 투쟁을 거치면서 민주주의의 핵심 요소인 국민에 의한 정부 선택의 권리를 확보하였다. 1987년 국민의 손으로 대통령을 직접 뽑는 직선제 헌법을 쟁취함으로써 독재에 의해 정지되어 있던 민주주의 제도가 제대로 작동하기 시작한 것이다.

그리고 1993년 문민정부 출범을 통해 군사정권을 역사의 무대에서 퇴장시켰고, 1998년에는 여야 간 평화적 정권 교체를 이루면서 우리 국민 스스로 민주주의에 대한 자신감을 갖게 되었다.

그러나 이러한 민주주의 발전에도 불구하고, 오랜 독재 체제 아래서 형성된 특권 의식과 권위주의 문화의 청산은 여전히 과제로 남아 있었다.

변화는 2002년 말 치러진 대통령 선거로부터 시작되었다.

인터넷을 통한 사이버 선거운동과 시민들의 자발적인 성금 모금이 새롭게 도입되면서 수천 억 원씩 들어가던 선거 자금이 수백 억 원 단위로 줄어들었고, 그마저도 대통령 스스로 대선 자금 수사를 받는 결단을 통해 선거 문화가 획기적으로 바뀌는 계기를 만들었다.

선거뿐만 아니라 우리 정치 전반에 걸쳐서도 자유롭고 투명하고 공정한 경쟁 체제가 구축되고 있다. 대통령에게 집중되어 있던 권력이 국회와 지방정부, 시민 단체, 그리고 시장에 분산됐고, 정경 유착이나 권언 유착과 같이 힘센 기득권끼리 뒷거래를 하며 이익을 챙기는 유착 구조도 해체되었다. 정보 통제와 공포 분위기 조성으로 국민 위에 군림하던 권력기관도 법과 국민의 통제를 받는 민주적인 기관으로 다시 태어났다. 그만큼 권력은 합리화됐고 사회 투명성은 크게 높아졌다.

이제 한국의 민주주의 과제는 '대화와 타협의 정치 문화'를 뿌리내리는 것이다. 한국 정치에는 독재와의 오랜 투쟁 과정에서 비롯된 대결적 정치 문화가 남아 있다. 이에 따라 정당 간 정치적 타협이 잘 안 되고 갈등과 대립이 심해 국가적 의사 결정

과정이 더디고 국민 통합이 저해되고 있다. 정책이 아니라 지역으로 나뉘어 대립하는 지역 구도를 극복하기 위해서도 대화와 타협의 정치 문화는 반드시 필요하다.

우선 정당한 가치와 이해관계를 기초로 합리적이고 균형을 갖춘 정치 구도가 형성되어야 한다. 그리고 그 토대 위에서 정책을 중심으로 토론하고 타협하고 결과에 승복하는 문화가 만들어져야 한다.

국민들의 정치의식도 한 단계 더 높아져야 한다. 개개인 또는 집단적으로 추구하는 가치와 이해관계가 각 정당이 추진하는 정책, 노선과 어떤 인과관계가 있는지를 파악하고, 이를 성취하고 반영하기 위해 정당 활동에 적극적으로 참여할 수 있어야 한다.

이를 위해서는 언론의 역할이 무엇보다 중요하다. 정보의 균형 잡힌 소통과 책임 있는 의제 선정을 통해 합리적인 토론이 가능한 공론의 장을 마련해 주어야 한다. 정부는 언론의 건전한 비판에 대해서는 정책으로 적극 수용하고, 부정확한 내용은 바로잡을 것을 요구하면서 건강한 견제와 협력 관계를 유지하고 있다. 아울러 행정 정보를 투명하게 공개해서 국민의 알 권리 충족을 위해 노력하고 있다.

한국은 전쟁의 잿더미 위에서 '한강의 기적'이라 불리는 경제적 도약을 이뤄 냈다. 그러나 정부 주도로 이루어진 성장 과정에서 관치 경제와 정경 유착이라는 부작용을 낳았고, 결국 1997년 말 외환 위기를 불러오는 중요한 요인이 되었다.

이제 권력이 시장으로 이동하고 있다. 다시 말해 시장의 자유는 확보됐다. 그런데 시장에서 경쟁하다 보면 강자가 생기게 마련이고, 이 강자가 게임의 규칙을 지배하게 되면 시장의 자유는 강자의 자유가 되고 시장의 권력은 강자의 권력이 될 수밖에 없다. 이런 과정을 통해 독점이 생기면 시장의 효율성이 떨어지고, 경제적 약자나 경쟁의 낙오자를 소외시키는 시장이 된다. 결국 시장의 민주주의가 파괴되는 것이다.

사람을 위한 시장이 되어야 한다. 시장도 공동체 안에 존재하는 것이다. 공동체를 파괴하는 시장이 아니라 모든 사람의 복지와 행복을 위한 시장이 되어야 한다. 그런 뜻에서 지금도 나는 방명록에 서명할 때 '사람 사는 세상'이라는 문구를 즐겨 쓴다.

시장의 실패와 한계를 보완해 나가는 것은 국가의 기본적인 책무이다. 시장의 창의성을 억제하는 정부의 개입은 최소화되어야 하지만, 시장의 규칙을 정하고 공정하게 관리해 나가는 것, 그리고 경쟁에서 낙오하는 사람에게 최소한의 생존권을 보장하고 재도전의 기회를 부여해서 사회 전체의 생산력을 높이는 것은 국가가 해야 할 일이다. 축구 경기에 비유하면 경기 규칙을 정하고 운동장을 다듬는 일이다.

그런 점에서 한국 정부의 역할은 더욱 확대되어야 한다. 한국의 재정 규모는 GDP 대비 28% 수준으로 영국 44%, 독일 47%, 프랑스 54%에 비해 턱없이 작은 규모이고, 게다가 재정에서 복지 지출이 차지하는 비중은 이들 나라의 절반에도 미치지 못하고 있다.

국민의 안정된 삶을 보장하는 사회 안전망 구축과 미래에 대한 기회 보장, 공정한 시장 관리 등을 통해 진정한 의미에서의 민주적 시장경제를 실현해야 하는 과제를 안고 있는 것이다.

세계의 문명 발달사를 보면, 개방과 교류를 활발히 한 국가는 성공하기도 하고 실패하기도 했지만, 문을 닫은 나라가 성공한 경우는 없다.

한국도 지난 반세기 동안 개방을 통해 세계와 함께 호흡함으로써 세계 10위권의 경제로 올라설 수 있었다. 개방 때마다 많은 반대와 우려가 있었지만 우리 국민은 그때마다 도전을 새로운 기회로 만들어 냈다.

그러나 한편으로 개방을 거부하는 폐쇄주의의 흐름도 있었다. 19세기 말 서양 문물을 배척하고 통상에 반대하는 위정척사론이 폐쇄적 시대를 끌어오다 급기야 일제에 나라를 빼앗기는 한 원인이 되었다.

세계 역사를 봐도 단일의 사상 체계를 가지고 모든 것을 해석하고 다른 제도나 문화에 대해서 배타적인 입장을 취했던 교조주의는 성공하지 못했고, 결국 인간 사회에 큰 불행을 안겨 주었다. 한국이 미국을 비롯한 여러 나라와 자유무역협정을 추진하고, 외국 자본이나 외국인 근로자 등에 대해서도 보다 개방적인 사고를 가져야 하는 이유도 여기에 있다고 생각한다.

개방의 대세를 어떻게 활용하느냐에 한국의 미래가 달려 있다. 보다 적극적이고 능동적으로 참여해서 우리 경제의 성장 잠재력과 경쟁력을 한층 높이는 계기로 삼아 나가고자 한다.

나는 모든 도덕률과 종교적 가르침은 공존의 지혜로 귀결된다고 생각한다. 그러나 인류의 역사는 그러한 이상만으로 인간의 행복이 보장되지 않는다는 것을 보여 주고 있다. 20세기 들어서도 전쟁과 혁명, 이념 갈등 등 극단적 대결의 과정을 겪어 왔다.

　　냉전 질서가 해체되었을 때, 세계 질서가 또 다른 대립과 투쟁의 시대로 갈 것이라고 말한 사람도 있었고, 평화와 공존의 시대로 간다고 말하는 사람도 있었다. 나는 단연 후자 쪽이었다. 지금도 그러한 믿음에는 변함이 없다.

　　그리고 그 가능성을 EU에서 찾는다. 유럽은 이제 전쟁과 대결의 역사를 마감하고 평화와 번영의 공동체로 다시 태어나고 있다. 여기에는 아데나워를 비롯한 유럽 지도자들의 창조적 상상력과 시민들의 성숙한 정치의식이 있었다. 특히 부끄러운 과거를 반성할 줄 아는 독일 국민의 양심과 용기, 그리고 그에 상응하는 실천이 동력이 되었다.

　　한국이 위치하고 있는 동북아의 질서도 EU와 같은 방향으로 가야 한다. 그러나 지금 동북아시아의 질서는 유럽이나 심지어 동아시아의 그것과도 크게 다르다. 제국주의와 냉전에서 비롯된 역사적, 이념적 앙금이 해소되지 않은 채 남아 있고, 지역 차원의 패권 경쟁과 세계적 차원의 세력 경쟁이라는 잠재적 대결 구도가 중첩되어 있다.

　　이러한 상황에서 한국이 가야 할 길은 두 가지다. 그 하나는 우리 스스로의 힘을 키우고 균형 외교를 펼쳐 이 질서 속에서 안정을 도모해 가는 것이다. 지난날을 돌아보면, 한국이 힘이 없고 균형을 잡지 못했을 때 한반도는 전쟁의 소용돌이에 휘말렸고 동북아의 평화는 깨졌다.

　　다른 하나는 동북아 질서 자체를 통합의 질서로 바꿔 나가는 것이다. 이 지역에 상호 존중과 협력의 분위기를 확산하는 것은 물론, 대결 구도를 근본적으로 해소해야 한다. 역사적으로 누구에게 해를 끼친 일이 없고, 분단과 전쟁을 겪으면서 평화의 소중함을 잘 알고 있는 한국은 이러한 질서를 만들어 나갈 자격과 역량이 있다고 생각한다.

동북아에 평화와 공존의 질서가 만들어지면 동북아는 세계 평화에 위험 요인이 되지 않고, 오히려 세계 질서의 안정에 적극적으로 기여하는 역할을 하게 될 것이다.

나는 한국과 동북아의 미래뿐 아니라 세계가 직면한 여러 과제에 대해서도 오래전부터 많은 관심을 가져왔다.

기아와 질병, 빈곤, 전쟁의 공포, 자원의 고갈, 환경 파괴, 정보 격차와 같은 도전들을 극복해서 미래에 대한 희망을 만들어 가야 한다. 인류가 함께 연대하고 협력한다면 충분히 가능한 일일 것이다. 한국도 이러한 길에 적극 동참해 나갈 것이다.

그것이 역사의 진보를 이루는 책임 있는 자세라고 믿는다.

2007. 10. 15. 프랑크푸르터 알게마이네 차이퉁(FAZ) 출간 『권력자의 말』
(Machtworte) 기고문

대북 정책, 근본적 전환이 필요하다

우선 이 행사를 준비하시느라고 수고하신 여러분께 먼저 감사드립니다. 대체로 시절이 좀 수상해서 준비하시는 데 애로가 있었으리라고 짐작합니다. 또 오늘 이 자리에 잊지 않고 함께 참석해 주신 여러분께 역시 감사드립니다. 눈치가 조금 보이는 분들도 있을 텐데, 이렇게 참석해 주셔서 큰 위안이 됩니다. 감사합니다.

지금 이 시기에 국민들은 매우 어려워하고 있습니다. 이 자리에 계신 여러분들도 모두 어려우시지 않겠습니까? 설사 직접 자기 생활이 어렵지 않다 할지라도 국민들이 어려워하는 시기여서 모두 굉장히 걱정들을 많이 하고 계실 것입니다. 그래서 미리 준비되고 예정되지 않았다면 우리 경제에 대해서 희망 얘기 하고, 또 이 난관을 극복할 수 있는 지혜도 한번 새로 나누어 보고, 그런 시간을 가졌으면 좋겠다는 생각이 들 만큼 지금 상황이 참 어렵습니다.

그러나 저는 이 점에 대해서는 한 말씀만 드리겠습니다. 세계의 모든 경제 위기는 다 극복되어 왔습니다. 특히 우리 국민들은 역량이 우수합니다. 저는 감히 '우리 국민들은 탁월하다'라고 말하고 싶습니다. 설사 다른 나라에서는 극복하기 어려운 난관이라도 우리 국민들은 능히 극복해 낼 수 있을 것이다, 그렇게 생각합니다. 오히려 저는 이 계기에 하나 더 희망을 말씀드리고 싶습니다.

그냥 이 위기를 그럭저럭 극복해 가는 것이 아니라 이 경제 위기를 초래했던 경제적 사상, 정치 경제 사상과 이론을 이번에 좀 뜯어고치면서 이 고비를 넘겼으면 좋겠다. 이 위기를 계기로 해서 잘못된 정책과 제도들을 고칠 수 있는 계기가 됐으면 좋겠다. 물론 이것은 한국만의 문제는 아니고 보다 더 큰 세계 경제의 문제이기 때문에 쉬운 일은 아니겠지만 그러나 이제 세계의 경제를 이끌어 가는 큰 나라들이 이번 이 위기를 계기로 각성하고 새로운 지혜를 모아야 되는 때라고 생각하는데요. 저는 그렇게 된다면 전 세계적으로 그리고 우리 한국에도 이 위기가 전화위복의 그런 계기가 될 수도 있다고 생각합니다.

여러분 함께 지혜를 모아서 이 위기를 잘 넘기도록 하십시다. 그리고 준비된 대로 오늘 저는 준비된 주제를 가지고 여러분께 말씀을 드리겠습니다.

10·4선언은 저희로선 참 공(功)이 많이 들어간 선언이었습니다. 많은 사람들이 공을 모으고 정성을 모아서 열정으로 만들어 낸 그런 선언이지요. 저는 그 안의 내용이 그저 상징적인, 정치적 선전 문구로 만들어져 있는 것이 아니라 매우 구체적이고, 실용적이고 심지어는 실무적이라고까지 말하고 싶은 그런 실질적 내용을 담고 있는 것이어서 매우 가치 있는 선언이라고 그렇게 생각해 왔습니다. 특히 남북 경제가 우리 한국 경제의 새로운 미래를 열어 줄 것이라는 희망 때문에 이 선언은 참 의미 있는 것이라고 스스로 평가해 왔었습니다.

그러나 지금 이 선언은 버림받은 선언입니다. 그래서 1년쯤 되었으면 잎이 좀 더 싱싱하게 피고, 가지도 좀 무성하게 뻗고,

그래서 내년에는 열매도 주렁주렁 달렸으면 좋겠는데 이 나무가 좀 말라비틀어지고 있습니다.

우리가 기념한다는 것은 지금이 마음 편안하고 즐겁고 내일에 대한 희망이 가득할 때, 이럴 때 기념하는 것인 줄 알았는데 저는 이 다 죽어 가는 나무 하나를 놓고도 기념을 할 수 있다는 것을 생각하고 깜짝 놀랐습니다. 이렇게 서글픈 것도 기념할 수 있구나. 어떻든 준비하신 분들 수고하셨는데 너무 김새는 말을 안 했으면 좋겠습니다. 이 안에서 우리가, 의미를 한번 되짚어 보면서 국민들의 역량을 모아서 희망의 불씨를 다시 한 번 살려 봅시다.

아직 이 나무 안 죽었거든요. 물 주고, 볕이 좋으면 뿌리가 뻗어 나갈 것입니다. 또 알 수 있습니까. 내년 봄에라도 새살이 힘차게 돋아날지 알 수 없는 일이죠.

그런 희망을 가지고 오늘 저는 연제를 대북 정책으로 잡았습니다. 10·4선언 하나만 가지고 얘기해서 뿌리가 뽑히지 않을 것 같아서, 생각의 뿌리라도 한번 뽑아 보자. 그런 뜻으로 대북 정책 전반에 대해서 한번 몇 가지 생각을 다듬어 보았습니다. 대체로 근본적인 질문이 필요한 일, 또 근본적으로 사고를 바꿔야 된다고 생각되는 일, 이런 몇 가지 쟁점을 중심으로 해서 얘기를 구성해 보았습니다. 그래서 전체적으로 논리적 체계는 좀 무시되었다고 말씀드릴 수 있습니다. 말은 하다 보면 길어지기 마련이어서 시간을 넘기지 않으려고 다듬었습니다. 계속 줄였습니다. 또 잘라 내고, 또 잘라 내고 계속 줄였는데도 19페이지가 가득 찼습니다. 대개 분량으로 보면 40분 분량으로 소화가 가능한 분량인데, 가득 차서 저로선 좀 부담스럽습니다. 되도록이면 시간 안에 말씀을 드리도록 하겠습니다. 읽으면 40분 안에 충분히 들어갑니다. 그런데 듣는 분들이 40분 동안 귀담아들으려고 하면 지루하고 힘들거든요. 그래서 맛있게 양념을 조금씩 치면 시간이 더 길어집니다.

제 생각은 물리적이고 자연적인 시간 40분이 아니라, 지나가는 줄 모르게 지나가는 50분도 길지 않은데 나중에 마치고 나면 대회를 준비하셨던 분들은 "오늘 10분 지났으니까 앞으로 그런 일 하지 말아요" 꼭 충고를 합니다. 저는 참모들한테 그 충고를 듣지 않도록 하기 위해서는 읽어야 합니다. 혹시 가다가 양념 치느라고 시간이 가면 그때는 지루하지 않다는 표시를 꼭 좀 해주시기 바랍니다.

제 원고를 오늘 준비위원회에 미리 드렸더니 너무 세다고 걱정을 많이 하십니다. 그러면서 다 이거 빼자고 합디다. 그래서 빼자고 하는 건 다 뺐습니다. 다 뺐는데, 남의 원고 손대 보면 그거 잘 안 빠집니다. 취지, 의견을 어느 정도 살리자면 빼기가 힘들거든요. 그래서 가시나 뼈가 조금 남아 있을지 모르겠습니다. 그러나 어쨌든 저는 그렇지 않다고 생각합니다. 전혀 세지 않다고 생각하고 무슨 말꼬리 잡는 문화, 말꼬리 잡고 비틀고 시비하는 문화 때문에 우리가 너무 말을 조심해서 하다 보니까 뼈도 없고 살도 없고 머리도 없고 꼬리도 없는 얘기들을 흔히들 하고 있지 않은가. 그렇게 생각해 보면 민감한 얘기도 할 수 있고, 들을 수 있고, 소화하려는 노력을 하는 성숙한 사회가 되기를 바랍니다. 그런 희망을 가지고 말씀을 드리겠습니다.

대북 정책에는 여러 가지 목표가 있습니다. 통일, 이것은 변함없는 목표이고요. 지난날에는 반공이란 목표가 있었습니다. 안보, 마찬가지고요. 근래에 와서는 화해와 협력, 평화, 공존 이런 주장이 대세를 이루고 있습니다. 그런데 큰 진전이 있는 것 같지는 않습니다. 어떻게 하면 진전을 이룰 수 있을 것인가? 이것이 오늘 제가 말씀드리고 싶은 주제입니다.

　우선 세 가지 질문을 먼저 말씀드리겠습니다. 통일을 위해서 평화를 희생할 수도 있는가? 평화통일 과연 가능한 일인가? 통일 논의 이대로 좋은가? 이렇게 뽑아 놓고 말씀을 드리다가 나중에 다시 또 개별적인 말씀을 드리겠습니다.

제가 유인물을 드렸는데 맨 앞에 '통일인가? 평화인가?' 이런 중간 제목을 뽑아 놨습니다. 조금 뜬금없는 얘기죠. 이것은 제가 가치의 충돌에 관한 문제를 우리가 정면으로 한번 다루어 보자, 이런 뜻입니다.

　지난날에는 반공도 하고, 통일도 하고 함께 외쳤습니다. 그러나 반공과 통일이 과연 양립할 수 있는 것인가? 실제로 우리는 무엇을 더 중요시해 왔던가 생각해 보면 반공한테 통일이 밀렸던 시대였던 것 같습니다. 그 시대를 저는 '반공의 시대'로 생각합니다. 지금은 반공보다 평화가 조금 더 대세를 얻고 있는 것 같습니다. '평화의 시대'라고 생각합니다.

　근데 평화와 통일이라는 것을 놓고, 이것을 선택해야 할 문제라고 생각지는 않습니다. 그러나 때로는 통일을 위해서 평화가 희생돼도 좋다는 그런 사고를 깔고 말씀하시는 분들이 많이 있어서 그래도 과연 좋은가. 그래서 이론적으로 통일과 평화의 가치 충돌의 문제를 한번 검토해 보자. 저는 '어떤 경우에도 통일이라는 명분을 내걸고 평화를 희생시킬 수는 없다' 이 말씀을 꼭 드리고 싶습니다.

저는 평화를 통일에 우선하는 가치라고 생각합니다. 좀 위험한 말씀이지만 꼭 한번 짚고 넘어가야 하는 문제라고 생각합니다. 두 개 다 이념적 가치를 표현하는 언어입니다만, 그러나 통일은 보다 이념적 포장이 많은 언어이고, 평화는 이념적 포장보다는 생생하고 진실한, 절실한, 현실 그 자체라고 생각합니다. 그래서 평화통일의 원칙을 다시 한 번 확실하게 다짐할 필요가 있다 이렇게 말씀드리고 싶고, 평화를 통일에 종속되는 과정의 가치로만 생각할 것이 아니라 그 자체 독자적인 가치로서 생각하고, 통일 전략이 있다면 평화 전략도 따로 우리가 논의하고 또 준비해 가야 된다고 생각합니다.

특히 통일을 위해서는 동북아시아 평화 구조가 먼저 앞서가는 것이 필수적입니다. 그런데 동북아시아 평화 구조라는 것은 또한 한반도에 평화가 정착되지 않으면 성립될 수 없는 구조입니다. 따라서 한반도 평화 정착, 동북아시아 평화 구조, 그리고 한반도의 통일 추진이라는 이런 논리적 순서를 갖는 것 아닌가. 그런 의미에서 평화 정책을 통일 정책의 한 부분으로만 이해할 것이 아니라 독자적인 정책으로 다뤄야 한다고 말씀드리고 싶습니다.

그다음 4페이지에서 '평화통일 과연 가능한 목표인가?'라는 주제를 뽑았습니다. 물론 여러분 책하고 제가 좀 다를 것 같아서 페이지는 모르겠습니다만 '평화통일 과연 가능한 목표인가?' 한 번 읽어 보겠습니다.

모두가 통일을 이야기합니다. 반세기가 넘도록 통일을 노래해 왔습니다. 그런데 통일의 가능성은 아직 보이지 않습니다. 우리가 너무 쉽게 그리고 무책임하게 얘기하는 것은 아닌지 돌아봤으면 좋겠습니다.

원론적으로 얘기한다면 통일이란 두 개 이상의 국가권력이 하나로 통합되는 것을 말합니다. 이론적으로는 국가연합, 연방, 단일국가를 신설해서 통합하는 신설 통합이나 또는 한 국가로 나머지 국가를 흡수하는 흡수 통합이 있을 수 있습니다. 그러나 어느 경우에나 국가권력의 전부 또는 일부가 소멸하는 것을 전제로 합니다.

연방제 주장이 나오고 남북 연합이라는 개념이 국가적 정책으로 채택이 되었습니다. 이것은 국가권력의 일부를 양도하여 연방 정부 또는 연합 정부를 수립하자는 것입니다. 논리적인 원칙도 그렇습니다. 어느 개념을 채택하거나 통일을 위해서는 권력의 소멸이나 권력의 일부를 양도하는 극적인 사건이 있어야 하는 것입니다.

평화통일이라는 것은 이것을 합의로 하자는 것입니다. 그런데 스스로 권력을 소멸하게 하거나 양도하는 것은 국가권력의 속성에 맞지 않습니다. 그뿐이 아니라 국가는 가치 체계의 최상위에 있는 도덕적 실체라는 것이 근대 이래의 국가 이론입니다. 그 위에 권력은 종교 또는 이념으로 정당성을 다시 재포장합니다. 나라를 분열해서 분단 정권을 세울 때에도 이것은 마찬가지입니다. 그러므로 국가권력의 정당성이나 이념적 명분을 훼손하는 양보를 말한다는 것은 반역이 되는 것이죠.

누가 감히 여기에서 권력의 양도를 말할 수 있겠습니까? 그래서인지 역사적으로 전쟁 또는 일부 국가권력의 붕괴로 인한 통합은 있어도, 합의에 의한 통합은 그 사례를 찾기가 매우 어렵습니다.

억지로 사례를 찾는다면 미국의 연방 정부 수립, 유럽의 통합을 합의에 의한 통합의 사례라고 할 수 있을 것입니다. 그러나 이것은 우리의 경우와는 의미와 여건이 아주 다른 것이지요. 이런 국가의 사례는 분단국가의 통합이 아닙니다.

미국의 경우는 독립 전쟁이라는 역사적 성공을 이룬 동업자들 간의 통합이었고, 유럽연합의 경우는 한발 앞선 역사적 경험을 토대로 해서 인류의 미래를 실험하고 있습니다.

우리의 경우는 일제 치하에서부터 치열한 이념의 대립과 분열이 있었고, 이것이 해방 정국에서 권력투쟁으로 이어져서 마침내 분단에 이르렀습니다. 그리고 분단 정부의 수립 후에도 세계 냉전 체제의 최첨단에 서서, 동족 간에 전쟁을 치르고, 극단적 이념 대결을 벌여 온 역사를 가지고 있습니다.

과연 우리는 이러한 역사적 조건의 차이를 극복하고 통합의 합의를 이루어 낼 수 있을 것인가. 비록 합의형 통일을 이룬 예멘의 사례가 있기는 하지만 그마저도 재분열과 무력에 의한 재통일을 한 바 있어서, 우리가 통일을 하겠다고 하는 것은 역사에 유례가 없는 새로운 역사를 창조하겠다고 하는 것입니다.

통일이라는 말을 그냥 할 것이 아니고, 좀 진지하게 책임 있게 얘기하자는 뜻으로 통일과 통일 과정이 갖는 의미를 이렇게 한번 분석해 보았습니다. 근데 '이것 참 어렵다' 얼른 들으면 '불가능한 것 아니냐' 이런 생각이 드실 수도 있을 것입니다.

그러나 우리는 그렇게 말하면 안 됩니다. 단호하게 '그래도 할 수 있다' 이렇게 대답해야 합니다. 그것이 우리의 숙명입니다. 국가의 통일, 민족 통합은 누구도 거역할 수 없는 지상의 이념입니다. 이것을 불가능하다고 말하는 것은 그것 또한 역사에 대한 반역입니다. 그래서 된다고 말해야 됩니다.

왜 굳이 이 말을 오늘 여기에 끄집어 넣었는가. 그것은 '통일을 진지하게 이야기하자. 좀 책임 있게 이야기하고, 과학적으로 이야기하자' 그런 말씀을 드리고 싶어서 그렇습니다.

누가 과학적으로 이야기 안 하는 사람이 있냐? 좀 있는 것 같습니다. 말하자면 통일 지상주의가 있거든요. 소위 진보주의 진영의 통일 지상주의, 낭만적 통일 지상주의라고 비아냥을 듣기도 하는 그런 운동도 있고, 국수주의 진영에도 무조건 통일을 외치는 통일 지상주의가 있거든요. 그래서 조금 그런 경향이 없지 않기 때문에 한번 생각해 보자는 뜻으로 이런 문제를 제기해 보았습니다.

평화통일은 우리 민족이 거역할 수 없는 역사적 과제입니다. 그러면 평화통일 무엇을 어떻게 할 것인가? 저는 몇 가지를 짚어 보았습니다. 금기를 깨고 현실을 얘기해야 한다. 우리는 당위를 얘기하고 있거든요. 두 번째는 분열의 원인이 된 요소들을 해소해야 한다. 세 번째는 국가주의 사고도 넘어설 수 있어야 한다. 네 번째는 국민적 합의가 필요하다. 다섯 번째 협상의 일반 원칙을 존중해야 된다. 여섯 번째, 종국적인 관건은 신뢰이다. 이렇게 별스럽지도 않은 제목을 뽑아 놓고 조금 제가 별스럽게 말씀드리고자 합니다.

금기를 깨고, 현실을 말하자. 우리의 대북 정책에는 여러 가지 금기가 있습니다. 존재하는 현실을 현실이라고 말해서는 안 되는 금기가 있습니다. 북쪽 땅에는 대한민국의 통치권이 사실상 미치지 않습니다. 북한 정권은 사실상 국가권력입니다. 그러나 북한 땅은 우리의 영토라고 말해야 하고, 북한 정권은 반국가 단체라고 말해야 합니다. 그렇게 하지 않으면 헌법 위반이 됩니다.

여기에 우리의 고민이 있는 것이죠. 북한 정권을 인정하거나, 그쪽을 긍정적으로 평가해서는 안 됩니다. 북쪽의 주장을 수용하는 말을 해서도 안 됩니다. 좌경 용공이 되고 국가보안법 위반으로 처벌을 받을 수도 있습니다. 사실이든 아니든 그것은 상관이 없습니다.

이런 금기는 법적, 정치적 당위를 강조한 결과입니다. '그래야 된다' 이 말이죠. 우리 한국 정부만이 정통이기 때문에 그래야 된다는 것입니다. 현실과 당위가 괴리되는 데서 많은 어려움이 있습니다.

현실을 얘기하지 않고 어떻게 상대방과 대화를 하고, 합의를 이룰 수 있을 것인가. 그리고 현실과 동떨어진 얘기를 하면서 어떻게 국민을 설득하고, 국제사회를 설득할 수 있을 것인가. 저는 이것은 진지하고 책임 있게 통일을 추구하는 자세가 아니다. 금기를 깨야 한다. 당위는 당위이고 현실은 현실이다. 상투적인 권력투쟁 그리고 이념 투쟁을 넘어서야 합니다. 현실을 솔직히 받아들이고, 사실을 사실로 말하고, 상대를 상대로 인정하고, 상대의 주장도 수용할 것은 수용할 줄 알아야 한다. 그리고 통합에 필요한 일은 무엇이라도 말할 수 있게 해라. 그래야 현실적으로 통일 방안에 다가설 수 있다. 여기까지는 아직 세지 않죠? 괜찮습니까?

분단의 요인을 해소해야 합니다. 한반도의 분단은 세계의 패권 경쟁, 그리고 국제적·국내적 이념 대결의 결과입니다. 이들 분단의 원인이 해소되지 않고는 분단을 극복할 수 없습니다. 이들 원인을 극복하고 해소해야 합니다.

그러자면 자주 역량과 균형 외교가 필요합니다. 우리의 힘만으로 세계의 패권 경쟁, 이념 대결 자체를 해소하기는 어려울 것입니다. 그러나 한반도가 그 대결장이 되는 것은 막을 수 있어야 합니다. 그렇게 하기 위해서는 우선 스스로를 지킬 수 있는 힘을 갖추고 스스로의 문제를 스스로 해결하겠다는 의지를 분명하게 해야 합니다. 그리고 동북아의 질서를 대결의 질서가 아니라 화해와 협력의 구조로 만들어 나가야 할 것입니다.

우방과의 협력이 필요합니다. 그러나 진영 외교, 일방 외교는 분단의 원인을 해소하는 방법이 아닙니다. 분단을 극복하기 위해서는 통합에 대한 주변 국가의 동의를 얻어 내야 하는데 이렇게 하기 위해서는 균형 외교가 필요합니다.

그리고 이념 대결을 넘어서야 합니다. 이념 대결의 틀 안에서 이념 대결로 빚어진 분단을 합의로 극복한다는 것은 논리의 모순이지요. 승공 통일의 사고를 넘어서야 한다는 것입니다. 그리고 사사건건 시비를 하는 대결 주의도 이젠 그만해야 한다고 생각합니다.

여기까지 말씀드리면 '현실을 현실로 인정하자' 이런 뜻이지요. 그러면 북한 체제를 인정하자는 말이냐. 이것은 앞으로 세계 질서에 있어서도 항상 부닥칠 수 있는 체제의 딜레마입니다. 독재 체제를 어떻게 할 것인가. 그동안에 몇몇 강대국들은 독재 체제에 대해서 독재 체제를 해체하고 민주주의 체제로 만들기 위해서 강력한 개입주의를 펼쳐 왔습니다.

한편으론 또한 민족자결주의를 이야기해 왔습니다. 독재 체제까지 자결의 권리가 있다고 세계의 이성이 인정하고 있는지는 모르겠습니다만 어떻든 스스로 해결하게 할 것이냐, 민주주의 체제의 국가들이 연합해서 개입할 거냐. 이런 것이 사실상 존재하는 논쟁이지요. 그런데 지금까지 역사를 돌이켜 보면 민주주의를 위한 개입, 체제를 민주주의로 전환하기 위한 체제 전환을 위한 개입, 무력적 개입, 공작적 개입이라는 것이 항상 침략 전쟁을 결과했다, 침략 전쟁의 명분으로 사용되어 왔다는 점을 우리가 기억할 필요가 있습니다.

저는 아직까지 개입주의, 자결주의에 대해서 어느 쪽 한 편 이야기를 할 수는 없지만 영향을 미친다고 할지라도 평화적 방법으로 하자. 민주주의 사상, 민주주의 체제는 평화적으로 전파해야 한다. 이념 대결의 끝장에 있는, 앞으로 소위 이념이 다른 국가들은 서로 어떻게 문제를 풀어 갈 것이냐 하는 문제에 있어서 적어도 공작과 무력행사는 배제하자. 역사적으로 센 나라가 약한 나라를 지금까지 침략하고 지배했던 모든 명분은 문명이었습니다. 문명으로 야만을 개화시킨다는 것이었습니다. 요즘은 민주주의, 이념 동맹이라는 이야기를 자주 하고 있는데, 그것은 민주주의 아닌 체제를 뭔가 간섭하겠다는 것인데 간섭이든 개입이든 분명한 원칙 하나를 우린 가져야 됩니다.

무력과 공작은 배제하자. 이것은 남북 문제에 있어서도 적용돼야 하는 것 아닐까, 적용됐으면 좋겠다. 평화적인 원칙으로 해야 된다. 평화적인 방법에 의한 것을 확실한 원칙으로 해 나가자. 그것이 평화통일의 본뜻 아니겠습니까?

국가주의 사고라는 것을 약간 언급했습니다. 지금 우리의 가치 체계를 지배하는 사상은 국가주의입니다. 그런데 국가 간 통합이든 남북 간 통합이든 통합에는 그와 같은 사고를 뛰어넘을 필요가 있다는 생각으로 한마디 넣어 놨습니다. 유인물 참고해 주시면 좋겠습니다.

그다음에 정쟁의 수준을 높여야 한다 했습니다. 이건 '정치의 수준을 높여야 한다'라고 제목을 바꿨으면 좋겠다는 생각이 듭니다. 정쟁이 뭡니까? 정치가, 권력이 정쟁이지요. 그러니까 정치의 수준을 높이는 것으로 하는 것이 좋겠습니다.

남북통일은 민족의 지상 과제입니다. 그러므로 정파적 이해관계를 넘어서는 것입니다. 그래서 모든 정파가 초당적 협력을 얘기합니다. 그러나 그러면서도 막상 부닥쳐 보면 사사건건 치열한 정쟁이 되고 맙니다. 당연하다고 할 수 있지요. 통합의 전략이 다를 수 있고, 전략이 다르지 않더라도 실행 과정에 대한 비판적 접근은 야당의 당연한 권리이기 때문입니다.

그러나 우리나라 정치에서 대북 정책을 놓고 벌어지는 정쟁은 그런 수준이 아닌 것 같습니다. 전략 논쟁도 아니고, 논리적 비판도 아니고 빨갱이 만들기, 친북 좌파 만들기 같은 맹목적 이념 대결과 정치 공작의 수준을 넘어서지 못하고 있습니다. 이념 대결로 생긴 분단을 넘어서자고 하면서 이념 대결에 매달리고 있는 것이죠. 민주화 이후 달라졌다고는 하지만 기본적인 사고의 구조에는 아직 크게 달라진 것이 없다. 정치가 이런 수준을 벗어나지 못하면 통일은 가망이 없다고 생각합니다. 이제 정치와 정쟁을 가치와 전략의 수준으로 높여야 한다. 정치인들 스스로 그렇게 해 주시면 좋겠는데 할 것 같지 않습니다. 그래서 저는 국민의 힘이 필요하다. 그렇게 생각합니다.

국민의 힘은 어디서 나오는가. 그것은 국민적 합의에서 나오는 것입니다. 정쟁에 휘둘리지 않고, 대북 정책의 가치와 전략을 명료하게 이해하고, 이를 토대로 여론의 대세를 형성하고, 나아가서는 이를 투표 결과에 반영할 수 있는 수준에 국민의 생각이 이르렀을 때 이것을 저는 국민적 합의라고 말할 수 있을 것이라고 생각합니다.

권력의 속성과 정권의 욕심을 넘어서 권력을 양보하여 통합을 이루는 일은 역사에 없는 일입니다. 그러므로 그런 일은 역사의 법칙에 맞지 않는다고 말할 수 있을지 모릅니다. 그러나 저는 그렇지 않다고 생각합니다. 역사는 권력이 만드는 것이 아니라 국민이 만드는 것이다. 그래서 국민적 힘을 말하고 국민적 합의를 말하는 의미가 있는 것이라고 생각합니다. 말하자면, 국민적 합의가 이루어지면 그것은 역사가 된다고 생각합니다. 없었던 역사도 창조할 수 있다고 생각합니다.

다음에 협상의 일반적 원칙을 존중해야 한다는 말씀을 드리고 싶습니다. 남북 관계는 지금 협상 국면에 있습니다. 흔히들 외교적 수완이 어쩌고 협상의 기술이 어쩌고, 이런 말을 쓰시는 분들이 있는데 얼른 들으면 협상의 요체가 무슨 기교라는 생각을 하기 쉽습니다만 그러나 저는 외교나 협상이 결코 기술이나 수완으로 되는 일이 아니라고 생각합니다. 거기에는 우리가 반드시, 성공의 길로 가기 위해서는 반드시 지켜야 되는 외교적 원칙 그리고 협상의 원칙이 있다고 생각합니다.

제가 생각하는 이 원칙을 한번 말씀을 드리고 싶습니다.

상대를 인정하고 존중해야 합니다. 협상을 하면서 상대방을 인정하지 않는 태도를 취하는 것은 그냥 모순이지요. 실제로 남북 간 협상에서는 정통성에 관련되는 발언 시비로 항상 협상 자체가 무산되거나 시간만 낭비하는 일이 일상화되어 있었습니다. 상대방을 존중하지 않고 감정과 비난을 일삼는 일도 역시 삼가해야 한다고 생각합니다.

두 번째는 상대방의 목적과 이익을 존중해야 합니다. 협상은 상호 간의 이익을 도모하는 일이기 때문입니다. 적화 통일의 목적을 존중할 수는 없는 일입니다. 그러나 북쪽이 그런 목적을 가지고 있다고 하더라도 그것은 이미 현실적 역량에 맞지 않는 것입니다. 체제 유지를 위한 명분용 이상의 의미는 없는 것으로 생각합니다. 이건 존중하지 않아도 지장이 없을 것 같습니다.

현실적 상황에 맞는 북쪽의 목적은 체제를 방어하고 유지하는 것일 것입니다. 이것을 인정하고 존중할 것인가. 평화를 위해서는 그래야 할 것이라고 생각합니다. 이것을 존중하면서 통일을 얘기할 수 있을 것인가.

얘기가 좀 복잡해지지요. 통일은 간단하게 말하면 정권이 하나로 되는 것인데, 북한의 체제를 존중하면서 어떻게 하나의 정권을 만들 수 있는가. 그래서 복잡해지는 것이죠. 그건 따로 이야기를 좀 하십시다. 말하자면 여기에서 통일의 개념에 대해서 복잡한 이야기들이 나오는 것이죠. 국가 연합이라든지 이런 이야기들이 나오는 것이죠. 그런 거 아니겠습니까? 그래서 어떻든 최대한 존중하면서 통일을 얘기하는, 이 부분은 우리가 찾아내야 하는 지혜라고 생각합니다.

그다음에 성실한 자세로 합리적인 협상을 해야 됩니다. 진실을 가지고 협상에 임하고, 진실한 사실과 사리에 맞는 논리로 협상을 해야 합니다. 협상에서는 전략적 발언이 필요한 경우가 물론 있습니다. 그러나 정치적 명분을 위한 거짓말이나 억지 주장은 협상을 매우 위태롭게 합니다. 기 싸움 하거나 국내 정치용이나 국제사회 명분용으로 상대를 비난하는 것은 절제해야 합니다. 사리를 따져 상대방의 잘못을 지적하는 일도 협상에 도움이 될 것인지 따져서 하는 지혜까지 필요하다고 생각합니다. 그렇게 하지 않으면 감정만 쌓이고 신뢰는 무너진다고 생각합니다.

　네 번째로는 협상의 결과는 반드시 이행이 되어야 한다. 더 설명이 필요 없을 것이라고 생각합니다.

무엇보다도 남북 관계에 있어서 성공의 가장 결정적인 열쇠는 신뢰입니다. 오늘 축사 말씀해 주신 분들 모두가 신뢰 말씀을 하셨습니다. 매우 중요한 점을 지적하고 계신다고 생각합니다. 평화와 공존에 대한 신뢰, 그리고 협상에 나오는 사람이 진심을 가지고 나올 것이라는 신뢰, 그리고 이 협상에서 맺어진 약속은 반드시 지켜질 것이라는 신뢰, 이 신뢰가 모두 중요한 것 아니겠습니까.

　북한은 믿을 수 없는 상대인데, 그 믿을 수 없는 상대를 가지고 자꾸 신뢰를 얘기하니까 '당신 지금 무슨 이야기냐?' 이런 의심을 제기하는 분들이 없지는 않을 것입니다. 그런데 이 말은 북쪽에서도 그렇게 말하고 싶을지도 모르지요. 상호 불신인 것이죠. 이렇게 가면 우리는 대화나 협상이란 것이 불가능해집니다. 상대가 믿을 수 있는 상대냐 아니냐 가리지 않고 대화를 시작하고, 거기에서 신뢰를 축적해 나가는 것, 이것이 우리가 해야 할 일이고 어려운 일이기 때문에 모여서 이렇게 얘기하는 것 아니겠습니까?

　어떻게 하면 신뢰가 쌓일 것인가. 그것은 우리가 먼저 상대를 믿고 하나둘씩 일을 착수하고 추진해 나가야 한다. 상대를 믿을 수 없어서 아무것도 할 수 없다면 한 발짝도 앞으로 나가지 못합니다. 우리가 상대를 믿고 뭘 했는데 그 신뢰가 무너져 배반당

해도 낭패되지 않을 일이 더러 있습니다. 상대가 약속을 좀 위반해도 돌이킬 수 없는 치명적인 위기에 빠지지 않는 일들도 많이 있습니다. 대비할 수 있는 일이 있어요. 이런 일부터 믿고 추진해 나가면서 하나씩 둘씩 신뢰를 쌓아 나가야 한다고 생각합니다. 그렇게 되면 상대방도 변화한다고 저는 그렇게 생각합니다.

그다음에 모든 문제에 있어서 역지사지하는 자세 이런 것은 굉장히 중요하다. 한번 자리를 바꾸어서 생각해 보지 않으면 상대방이 계속 의심스러워지죠. 역지사지하는 노력 이런 것들을 해 볼 필요가 있다고 생각합니다.

원론적으로 몇 가지 말씀드렸습니다만 구체적으로 무슨 말이냐. 제 경험을 토대로 해서 몇 가지를 말씀드리고 싶습니다.

흡수 통일은 평화통일인가. 결과적으로 그렇게 되는 것은 평화통일이 될 수도 있을 것입니다. 그러나 흡수통일을 통일 전략으로 삼아서 상대 권력의 붕괴를 추진한다면 그것은 북한을 자극해서 평화통일을 깨는 일이 될 것입니다.

탈북자 문제, 북한 인권 문제를 다룰 때 우리가 조심해야 하는 이유가 그런 것이죠. 흡수통일은 전략으로 이해됐을 때 좋지 않다는 것이죠. 만일에 북쪽이 붕괴하는 일이 생긴다면 그 결과가 어떤 방향으로 가게 될지 그것은 예측하기 어려운 위기 상황이 될 수도 있고, 우리가 통제하기 어려운 재앙이 될 수도 있습니다.

그리고 한 가지 더 얘기하면 주변 국가들의 입지만 높여 주는 결과가 될 수도 있지 않습니까. 아까 김원기 의장님께서 말씀을 하셨죠. 남북 관계의 주도권을 주변 국가에 넘겨줘 버릴 수밖에 없는 상황이 될 수도 있는 그런 것을 전략으로 채택해서는 안 된다. 그런데도 북의 붕괴를 획책하는 발언 또는 획책하는 듯한 그런 발언과 행동을 하는 분들이 적지 않은 것 같습니다. 생각이 조금 짧았던 것 아닌가 생각합니다.

국가보안법은 강기갑 대표님이 아주 세게 말씀하셔서 제가 미안하고 민망했는데요. 그 국회가 법 바꾸는 거지, 대통령이 바꾸는 거 아닙니다. 어쨌든 국가보안법에 의하면 북한은 반국가 단체입니다. 그러니까 상대를 인정할 수 없고, 이 법대로 하면 남 북 간의 대화는 불가능하게 되는 것이지요.

대담이나 토론에 나가 보면 '연방제를 어떻게 생각하는가' 이렇게 묻는 사람이 있습니다. 가끔이 아니고 반드시 있습니다. 연방제에 대해서 긍정적인 답변을 하면 당장 그때부터 시비가 되는 것이죠. 6·15공동선언에서 언급한 연방제 문제도 언론과 국회에서 종종 시빗거리가 됩니다. 연방제 주장이 찬양 고무에 해당된다는 국가보안법의 판례가 있거든요. 그러니까 지금 당장 법에 걸리든 안 걸리든 그 질문, 오늘 여기서는 질문 안 하시겠 죠? '연방제를 어떻게 생각하느냐' 어디 나갈 때 꼭 일이 생겨요. 토론 나갈 때 조심하십시오. 당신 연방제 어떻게 생각하냐고 질 문하면 곤란합니다.

더 곤란한 질문이 있습니다.

김정일 위원장을 어떻게 생각하느냐.

이거는 시비 걸라고 하는 거거든요. 그리고 비틀어서 보도 하려고 묻는데 만일에 '그 사람 어떻든 말은 합리적으로 보이더 라' 또 '아주 머리가 잘 돌아간다더라' 머리가 잘 돌아간다는 말은 '명석하다' 이 말이거든요. '명석해 보인다' 이런 대답하면 당장 이거는 타이틀로 뽑히는 거지요? 그게 국가보안법의 힘입니다. 실질적으로 이게 찬양 고무가 될 수도 있는 것 아니겠습니까? 어떻든 그러자면 그렇게 대답을 하지 않아야 하는데, '김정일 위원장 그 양반 약간 좀 이상한 사람 같아' 이러면 대화가 잘 되겠습니까? 국가의 책임 있는 사람이 이런 대답을 해야 하는 상황으로 몰아가는 우리 사회적 분위기가 국가보안법의 힘에 의지하고 있습니다.

'6·25전쟁은 남침이냐, 통일 전쟁이냐' 딱 물어요. 그거 볼 거 없이 남침이죠. 남침인데, 그 질문을 받은 사람이 하도 불쾌해 가지고 '왜 그걸 물어요?' 묻는 의도가 나쁘다고. '그걸 왜 물어요, 뻔한 걸 가지고?' 그랬더니 자꾸 남침이냐, 통일 전쟁이냐 이런 질문을 하는 것도 국가보안법에 의지해서 하고 있습니다. 근데 이처럼 남북 대결주의를 강력하게 뒷받침하고 있는 법적 장치가 국가보안법입니다. 구체적으로 수사하고, 소추를 하고 안 하고 하는 강력한 뒷받침이 되고 있다는 겁니다. 이것 두고 통일 얘기를 국민적 합의로 만든다는 이야기는 좀 어렵다. 그렇게 생각합니다.

9·19선언과 10·4선언에 대해서 유감을 하나 말씀드리겠습니다.

2005년 9·19선언은 북핵 문제뿐만이 아니라 동북아 평화를 위한 구상이 들어 있는 참 중요한 선언입니다. 근데 다음 날 깨져버렸습니다. BDA(Banco Delta Asia 은행)에 대해서 미국이 제재 조치를 했기 때문이지요. 그러고 나서 남은 것은 핵실험이 이어졌고, 북미 회담은 2년 이상 지체되어 버렸고 지금 비싼 대가를 치르고 있습니다.

2007년 10·4선언은 제가 서두에서 말씀드렸습니다만 어쨌든 지금 잘 안 굴러가고 있습니다. 저는 사실 전임 사장이 계약을 하면 후임 사장은 이행을 하는 것이, 회사의 CEO들은 다 그리하길래 그리되는 줄 알았어요. 회사에서 그리 안 하면 부도나거든요. 근데 국가 CEO는 안 그래도 되는 줄 미처 몰랐어요. 이것은 신뢰의 문제였습니다. 지금도 상대를 자극하고, 신뢰를 흔드는 일이 참 우리 사회에는 참 많습니다.

우선 한미 동맹 얘기를 하겠습니다. 본시 대북 억지를 위해서 맺어진 것이죠. 지금도 그 목적은 유효합니다. 그러나 남북 간 국력의 차이와 냉전 구도의 변화로 인해서 대북 억지를 위한 한미 동맹의 중요성은 이제 많이 줄어들었습니다.

지금은 남북대화의 국면입니다. 진정으로 대화를 성사시키고자 하는 생각이 있다면, 대북 억지를 위한 한미 동맹과 관련된 표현은 너무 그렇게 강조할 필요가 없지 않냐. 그런 절제와 요령이 필요하다고 생각합니다. 여기다가 일본까지 끌어들여서 이념과 가치를 함께하는 한·미·일 협력 관계, 공조를 과시하는 것, 이건 이념적 체제의 공조를 말하는 것이거든요. 이것이 남북 관계에 큰 도움이 되겠습니까? 그리고 특히 남북 관계에 상당히 큰 영향력이 있는 중국까지도 불편하게 만드는 것이죠. 저는 이것은 요령 없는 외교라고 생각합니다.

주한 미군의 역할에 대해서도 이제는 동북아의 어느 한쪽과도 적대적이지 않은 평화와 안정의 지렛대 역할에 비중을 두는 것이 현재 동북아시아의 상황에 맞고 남북 간의 대화 국면에도 적절할 것입니다. 그런데 굳이 한미 동맹과 한·미·일 이념 공조를 강조하고, 북한을 굳이 주적이라 명시하고, 그것도 모자라서 선제공격의 가능성까지 공공연하게 거론하는 사람들이 있는데 이것은 좀 생각이 짧은 것 아닌가 생각이 듭니다.

어떻게 이렇게 해서 남북 간의 신뢰 있는 대화가 가능하고, 또 주변 국가의 협력을 얻고, 그렇게 동북아 평화 구조를 만들어 갈 수 있겠습니까? 여기에다가 이제 PSI(확산방지구상)에 본격적으로 가입하고 MD(미사일 방어 체계)까지 만일에 가담을 하게 된다면 이것은 한반도와 동북아를 대결 구도로 만들고 우리가 그 한쪽에 가담하는 뜻을 행동으로 보여 주는 것이 되지 않겠습니까? 이것은 좋은 전략이 아닐 것입니다.

북한은 한미 합동 군사훈련을 아주 큰 위협으로 생각하고 있습니다. 역지사지해 보면 그렇습니다. 그런데 작계 5027이라는 것이 있는데 이것은 북한의 도발을 전제로 하고 있고, 북한의 도발을 억제하기 위한 경고성 계획일 것입니다. 그러나 그 내용은 일단 북한이 의구심을 가지기에 충분한 거죠. 자극적인 내용이어서 이것도 앞으로 여러 관점에서 용의주도하게 전략적 검토를 하는 것이 필요합니다. 평화주의와 평화주의 전략으로 다시 한 번 검토를 하는 지혜가 필요하다. 그렇게 생각합니다.

작계 5029라는 것은 전쟁 이외의 사유에 의한 북한의 유사시에 한미 연합군이 북한 지역에서 합동 작전을 펼치는 것을 내용으로 하는 계획을 말하는 것입니다. 저희 정부 시절에 미국이 한국에 제안을 했지만 한국은 이것을 거절했습니다. 그래서 작전 계획으로 성립되지 않고 했는데, 이것이 다시 작전 계획으로 발전되지 않을지 저는 걱정하고 있습니다. 만일에 이것이 작전 계획으로 발전하게 된다면 역시 북한과 중국을 자극할 만한 민감한 것이고, 대화에 장애 사유가 될 것입니다. 작계 5027은 한미 상호방위조약에 근거를 두고 있는 것이지만은, 작계 5029는 그런 근거도 없습니다. 굳이 이런 것을 강행하는 것은 현명한 일이 아니라고 생각합니다.

역지사지한다는 것은 어떻게 하는 것인가. 이것은 굳이 설명하지 않아도 대개 알 것 같아서 넘어가겠습니다. 그러나 남북 관계에서 원칙을 바로 세우고 신뢰를 유지한다는 것은 이런 전술적 가치보다 훨씬 더 중요한 것이라고 생각했습니다. 그래서 분명하게 원칙을 말해서 국민의 공감대를 형성하고, 상대방에게 신뢰를 주어야 합니다.

한 분 박수 치시는데, 먼저 박수 치신 분 나중에 제가 언제 조용히 한번 따로 모시겠습니다.

작전통제권 환수, 이것은 자주 국가라면 당연히 스스로 행사해야 하는 것이지요. 그것만으로도 작전통제권을 환수할 이유는 충분합니다. 그러나 사실은 그 이상의 의미가 있다고 생각합니다. 언젠가 한반도 평화 체제에 관한 협상을 하게 될 것인데요. 여기에 작통권도 가지지 않은 나라가 참여한다는 것이 시빗거리가 되지 않겠습니까? 북한은 한국보다 미국을 더 불신하고 두려워하는 것이 사실입니다. 유사시에 미국이 작통권을 행사하는 상황은 북한을 더욱 두렵게 하여 남북 간 대화와 협상이나 신뢰에 도움이 되지 않을 것입니다.

동북아시아 다자 구조를 위해서는 다자 안보 대화가 필요한데, 미국이 한국군에 대한 작전통제권을 행사하고 있는 상태라면 이 다자 구도의 대화 체제에서 미국이 너무 커 보이지 않겠습니까? 그리고 다자 체제가 균형 잡힌 대화 체제가 될 수 있을까? 그래서 이런 여러 가지 이유가 있는데 그중에서도 저는 작통권의 환수를 남북 간의 신뢰 구축의 중요한 요소로 생각하고 추진했습니다.

저는 전략적 유연성에 있어서 분명한 한계를 두었습니다. PSI 또한 북한과 물리적 충돌 가능성이 있는 조치에 대해서는 끝내 수용하지 않았습니다. MD 얘기는 국민의 정부 이래 거절해 놓은 상태지요. 작계 5029 말씀드렸고요. 한미 군사훈련도 최대한 적게 하려고, 작게 하려고 노력했고, 전반적으로 남북 간 충돌 가능성이 있거나 북한을 자극할 가능성이 있는 일들은 이렇게 피해 왔습니다.

6자회담에 나가면 그 자리에는 북한은 없지만 북한의 입장을 최대한 변호했습니다. 각종 국제회의에서 북한을 비난하는 발언이 나오면 최대한 사리를 밝혀서 북한을 변론했고, 개별 정상회담에서도 한 시간 이상을 북한을 변호하는 데 시간을 보낸 일도 있습니다. 북한을 자극하는 발언을 최대한 절제했습니다. 때로는 자존심이 상할 때도 있었고, 그러나 그래도 절제하고 인내했습니다. 이 모두가 서로 하나도 신뢰를 가질 수 없는 상황 속에서, 조그만 신뢰 하나라도 더 축적해 가기 위한 노력이었습니다.

물론 북한의 대답은 빠르지 않았습니다. 그러나 어떻든 그렇게 해서 남북 관계가 크게 확대된 것은 사실입니다. 모든 면에 있어서 엄청나게 질적, 양적으로 확대된 것은 사실입니다. 결국은 정상회담도 할 수 있었습니다. 9·19선언이 예정된 시점에 즉시 정상회담을 그쪽에서 제기해 왔었습니다. 그리고 9·19선언이 깨지고 난 다음에 다시 중단 사태로 들어갔다가 2·13합의가 조금 진척되자 바로 정상회담을 북한에서 제안해 왔습니다. 여기에 복잡한 조건도 없었고, 복잡한 정치적 술수도 없었습니다. 그냥 '솔직하게 대화하자' 그렇게 제안해 왔습니다. 이것이 그동안 이렇게 국내에서 욕먹어 가면서 신뢰를 축적해 온 결과라고 생각합니다.

지금 생각해 보면 정상회담 내용의 합의도 가짓수가 많고, 참 양적으로는 굉장히 많지요. 질적으로는 내일 평가해 주십시오.

BDA 사건만 아니었더라면 정상회담은 한 2년쯤, 약 2년 빨리 열렸을 것이고, 남북 관계는 훨씬 더 앞으로 나가지 않았을까 전 그렇게 생각합니다. 결론으로 말씀드리겠습니다. 최선의 전략은 신뢰입니다.

이제는 박수 치셔도 제가 따로 조용히 대접을 안 할 겁니다. 시간이 지금 좀 넘었지요? 진즉에 많이 넘었을 것 같습니다. 이 자리에 서면 시간 감각이 없어지니까요. 빨리하겠습니다. 얼추 끝난 것 같습니다.

상호주의, 저는 이건 얘깃거리도 아닌데 하도 상호주의, 또는 상호주의에 근거한 시비라고 생각되는 것이 많아서 한번 넣어 봤습니다. 상호주의의 기준이 뭐냐. 귀에 걸면 귀걸이, 코에 걸면 코걸이 그렇죠. 개성공단을 상호주의로 해석하면 이게 상호주의에 맞는 겁니까, 안 맞는 겁니까? 지난번, 예를 들면 해주공단 철도, 안변 조선 공단 이런 투자는 상호주의에 맞는 건지, 안 맞는 건지 어쨌든 쓰이는 말이 그런 겁니다.

'왜 퍼 주냐. 자존심 없냐. 왜 끌려다니냐. 왜 본때를 보이지 않냐' 이게 상호주의에서 비롯된 언어들인 것 같은데 이 언어들만큼 남북 관계를 지체하게 하는 것이 없습니다. 굉장히 영향을 받습니다. 실제로 정책을 하시는 분들은 다른 여러 가지에서 논리적으로 토론을 하고, 반박하고, 그것을 넘어서는데 이 말 나오면 못 넘어서요.

통일부 차관님은 오셨겠죠. 통일부 공무원들도요 '왜 퍼 주냐' 이러면 그냥 뒷걸음질치고. 또 '니넨 자존심도 없냐?' 이러면, 신문에 그거 나오면 쥐약이에요. '왜 끌려다니냐' 이러면 또 한 발자국 물러서고. 본때 보이고 싶죠. 그런데 그건 대화나 협상하는 자세가 아니거든요. 본때 보일 거 다 보여 가면서 대화하고 협상하고, 그것도 큰집에서. 말하자면 스스로 큰집이라고 생각하죠, 인구도 우리가 많고. 그렇지 않습니까, 그죠? 돈도 우리가 많고. 말하자면 그런 큰집다운 자세를 가지고 가야 될 쪽에서 그리 이야기합니다.

상호주의라는 말은 대결주의라는 또 다른 표현에 불과하다. 대결주의는 점잖은 말이고, 쉽게 말해서 반공주의의 또 다른 표현이다 이렇게 생각합니다.

실용주의, 실용주의 반대말이 무슨 말이지요? 지금 이 상황에서, 대북 정책에서 실용주의의 반대말이 무슨 말이겠습니까? 한나라당에서 말하는 실용주의의 반대말은 친북 좌파주의이고요. 그렇죠? 친북주의 아닙니까? 우리가 볼 때에는 실용주의 반대말은 반공주의거든요. 대결주의지 않습니까? 예를 들면 국가보안법을 건건이 들고나오는 것, 실용주의 맞습니까? 한·미 동맹, 한·미·일 삼각 공조 체제, 이건 실용주의 맞습니까? 자유민주주의의 가치를 강조하는 것, 그렇죠. 당연히 그런데 이게 '체제 경쟁하자' 이런 뜻이거든요. 그걸 강조하는 것이 실용주의냐. 연방제 말만 나오면 시비 걸고, '퍼 주기냐 뭐냐' 이런 얘기들이 다 실용주의냐. 6·25전쟁의 성격을 묻고 이런 것이.

근데 실용주의라는 말을 아무 비판 없이 불러 주는 대로 받아쓰시는 언론들이 있어요. 이것을 가려내는 것은 언론밖에 없습니다. 국민들과 언론밖에 없고. 정파적으로는 각기 자기들이, 실용주의라는 말이 매력 있는 말입니다. 국민들한테 조금 호의적으로 들리고, 인기 있는 말이기 때문에 서로 쓰려고 하지요. 국민이 가려 줘야 하는 것인데, 남북대화가 좌파 이념주의의 결과냐 아니면 실용주의의 결과냐. 이런 싸움들을 정리를 좀 했으면 좋겠다. 그렇게 생각합니다.

대체로 이런 여러 가지 얘기들을 했습니다만, 바탕을 흐르는 것은 우리의 사고가 분단이 시작될 때의 사고, 그리고 분단 체제, 반공주의 시대의 사고에서 크게 벗어나지 못한 데서 대북 정책의 제자리걸음이 계속 반복되는 것 아니냐. 그래서 큰 틀에 있어서의 우리 사고를 근본적으로 바꾸는 것이 남북 관계의 발전을 위해서 꼭 필요한 일이라는 것, 이런 것.

아무리 생각해도 별 뾰족한 내용도 아닌데 말하기가 그렇게 쉽지 않은 얘기들이 좀 더 있습니다. 우리가 일부러 말하지 않고 피해 갔던 이야기들을 오늘 좀 꺼내 봤습니다. 정면으로 이런 문제를 우리가 다루어 나가는 것이 필요하다. 그렇게 생각하고 말씀드렸습니다.

여러분, 긴 시간 수고 많으셨습니다.

감사합니다.

노무현과의 대화

인간 노무현, 흔들리지 않는 게임의 법칙

노무현 민주당 상임고문
유시민 시사평론가
시간: 2002년 2월 15일 오후 2시~5시 30분
장소: 자치경영연구원 회의실
배석: 임형욱(진행), 김경실(기록)

설 연휴가 막 끝난 늦겨울인데도 날씨가 벌써 봄날마냥 포근하다. 여의도 맨하탄호텔 뒤편에 있는 노무현 경선 캠프 사무실은 30대 젊은 실무자들로 북적이고 있었다. 이런 종류의 인터뷰를 할 때면 으레 오가는 덕담을 주고받은 다음 곧바로 본론으로 치고 들어갔다. 시간이 곧 돈인 프리랜서와 시간이 곧 표인 정치인이 마주 앉아, 실속도 없는 예의 갖추기에 그 귀한 시간을 허비할 수야 없는 일 아니겠는가. 노무현, 우선 '산다는 것의 의미'를 어디에 두고 있는지가 궁금하다.

유시민(이하 유): 저는 천성이 여기저기 돌아다니는 걸 좋아하는 사람이라 그런지, 큰 책임이 있는 높은 자리를 맡으라고 하면 겁이 나거든요. 그런데 대통령이 되겠다고 도전장을 내셨는데 그렇게 크고 무거운 자리를 맡는 것에 대한 부담감이 없으십니까?

노무현(이하 노): 두렵고 또 부담감이 많죠. 특히 요즘은 더 그렇습니다. 전에는 남들이 대통령하는 것 보면서, '아 저렇게밖에 못하나' 생각했어요. 그런데 김영삼, 김대중 이렇게 존경하던 분들이 일을 해 나가는 걸 보면서는, 참 쉽지 않은 일이라는 걸 깨달았습니다. 다음 대통령이 해야 할 일이 무엇일까 하나하나 따져 보면 정말 만만치 않겠다는 두려움이 생깁니다.

유: 영국 왕실 사람들, 큰 나라들의 대통령들의 삶을 보면서, 또 청와대 앞을 지나갈 때 전 이런 의문을 떠올립니다. 대통령이 저 구중궁궐에 갇혀 가지고 일하는 보람은 느낄지 모르지만 과연 한 인간으로서 행복할까…….

노: 사람마다 꿈이 다 다르긴 하지만, 그래도 보통 사람의 행복이라고 하는 건 대개 윤곽이 나와 있잖아요. 그런 기준으로 봐서 결코 행복하지 않을 거라고 생각합니다. 보통 사람들의 기준으로 봐서 행복하지 않은 게 거의 확실합니다. 그래서 가끔 딸아이하고 마주 앉아서 그럽니다. 될까 봐 걱정 안 될까 봐 걱정, 고민돼 죽겠다…….(웃음)

유: 보통 사람 기준으로 행복하지 않을 거라고 하시면서 대통령에 도전하시는데, 그러면 노 고문께서는 행복에 관한 다른 기준을 가지고 계십니까?

노: 옛날에는 그랬지요. 세상을 좀 뜯어고치고 싶었어요. 우리가 살고 있는 이런 세상하고는 뭔가 다른 세상을 만들어야겠다고 생각했죠.

유: 옛날에는 그랬다? 그럼 지금은요?

노: 예전에는 그게 가능할 거라고 봤지요. 크게 바꿀 수 있을 거라고 생각했습니다. 그런데 지금은 어떤 사상이나 체제를 가지고 바꿀 수 있는 것이 내가 예전에 생각했던 것보다 훨씬 적다는 생각을 합니다.

유: 대통령이 되어 봐야 크게 바꿀 수도 없는데, 그래도 그걸 위해서 보통 사람들이 말하는 인간적 행복을 포기하시겠다는 말씀인가요?

노: 지금으로서는 그렇지요. 이제 처음 시작하는 거라면 아마 생각을 다시 하겠지만, 저는 이미 선택했습니다. 자기가 선택한 삶을 열심히 사는 것도 중요하고, 또 작기는 하지만 여전히 중요한 일이 있다고 생각합니다. 지금 처음 시작한다면 아마 안 할 겁니다.

누구나 예측할 수 있지만 아무도 장담할 수 없는 일

처음부터 하지 않았다면 모를까 이미 여기까지 와 버렸기 때문에, 이 선택을 뒤집을 수 없기 때문에, 개인적 일상적인 행복을 접고 계속해서 앞으로 갈 수밖에 없다? 이런 대답이 나오리라고는 예상하지 못했다. 정치인은 대체로 더 큰 권력을 장악하고 휘두르는 그 자체에서 성취감과 행복을 느낀다는 고정관념을 누구에게나 다 적용할 수 있는 건 아닌 모양이다. 그럼 노무현은 그 '선택'이라는 걸 도대체 언제 한 것일까? 누구는 중학생 때부터 결심을 했다는데.

유: 민주당의 대통령 후보로 대통령 선거에 나가야 하
겠다는 생각을 구체적으로 언제 하셨습니까?

노: 그건 참 말하기 어렵습니다. 처음에는 아주 추상적
인 생각에서 출발했고 조금씩 조금씩 구체적으로 진전
을 시켰는데, 그러다가 현실적 가능성이 나타나면서 어
느 시점에선가 확실한 선택으로 굳어진 겁니다. 그러니
어느 때라고 딱 잘라 말할 수는 없지요. 다만 제가 이것
을 명확하게 밝힌 건 2000년 4·13총선 때였습니다.

유: 종로 보궐선거에서 당선되어 종로 지구당을 맡고
있다가, 거길 버리고 부산 강서을로 내려가신 때를 말
씀하시는 겁니까?

노: 내려갈 때는 아니고, 내려가서 한참 뛰면서 준비한
뒤에, 4·13총선에 접어들면서 그렇게 공약했습니다.

유: 그때 선거에서 떨어지셨는데요, 그런데도 그 꿈을
접지 않고 여기까지 오신 이유는 뭡니까?

노: 그게 참…… 인간적으로 대답하라는 것 아닙니까,
정치적으로 대답하지 말고.(웃음) 인간적으로 대답하
면 이건 운명입니다. 팔자 같아요. 조금 전에 내가 될까
봐 걱정, 안 될까 봐 걱정한다고 얘기했는데, 그 당시에
도 될까 봐 걱정 안 될까 봐 걱정하면서 선거를 치렀거
든요. 그런데 그때는 안 될 경우를 더 많이 생각했지요.
떨어지면 지금까지 나를 묶어 온 여러 가지 제약에서
해방될 수 있다는 기대와 희망도 한편으로 있었습니다.
떨어지면 정말 정치 청산하려고 생각했었고, 떨어졌으

니 청산해야지요. 그런데 사람이 참 묘한 게 여기저기서 인터뷰를 하자니까, 그만두더라도 할 말은 하고 그만두어야 하겠더라구요. 그런데 인터뷰가 하나둘이 아니고, 잡지에서도 오고 TV에서도 오고, 그렇게 하다 보니까 내가 정치인으로 그냥 살아 있는 겁니다. 나는 정치권에서 배제될 것이라고 봤는데, 이렇게 가면서 여기까지 와 버린 것이죠. '아, 정치는 그냥 이렇게 하는 거구나!'(웃음) 하게 됐죠. 사실 아무도 돌아보지 않을 걸로 생각했어요. 정치를 그만둔다고 생각했던 것은 이번에 부산에서 떨어지면 아무 가능성도 남지 않는다고 생각했기 때문입니다. 물론 딱 그만두겠다는 생각보다는, 또 부산에서 떨어졌는데 무슨 가능성이 남을 수 있겠느냐 하고 생각했는데 그 일이 자꾸만 정치적으로 거론되면서 정치인으로 살아 있는 자신을 어느 날 발견한 거죠. 낙선한 그날 밤 인터뷰를 할까 말까 잠시 고민했던 것 말고는 그냥 왔습니다. 사람 욕심이 그렇더라구요.

유: 총선에서 떨어진 정치인을 언론이 그렇게 크게 다뤘던 적이 없었죠? 또 그 바람에 팬클럽도 생기고, 그래서 어떤 사람들은 말하기를 '노무현 참 영리한 사람이다. 가서 떨어지더라도 이런 사태가 올 걸 미리 예측하고, 손해 보는 장사가 아니라고 생각하면서 부산에 내려간 것이 아니냐. 일각에서는 바보짓, 계란으로 바위 치기라고 했지만, 실제로는 대단히 영리한 사람이라서 그 뒤까지 내다보고 그렇게 한 것 같다' 이런 해석도

없지 않거든요. 지금 말씀 들으면 그건 아니었던 것 같습니다.

노: 그건 저를 아주 크게 칭찬하는 말이라고 생각합니다.(웃음) 그런데 그런 말 하는 분이 만일 정치인이라면, 저는 '그 영리한 것 당신도 한번 해 봐라' 그렇게 말하고 싶습니다. 다른 한편으로는, 그 정도는 세상 인심돌아가는 걸 내다봐야 대통령도 꿈꾸고 정치도 하는 것이 아니겠습니까. 예측은 아무나 할 수 있습니다. 하지만 누구도 결과를 장담할 수 없는 일입니다. 설사 내가그런 기대를 했다 하더라도, 정확하게 계산할 수 있는문제가 아닙니다. 그럴 수도 있겠거니 기대를 하면서도 안 그럴 가능성이 더 크다고 생각하기 때문에 아무나 도전하지 못한 겁니다. 그런 걸 종합적으로 말해서직관이라고도 하고 '감'(感)이라고 합니다. 저는 어떤면에서는 그게 저의 정치적 자질이라고 할 수도 있다고봅니다.

거꾸로 와서 박힌 어머님의 교육, '모난 돌이 정 맞는다'

노무현은 거듭되는 낙선을 통해 전국적 인물이 된 희귀한 정치인이다. 이것도 그러려니와 이회창 한나라당 총재가 중시하는 '주류'(主流)의 시각으로 보면 이런 사람이 어떻게 감히 대통령이 되려고 하지, 고개를 갸웃거릴 대목이 적지 않다. 좀 더 깊이이 사람을 들여다보기 위해서는 잠시 시간 여행을 떠날 필요가 있을 듯하다. 과거로의 여행은 흔해 빠진 질문으로 시작해 본다.

유: 노 고문께서 처음으로 선거권을 가졌을 당시 미래
에 대한 꿈은 어떤 것이었습니까.

노: 66년에 고등학교를 졸업했는데 그때는 선거가 없었
습니다. 졸업 후에 '사법 및 행정요원 예비시험' 준비를
했습니다. 지금은 없어진 제도이지만 대학교 학력을 안
가진 사람이 사법시험이나 행정 고시를 치기 위해 거쳐
야 되는 예비고사였습니다. 66년에 그 예비시험에 응시
해서 합격을 했습니다. 저는 판사가 되고 싶었습니다.

유: 판사가 되려는 분이 왜 부산상고를 가셨습니까?

노: 장학금 보고 부산상고 갔습니다. 그때는 부산상고
가 학비 전액을 지급하는 장학제도를 가지고 있었습니
다. 졸업하면 취직된다는 생각도 있었구요.

유: 당시 상고면 부기·주산 이런 거 할 때 아닙니까?

노: 그렇지요. 제가 주산 2급, 부기 2급 자격증을 가지
고 있습니다.

유: 단까지는 못 가셨군요.

노: (웃음) 예, 단까지 못 갔습니다.

유: 상고 간 제 친구들은 단도 있고 그렇던데.(웃음) 장
학금 때문에 부산상고를 가셨다고 말씀하셨는데, 어르
신들께서는 구존해 계십니까?

노: 두 분 모두 세상 떠나셨습니다.

유: 언제쯤입니까?

노: 아버님께서는 76년에 돌아가셨고, 어머니는 98년에 돌아가셨습니다.

유: 어머님께서는 아들이 출세한 것을 보고 가셨네요.

노: 그렇습니다. 제가 사법시험 합격한 그해에 아버님께서 돌아가셨고, 98년에 우리가 여당이 된 해에 어머님께서 돌아가셨습니다.

유: 좋은 일 있을 때 어르신들을 떠나보내셨는데요, 선친께서는 농업에 종사하셨습니까?

노: 그렇습니다. 일제강점기 객지에 가서 노동자 생활을 좀 하신 것 외에는 농업에 종사하셨습니다.

유: 결국 집이 가난해서 장학금을 주는 상고로 가신 건데, 노 고문께서 지금 보통 사람들이 쉽게 이루기 어려운 자리, 집권 여당의 대통령 경선 후보에 오르는 그런 자리까지 오시면서 내 인생에서 이런 것만은 부모님한테서 받은 것이다, 이렇게 말할 수 있는 게 있습니까?

노: 받은 것이 있지요. 타협을 하지 않는 성격은 아버지한테 받았습니다.(웃음)

유: 그렇게 배웠다는 이야기인가요, 아니면 타고나기를 그렇게 타고났다는 말씀인가요.

노: 타고나기를 그렇게 타고난 것이 아닌가 싶어요. 아버지가 타협을 잘 못하셨어요. 별로 큰일은 없었지만 어쨌든 타협을 잘 안 하셨어요.

유: 어린 시절에 선친께서 타협하지 않는 모습을 보신 걸 구체적으로 기억하십니까?

노: 그렇지요. 이러면 자꾸 우리 어머니가 나쁜 사람이 되는데……(웃음) 어느 가정이나 다 그렇잖아요. 우리 아버지가 어머니한테 구박을 참 많이 받았어요. 이유는 소위 일상생활에서 권모술수를 쓸 줄 모른다는 것이죠. 우리 어머니는 '너무 용맹이 없다', 이렇게 표현하셨는데, 이를테면 손해 보는 거래 같은 걸 자주 하셨던가 봐요. 아버지가 남 소송하는 데 증인을 서러 많이 다니셨어요. 소송의 당사자는 이해 당사자지만 증인은 이해관계가 없는 사람이거든요. 그런데 협박과 회유를 무릅쓰고, 온 마을에서 다 아는 일인데도 아무도 증언을 안 하는 일을, 유독 아버지 혼자만 증언을 한다고 생각해 보세요. 얼마나 모난 사람인지.(웃음) 증언을 해서 아버지가 증언을 해 준 쪽이 이겼어요. 말하자면 소송에서 약자가 이긴 거죠. 마름 출신의 지주와 소작인이 토지 분배를 놓고 분쟁을 했는데 결국은 소작인 쪽이 이겼죠. 그런데 다 끝난 뒤에 마을의 몇 가지 문제를 정리하면서 우리 아버지를 따돌리고 자기들끼리 화해를 해 버렸어요. 원수는 아버지만 남았죠. 그 일로 우리 어머니가 항상 아버지를 비난했어요.

유: 어머니께서 동네에서 생활하시기가 불편하셨던 점도 있었겠네요.

노: 그렇지요. 그 일로 해서 어머니가 가장 억울해하는 것은, '봐라, 그 사람들은 배신했지 않냐, 결국. 그러니 양심껏 살아서는 안 된다'고 저를 교육했죠. 득 되지 않

는 일에 나서지 말라는 거죠. 아버지가 그런 일에 나섰
다고 해서 어리석은 사람이라고 했어요. 실제로 그 일
때문에 지주 아들들한테 아버지가 몰매를 맞아서 두루
마기에 피가 벌겋게 묻어서 집으로 들어오시고 했던 것
은 제가 봤어요.

유: 노 고문께서는 그런 모습을 보면서도 선친께서 잘
못된 일을 하셨다고 생각하시지는 않은 것 같습니다,
지금 말씀하시는 것을 보면.

노: 말은 못했지만 어머니를 원망스럽게 생각했죠. 어
머니하고 다툴 만한 나이는 안 됐고, 하지만 아버지는
충분히 이해했죠.

유: 노 고문께서 대학을 안 나온 상태에서 사법시험에
합격을 했고, 제가 듣기로는 부산에서 상당히 잘나가는
변호사였다던데, 소득 면에서도 그렇고. 그런데 부림사
건 변론 맡은 걸 계기로 돈 버는 일을 집어치우고 인권
변호사로 나섰는데, 그때 어머니께서 뭐라고 하셨겠습
니다.

노: 모르셨습니다. 81년부터 죽 그렇게 하는 걸 몰랐는
데, 87년쯤 들어서서 내용을 알게 됐죠. 알게 되면서 걱
정을 좀 하셨어요. 87년 2월에 박종철 군 사건으로 제
가 신문에 크게 나 버렸어요. 그래서 대공분실에 끌려
가서 못 나오고 영장이 청구된다는 소리가 나오니까 굉
장히 걱정을 했어요. 그 뒤에 집에 가니까 어렸을 때부
터 하던 얘기, 모난 돌이 정 맞는다는 얘기를 죽 하시는

거예요. 아버지와 우리 마을의 역사를 이야기하면서, '모난 돌이 정 맞는다, 계란으로 바위 치기다, 니가 그런다고 세상이 바뀔 것 같냐, 법 쥔 사람한테 절대로 이기는 법이 없다.' 그래서 '아니, 어머니 나도 법 쥐었잖소' 했더니, '니 법 그 법 말고',(웃음) 그랬는데 실제로 내가 87년 9월에 덜컥 구속이 되었어요.

유: 87년 9월이면 울산 쪽에 노동자 대투쟁 일어난 그때…….

노: 예, 그때 대우조선에 갔다가 구속이 됐는데 어머니가 아주 낙담하셨죠. 우리 어머니는 딱 한 가집니다. '모난 돌이 정 맞는다.' 그런데 그게 나한테 거꾸로 강하게 박혀 있어요. 그리고 5공 때 학생들 변론할 때, 학생들 어머니들이 꼭 같은 이야기를 하더라구요. 변호사 사무실에 오셔서 꼭 그 얘기를 합니다. '계란으로 바위 치기'라고 하지 말라고 했는데도 자꾸 하더라고…….

나도 한때는 주류였는데……

유: 이 부림사건을 계기로 해서 인권 변호사 쪽으로 나서셨는데요, 말하자면 모난 돌이 되신 겁니다. 그런데 이것이 도대체 어떤 사건이었고 노 고문께서 이 사건을 어떻게 받아들이셨기에 인생의 중대한 변화를 겪게 되었습니까.

노: 이런 질문에 대답하다 보면 어느 한 계기를 설명하

게 되는데, 사실은 그 시기에 양심을 가진 사람들 가슴 속에 차곡차곡 쌓여 간 무엇이 있었다고 봐야죠. 예를 들면 제가 고시 공부를 한다고 절에 들어가 있는데, 그때 공부하고 있는 와중에 10월유신이 났어요. 학생 몇 사람도 절에 들어와 있었는데 술 먹고 울고 그러더라구요. 나도 심정은 비슷했지요. 그런데 그 헌법 책, 『유신 헌법』으로 공부를 했어요. 유신이 되었으니까 헌법 책을 새로 사야 했어요. 10월유신은 나에게 헌법 책을 새로 사야 한다는 것, 공부를 새로 해야 한다는 걸 의미했습니다. 또 그 책을 읽고 공부를 하면서 모멸감도 느낄 수밖에 없었구요. 시험을 위해서 책에 있는 이론을 외우기는 외우는데 이론이 억지이지 않습니까. 그 어거지 이론을 공부하니까 모멸감이 쌓이지요. 그래서 나중에 시험 칠 때는, 진짜 어떤가 한번 보자 싶어서, 헌법 이론에 대해서 할 때는 저항권 이론을 도도하게 쓰기도 하고 그랬지요. 그다음에 우리 연수원 다닐 때에 우리 바로 앞 기에 조영래 변호사가, 나는 그때 조영래 변호사가 누군지 몰랐는데…….

유: 조영래 변호사가 소위 서울대 내란 음모 사건에 연루돼서…….

노: 예, 그게 1975년인가 그랬는데 연수원을 다니다가 퇴교되었어요.

유: 수배가 되었지요. 아마…….

노: 그때 연수원 강당에 태극기와 박정희 대통령 사진

이 나란히 걸려 있었어요. 천장이 낮아서 더 올라갈 데도 없었지만, 박정희 대통령의 사진이 태극기보다 약간 높은 것처럼 보였어요. 그것을 가지고 한 연수생이 왜 태극기보다 대통령의 사진이 더 높으냐 하고 지적을 했어요. 지금 로펌 김&장을 하고 있는 친군데, 그러자 갑자기 분위기가 싸늘해졌지요. 전체가 수런수런하고 있는데, 다른 친구가 일어나서 '각자 알아서 몸조심해라'라는 말을 했죠. 그런저런 시절들이 다 우리에게는 모멸감이 축적되는 과정이었어요. 그래서 79년 10월에 부마항쟁이 났는데, 그때는 우리도 길거리로 뛰쳐나가고 싶은 충동이 폭발 직전에까지 가 있었어요. 그렇지만 우리는 그런 사람들하고 조직적으로 연결이 안 되어 있었죠. 그러던 중에 부림사건이 났습니다.

유: 그게 어떤 사건인지부터 말씀을 해 주시죠.

　노: 그 당시 부산에서는 김광일, 이흥록 변호사 두 분이 부산의 시국 사건 변론을 거의 다 했어요. 그분들이 저보고 부림사건 변론을 하라는 겁니다. 그런데 보니까 부림사건이라는 게 대학생 독서회라든지, 유인물을 만들어 교내에 뿌리고 한 70년대 학생운동 서클 같은, 지금 보면 아주 작은 일들을 하던 사람들이 졸업하거나 학교를 중도에 그만둔 후 서로 이리저리 어울리고 만났는데, 그 사람들을 싹 잡아들여 가지고 친구 만나서 불평불만 했던 것들을 다 엮은 사건입니다. 그러니까 어떻게 보면 부산의 젊은 운동권 사람들을 일망타진한 사

건이죠. 사실 아무것도 없는 걸 엄청난 좌익 조직 사건으로 만들었어요. 탁구장에서 만나 한 얘기, 아이 돌집에서 만나 한 얘기, 그들이 읽었던 모든 책, 그런 걸로 만든 조작 사건이죠. 그 사건의 변론을 제가 맡게 됐습니다. 그 사건 이후 저도 부산에서 시국 사건 변론의 주류로 서서히 등장하게 되었죠. 나도 주류인 때가 있었어요.(웃음)

유: 그건 주류라고 안 그럽니다. 반체제의 주류는 주류가 아니거든요.(웃음) 지금 말씀 들어 보면, 유신 체제 때 유신헌법 가지고 공부를 하시고 그 많은 모멸감을 느끼면서도 별다른 정치적인 행동을 하지 않고 80년대까지 10여 년을 오신 것 아닙니까. 일종의 모난 돌이 되기 전까지 젊은 시절에는 울분을 억누르고 현실과 타협한 것이라고 봐야겠죠.

노: 때때로 삶이 모욕적으로 느껴지긴 했지만 좋았던 적도 많습니다.

유: 그런데 그게 죽 축적되다가 81년 부림사건이 날 무렵에는 더 이상은 그렇게 굴종하고 타협하고 살지 않겠다, 이렇게 결심하신 겁니까?

노: 아, 이야기가 좀 빠졌는데요. 제일 충격적인 것이 청년들이 고문을 받은 것입니다. 우리가 배운 법하고는 전혀 달랐어요. 그건 사람이 아니었어요. 사람을 그렇게 대우할 수가 없지요. 그저 군사독재라는 거, 그렇게 추상적으로 생각했던 거하고는 전혀 다릅니다. 그중

에 한 학생은 57일간 집에서 몰랐다는 거예요. 불법 구금을 당하고 있었는데 소재를 몰랐고, 그 어머니는 아들 찾으러 영도다리 밑으로, 산성으로 다녔답니다. 왜 그렇게 찾아다녔냐고 하니까, 3·15 때 김주열이 물에서 떠올랐기 때문에 자기 아들도 그런가 싶어서 그랬다고 그래요. 그 어머니들이 당했던 얘기들, 그 젊은 친구들이 고문당하고 했던 그런 얘기들……. 그 청년들이 변호사인 저를 처음에는 믿지 않았어요. 공포에 질린 그 눈빛, 이 사람이 참 억울하게 당했다, 도와주어야겠다는 생각을 하면서도 마주 쳐다보기가 싫은 눈빛 있죠. 그 비굴하고 의심에 찬 눈빛, 섬뜩하게 느껴질 만큼. 멀쩡한 사람을 데려다 고문을 해서 그렇게 만들어 놓은 겁니다. 제가 그 사건 이후 인권 운동에 빠져들게 된 건 그런 경험 때문이었습니다.

유: 부산상고 졸업하고 사법 고시 합격하기 전에 군 복무 하셨죠. 몇 년도에 입대하셨습니까?

노: 68년 3월 8일 군번입니다.

유: 혹시 군번을 아직 기억하십니까?

노: 예, 51053545.

유: 훈련은 어디서 받으셨습니까?

노: 창원, 예비사단에 있었습니다.

유: 그런데 노 고문의 경력 사항을 보면은 육군 상병으로 나와요. 그래서 네티즌들 가운데서는 군대 갔다 왔으면 병장이지 왜 상병이냐, 의가사 제대한 거야? 이런

식의 얘기들도 있거든요. 왜 상병입니까.

노: 제가 34개월 18일 근무했어요. 지금 젊은 사람들 그만큼 근무 안 할걸요. 그 당시 일반적으로 상병 제대가 많았어요. 월남에 간 사람들이 다 병장을 달고 오거든요. 부대 안에 병장 티오(T.O)가 가득 차서 병장 진급이 쉽지 않았죠.

유: 그럼 결국 베트남전쟁의 부작용으로 상병 제대를 하신 거네요.

노: 또 한 가지는 제가 일군 사령부에서 절반쯤 군 생활을 하다가 최전방으로 옮겼기 때문에, 그것도 진급에 불리하게 작용했어요.

유: 그런데 아드님은 군에서 제대를 했습니까?

노: 그렇지요. 93년에 가서 95년에 제대를 했습니다.

유: 이것도 역시 인터넷에서 떠돌아다니는 이야기인데요, 국회의원 하실 때 아드님이……

노: 93년이니까, 제가 국회의원 그만두고 민주당 최고위원이 되었을 때 그때쯤입니다.

유: 3당합당 때 안 따라가시고 부산에서 출마를 했기 때문에 재선에서 실패하고 원외에 계실 때 아드님이 입대를 한 것이군요. 인터넷에 떠돌아다니는 이야기를 보면 아들을 전방의 박격포 부대인가 어딘가 보내 놓고 면회도 잘 안 가고 편지도 잘 안 하고 그러셨다는 이야기가 있는데 사실이 그렇습니까?

노: 그렇지는 않습니다. 그렇게 금이야 옥이야 하지는

않지만, 아이들을 제가 좋아해요. 원외라도 당의 최고 위원이고 정치 활동이 많아서 바빴고, 그 탓에 별로 자주 가진 않았는데, 그래도 훈련소 수료할 때 갔다 왔습니다. 저 대신 집사람이 자주 가고 친구들도 가더군요. 친구들도 가면 어떤 놈은 차 내놓으라고 해서 차 가지고 가기도 하고.

학벌…… 오히려 유리한 면이 있지요

얼마 전『중앙일보』가 조사한 정치인들의 정치 성향 조사에서 노무현 씨가 단연 진보적인 노선과 정책을 지닌 인물로 나타났다.『한겨레신문』의 민주당 경선 주자 인터뷰 분석 기사에서도 경선 주자 7명 가운데 이인제 고문이 가장 보수적이고 노무현 고문이 단연 진보적인 것으로 평가가 나왔다. 그래서인가 민주노동당 인터넷 홈페이지 게시판에는 진보 세력의 노무현 비판적 지지론을 둘러싸고 가시 돋친 논전이 벌어지고 있다. 명문 대학 출신의 지식인들이 주도하는 진보 정치에 대한, 고졸 학력의 가장 진보적인 현실 정치인 노무현의 견해가 궁금해진다.

유: 아까 인간적인 모멸감을 느끼면서도 어쩔 수 없이 현실과 타협해서 보냈던 10여 년의 기간에 대해 이야기하셨는데…….
　　노: 어쩔 수가 없었다기보다 절박함이 없었죠.
유: 그래서 여쭤보는 건데요, 노 고문께서 이번『중앙

일보』하고 한국 정당학회 설문 조사 결과 전체 국회의
원 가운데서도 가장 진보적인 정책이나 노선을 가지신
것으로 나와 있습니다. 유신 때부터 5·18쿠데타에 이
르는 정치적 암흑기에 쫓기고 박해 받고 징역 가고 건
강을 상하고 심지어 죽으면서까지 독재에 저항했던, 그
런 일에 직접 참여했던 분들이 노무현을 볼 때, 저 사람
이 상당히 진보적인 것은 사실이지만 살아온 이력이 우
리가 믿고 따라가기에는 문제가 있다, 이렇게 보는 경
향이 적지 않거든요. 생각은 올바를지 모르지만 당신이
젊은 시절에 한 일이 별로 없지 않으냐, 이렇게 나온다
면 어떻게 답변하시겠습니까?

노: 한 게 별로 없지요……. 그런데 그 당시에는 그런
세계가 있다는 걸 진짜 몰랐어요. 눈앞에 보여도, 그게
그렇게 심각한 문제인 줄 몰랐어요. 언젠가 통일당 간
부 한 사람이 부산의 무슨 법정에 와서 재판을 받고 있
는데, 그게 나하고 무슨 관계가 있는지 몰랐어요. 그냥
그 사람이 법정에서 최후진술을 하는데, 우리는 다른
사건 변론 때문에 가서 있는데, 하도 도도하게 진술을
해서 야, 굉장하다 하는 구경거리였지, 나한테는 그것
이 다가오지 않았어요. 그러니까 79년 말에 10·16부마
항쟁이 터졌을 때도 그냥 사건이었고, 삼엄하게 군인들
이 착검하고 서 있는 것이 기분 나쁠 뿐이었죠. 그런데
데모를 하는 학생들은 병원에 못 들어오게 한대요. 그
래서 친구하고 술 먹으면서 나쁜 놈들, 죽일 놈들 했던

그 수준이지, 구조적인 문제에 대해서 관심이나 절박함이 저한테는 없었어요. 말하자면 내가 배운 수준에서 아주 원론적인 생각을 했지만 구조적인 문제에 관해서는 아무런 인식이 없었습니다.

유: 그럼 결국 이번 『중앙일보』 조사에서 나왔던 노 고문의 정책이나 노선, 사상, 생각의 방식, 이런 것들이 결국 부림사건을 계기로 인권 변론을 시작하고 나서 배운 겁니까? 노 고문께서는 노동운동과 조합 활동을 지원하는 변호사로서 활동을 많이 하셨지 않습니까. 나중에 국민운동본부에도 참여하고 결국 정치를 하게 되셨는데, 시작이 1981년이면 벌써 30대 후반쯤 돼서 개인과 사회의 관련성을 발견한 셈입니다. 늦바람 났다고 해도 될까요?

노: 그렇습니다. 제가 모범생 기질이 있어요. 어떤 문제가 생기면 책부터 사서 공부합니다. 컴퓨터도 컴퓨터를 만지기 전에 책부터 읽었고, 요트도 요트를 타기 전에 책부터 먼저 봤습니다. 요즘은 바빠서 못하지만, 어쨌든 그런 성격이 있습니다. 책에서 읽고 청년들하고 토론해서 배우고, 직접 경험하고, 그러면서 생각을 다듬은 것이죠.

유: 『중앙일보』 설문 조사 결과를 보면 노 고문께서는 스스로를 중도 성향으로 평가하셨던데 객관적 지표를 보면 매우 진보적인 성향으로 나옵니다. 주관적 평가와 객관적 평가가 이렇게 큰 차이가 나는 이유가 뭐라고

생각하십니까?

노: 민주당의 지난번 대선 공약과 각종 현안에 대한 당론을 거기 다 넣으면 얼마쯤 나올까요? 저하고 비슷하게 나올 겁니다.

유: 노무현이 민주당의 정치적 정체성에 가장 근접한 후보라는 말씀을 하시고 싶은 겁니까?

노: 한두 개에서, 점수를 아주 많이 먹었을 겁니다. 예를 들면 국가보안법 같은 것은 단호하게 폐지하자는 입장이거든요. 그 한 개가 점수를 많이, 소위 왼쪽으로 많이 먹었을 가능성이 있습니다. 그런 것을 진보적이라거나 좌익적이라고 봤는지 모르겠는데, 국가보안법은 실용성을 따질 문제가 아니라 문명국가로서는 수치스런 제도입니다. 저는 그래서 단호하게 폐지하고 대체 입법을 하자고 주장합니다.

유: 민주공화국의 기본 가치에 입각해서 그런 답변을 했다는 말씀입니까?

노: 그렇지요. 그런데 그런 것 때문에 제가 아주 과격한 진보주의자처럼 결과가 나오지 않았을까 짐작해 보는데, 한국 사회가 전체적으로 우편향된 탓도 있겠죠?

유: 예, 그렇게 볼 수도 있겠지요.

노: 내가 왼쪽으로 나왔으면 그건…… 한국 사회의 기준이 너무 오른쪽으로 가 있기 때문입니다. 세계적인 기준으로 평가하면 별로 왼쪽이 아닌데, 한국 사회가 너무 오른쪽으로 가 있으니까 그렇게 보이는 겁니다.

유: 문명적 기준으로 보면 중도인데 한국적 정치 기준으
로 보면 왼쪽으로 가 있다 이렇게 표현해도 되겠습니까?

노: 그렇지요. 그 기준점을 어떻게 잡았는지 모르겠는
데 한국 사회에서 상대적으로 평가하면 그럴 수도 있겠
지요. 일반적인 세계적 기준으로 봤을 때는 결코 그렇
지 않을 겁니다.

유: DJ가 왜 세 번이나 떨어졌느냐, 세 가지 중에 하나
만 했으면 그 전에 됐을 거다 이런 이야기가 있는데, 대
학을 나왔든가, 호남 출신이 아니든가, 좌익 시비가 없
었든가 하는 겁니다. 이 세 가지 중에 하나만 했더라도
훨씬 일찍 됐을 거라는 다소 냉소적인 가설이죠. 대한
민국 사회에서 대학을 나오지 않았다는 것은 대단히 큰
약점입니다. 정치 시작하신 지 15년째인데 대학을 나오
지 않은 것 때문에 불편하거나 불리하다고 느끼지는 않
으십니까?

노: 몰랐습니다.

유: 몰랐다⋯⋯? 지금은 안다는 말씀인가요?

노: 최근에 와서 '아, 이게 좀 어렵구나' 이런 느낌을 받
습니다.

유: 구체적으로 어떤 문제입니까?

노: 모든 영역에서 호의적인 대접을 못 받는 것 같아
요. 예를 들면 옛날에 『주간조선』에 내 기사가 실렸는
데, '노무현 의원은 상당한 재산가인가'라는, 나를 엄청
모함하는 기사였습니다. 그게 나왔을 때 왜 이 사람이

이런 얘기를 기사로 썼는지 도저히 이해할 수가 없었어요. 그 기사를 보면 쓴 사람이 기사를 작성하면서 단 한 번의 멈칫거림도 없었던 것 같아요. 정말 손톱만 한 인간적 호의만 있어도 진위를 확인하고 지나친 표현을 삼갔을 겁니다. 저는 이게 학력과 관계가 있다고 봅니다. 사실 지금 제일 심각하게 느끼는 건 정치자금 모으기가 힘들다는 겁니다.

유: 부산상고 동문들이 힘이 되지 않습니까?

노: 상고가 행세하던 시절은 오래전에 지나갔거든요.

유: 자금 문제하고, 학연으로 얽힌 사람이 없다는 것이 문제입니까?

노: 그 밖에도 여론조사를 포함해서 모든 영역에서 안 걸리는 데가 없을 겁니다.

유: 기자들 상대로 한 여론조사를 보니까 차기 대통령으로서 누가 가장 적합하냐는 문항에서, 의외로 노무현 고문께서 야당 지도자를 포함한 예비 주자들 가운데 단연 1등이더군요. 신문기자 하면 좋은 대학 나와서 이른바 언론 고시를 합격한 사람들인데 그렇게 나온 이유는 어디 있다고 보십니까?

노: 그 기자들이 젊은 세대들입니다. 그 기자들의 평균 연령이 아마 30대일 겁니다.

유: 아, 그렇습니까. 학력이나 직업 요소보다는 연령과 관련된 문화적 요소가 더 크다?

노: 학력 콤플렉스 같은 것은 한국 사회의 개별적인 문

제, 정실이 통한다든지 연고가 작용하는 여러 가지 개별
적인 네트워크에서 불리하다는 것입니다. 큰 집단에서
는 그런 것 못 느끼고…… 오히려 유리한 면도 있지요.

유: 어떤 점이 유리하다고 보십니까?

노: 어떻든 특별한 것은 흥행성이 있지 않습니까?(웃음)

유: (웃음) 그런 면이 있지요. 남들이 어떻게 반응을 하
든지 간에 노 고문께서 이것 때문에 스스로 의기소침해
지거나 위축되는 것은 못 느끼십니까?

노: 대통령 후보가 될 때까지는 거의 못 느꼈습니다. 경
선 주자가 되기 전까지는 이런 문제로 불편하다고 느낀
건 없고, 아까 말했듯이 흥행성이랄지 입지전적인 요소
때문에 덕을 본 적이 많지요. 대통령 예비 주자가 되고
나니까 많이 부담이 됩니다.

'너 감옥 가 봤어?'라고 묻는다면……

노무현은 참 씩씩한 사람이다. 경선 캠프에 현역 의원이 한 명도
없고, 여론조사 지지도에서 이인제 고문에게 제법 뒤떨어져 있
는데도 자기가 틀림없이 민주당 후보가 될 것이라고 큰소리를
친다. 그런데 '걱정 없는 소년'처럼 보이던 노무현도 학력 문제가
나오자 안색이 어두워지고 목소리가 약간 나직해졌다. 하긴 왜
그렇지 않겠는가, 내로라하는 신문사와 방송사 고위직에 잘 아
는 친구나 한 다리 건너 알 만한 사람이 하나도 없는 사람이, 국
민 지지 하나만 믿고 후보 경선을 치른다고 생각해 보라. 누군들

속이 타지 않겠는가. 아무래도 분위기를 좀 바꿔야 하겠다. 뭐가 좋을까. 역시 여자 이야기가 좋겠다.

유: 10여 년 전에 내신 책인가요, 제목이 『여보, 나 좀 도와줘』, 도와주는 사람이 오죽 없었으면 이럴까 하는 느낌을 주는데요. 도와주는 사람이 너무 없어서 사모님한테 호소를 하신 겁니까, 아니면 딴 사람들은 다 도와주는데 사모님만 안 도와주셔서 그런 겁니까?

노: 그 제목은 책을 한 권이라도 더 팔려고 뽑은 카피입니다. 사람들이 별로 알아주지 않는데 저는 재능 있는 카피라이터입니다. 특히 정치 영역 카피에는 자신이 있습니다. 물론 카피라고 해서 맨 거짓말은 아닙니다. 실제로는 아내가 잘 도와준다고 생각합니다. 그런데도 투정을 하는 이유가 두 가지 있습니다. 하나는 정치인의 아내가 보통 하는 만큼 나서 주지 않는다. 잘 안 보이는 뒷전에서 하는 일은 많아도 밖으로 드러나는 활동은 좀 약하다. 조용히 도와주는 건 많이 하거든요, 집에서. 하지만 그 때문에 '여보 나 좀 도와줘' 한 건 아니고, 우리는 삶의 지향을 조금은 다르게 하고 있어요. 저는 어쩌다가 30대 중·후반에 사회적인 문제에 눈을 떴습니다. 그리고 아주 원칙적인 자세로 거기에 몰두하고 내 딴에는 헌신적으로 일을 했죠. 그런데 아내는 거기에 동의하기 어려웠죠. 그렇게 만난 부부가 아니니까요. 우리는 사회적 관심사를 가지고 사회 참여하다가 만난 사람이 아닌데, 저만 혼자 진로를 바꿔 버렸으니까 부조화

가 생긴 겁니다. 그런 것이 알게 모르게 가정생활에 긴
장이 되어 흐르거든요. 전류가 흐릅니다.

유: 여보 나 좀 도와줘가 아니라, 여보 나 좀 봐 줘!

노: 그런 거라고 봐야죠.

유: 이게 눈여겨볼 대목입니다. 지난 시대에 이른바 운
동권, 사회운동에 참여했던 분들이 워낙 많기 때문에
거기서 짝이 맺어진 경우도 많거든요. 그런 부부는 어
느 한쪽이 운동을 포기하고 돈 버는 길로 나가서 갈등
이 생기는 경우도 있습니다. 저 인간 옛날에는 괜찮은
줄 알았는데 이제 보니 돈독 올라 완전 엉망이 되었다.
그래 갈라서자. 노 고문께서는 반대 경우인데, SBS 토
론 중간에 사모님 인터뷰를 보니까, 노 고문께서 그 당
시에 많이 쫓아다니셨다는데 사실이죠?

노: 예.

유: 그런데 왜 그렇게 애를 먹이셨느냐고 물으니까, "우
리 남편이 지금도 훌륭하고 그때도 괜찮았지만 저도 그
때는 훌륭했거든요." 이렇게 말씀하시더라고요. 그러
니까 결혼할 당시 노무현과 20년 넘게 살고 난 지금의
노무현은 세계관과 철학과 의식이 상당히 다르다, 싸움
이 날 만한 일이긴 한데, 그래서 부부 싸움도 하십니까?

노: 그게 또 거꾸로입니다. 제가 소위 운동이라는 것을
알기 전에는 부부 싸움을 많이 했지요. 그런데 소위 운
동권이 되고 나서는 훨씬 줄었어요. 바빠서 싸울 시간
이 없었기도 하고…… 긴장이 흐른다고 하지만 내놓고

싸울거리가 되는 것도 아니고, 제가 뭐 밥을 굶긴 것도 아니고, 아이들 잘 자라고. 그러니 큰 싸움거리는 없었습니다. 다만 여성에 대한 태도 때문에 청년들한테 비판을 굉장히 많이 받았어요. 책도 물론 많이 읽었지만, 같이 다니면서 내가 불쑥불쑥하는 소리, 일상생활에서 부부간의 예의, 이런 것을 가지고 청년들이 지적을 많이 했죠. 당신 아주 봉건적이다, 그건 아주 가부장적 사고방식이다. 가만히 들어 보니까 말인즉슨 옳아요. 습관이 금방 바뀌지는 않지만 조금씩 조금씩 여성에 대해서 더 생각하게 되고, 그런 게 도움이 많이 되었죠.

유: 80년대 초까지는 사회적 정치적 사건들을 자기 문제로 받아들이지 않았다고 하셨는데, 사실 성차별은 수천 년 해묵은 문제거든요. 그렇다면 노 고문께서는 이것 역시 자기 문제라고는 생각하지 않으셨다는 말씀인가요, 청년들한테 직접 비판을 받기 전까지는?

노: 그 문제도 그렇지요. 그저 민법 교과서를 읽으면서, 거기 나오는 추상적인 남녀평등 원리 정도만 이해하면서, 우리 법 제도가 낡았다 이런 정도 관념을 갖고 있었을 뿐이죠. 어떻든 간에 절실한 문제는 아니었어요. 80년대 젊은 운동권 학생들의 여러 가지 문제 제기들은 나한테는 심각한 영향을 미친 사건이지요. 나는 하여튼 그 소용돌이에 완전히 빨려 들어갔습니다. 아까 질문하셨는데 '노무현이 너, 그때 뭐 했냐?' 이렇게 물으면 별로 한 거 없지요. 그런데 그러면 그때 누구는 뭐

했나요, 나는 아주 원칙적인 자세로 삶을 살았고 운동을 했습니다. 정치를 할 때도 내 모든 것을 다 걸고 했습니다. 어떻든 감옥을 안 갔다는 말, 아니 감옥을 갔는데 내가 변호사니까 변호사가 100명씩 붙고 해 가지고 석방되어 버리고 해서 그렇지, 내가 변호사가 아니었다면 훨씬 더 오래 살 일들을 많이 했어요. 아주 단호하고 원칙적으로, 작은 시위 하나라도 집회 하나라도 아주 단호하고 원칙적으로 했고, 아주 성실하게 했습니다.

유: 스스로 인식하고 판단한 만큼은 충실하게 행동하면서 살았다.

노: 그렇지요. 어떻든지 간에 사회문제에 대해서 한마디씩 한다는 사람들이 국회의원 아니겠어요. 60명의 국회의원을 담아 놓은 공당이 여당으로 들어가고, 54명 국회의원이 여당으로 들어갈 때 남았어요. 나 혼자. 허허벌판에 댕그마니, 그것도 김영삼의 아성 부산에서. 감옥을 얼마나 오래 살았느냐, 그거 가지고 모든 걸 잴 수는 없죠. 나는 아주 원칙적으로 일해 왔습니다.

유: 좀 서운하십니까. 누가 뒤늦게 입바른 소리 한다고 해서, '너 감옥 가 봤어?' 이렇게 얘기하는 사람이 더러 있거든요. 과거에 굉장히 고생했던 분들을 비난하는 게 아니라, 그분들이 고생을 굉장히 많이 했는데 무슨 자격증이나 학위가 없다고 홀대하고, 그러니까 화가 나서 그런 말을 할 만도 하죠.

노: 그건 그렇습니다. 하지만 나는 내가 스스로 세우고

받아들인 원칙에 따라서 성실하게 최선을 다해 살았다
고 자부합니다.

유: 혹시 이런 면과 관련해서 자연인으로서 노무현은 이
런 면이 있는 사람이라고 더 말씀하실 것이 있습니까?

노: 아까 이야기한 것처럼 내가 아는 만큼 성실히 했다
는 것도 있지만, 다른 한편으로 나는 어떤 문제에 부닥
치면 거기 몰두해서 최선을 다해 그 문제와 대결합니
다. 해결할 때까지 집중해서 합니다.

링컨이 '노예해방'보다 우위에 둔 것

30년 전에 본 어떤 무협 만화 마지막 쪽에 이런 글이 있었다. "정
의 없는 힘은 폭력이고 힘 없는 정의는 무기력이다." 최근에서야
이것이 볼테르의 『관용론』에서 나온 것임을 알았다. 이름을 기억
할 수 없는 그 만화가, 정말 인문학적 교양이 넘치는 훌륭한 분이
었을 것이다. 그런데 비슷한 주장을 들고나온 정치인이 있다. 바
로 노무현이다. 그는 백범과 링컨을 비교하면서 왜 우리가 존경
하는 위인은 현실에서 패배한 사람밖에 없느냐고 한탄한다. 그
는 아마도 정의가 힘을 가지고 승리하는 걸 보고 싶은 모양이다.

유: 책을 또 하나 내셨습니다. 『노무현이 만난 링컨』,
노무현의 시각으로 본 링컨 평전 같은데 여기서 겸손한
권력, 강한 나라, 이런 역설적인 표현을 강조하셨습니
다. 왜 이 시점에서 이런 얘기를 하십니까?

노: 요약은 그렇게 나왔지만 책을 쓴 동기와 원래의 표현은 조금 다릅니다. 2000년 4·13총선 이후 여권에서 강한 정부론이 나왔습니다. 나는 처음부터 동의하지 않았어요. 강한 정부론을 내세울 때가 아니라고 생각했죠. 그런데 이게 강한 정부가 뭐냐 깊이 생각해 보는 계기가 되었습니다. 그러던 중에 링컨 책을 쓰려고 자료를 많이 읽었는데 링컨이 강한 대통령이 아니었더라고요. 링컨이 이끌던 정부가 강한 정부도 아니었고. 그랬는데도 엄청난 일을 해냈단 말입니다. 강한 정부가 아니면서도 엄청난 저항과 반대를 다 극복하고, 링컨 하고 싶은 대로 다 했어요. 좋은 정부의 요체는 강하다고 떠드는 것이 아니다. 겸손하게 국민들의 동의를 얻어 나가는 것이 강한 정부다. 그러면 뭘로 동의를 얻느냐. 그건 역시 그 시대 역사가 요구하는 대의명분이었던 것 같아요. 링컨이 엄청난 반대와 비난을 무릅쓰고 하고 싶은 대로 미국 사회를 이끌 수 있었던 건 언제나 대의명분이 뚜렷한 길을 갔기 때문입니다.

유: 링컨이 끝까지 지키려고 했던 대의명분은 무엇이었다고 생각하십니까.

노: 처음에는 노예해방인 줄 알았죠. 그리고 인권, 정의라고 생각했는데, 물론 맞습니다. 맞는데, 다른 한편으로 링컨의 여러 정치적 발언과 정책을 보면 항상 연방의 통합을 인권과 노예해방보다 위에 두더라구요. 연방의 통합을 최고의 가치로 내세우고, 연방이 통합될 수

있다면 노예제도 유지해도 좋다, 이런 말까지 했습니다. 그 말대로라면 연방 통합이 최고의 가치였죠. 사후적으로 정리해 보면 인권이라는 가치는 궁극적인 목적이었고, 인권을 존중하는 민주국가가 되려면 연방이 하나로 통합해야 하니까 통합은 수단입니다. 그런데 남북전쟁 당시에는 연방 통합 그 자체가 더 목적인 것이나 마찬가지로 중요했습니다. 그것을 위해서 국민들의 동의를 얻고, 그 토대 위에서 꾸준히 민주정치를 실현한 것입니다.

유: 1861년 남북전쟁이 터졌으니까 딱 150년 전인데, 노 고문께서 새삼스럽게 150년 전의 미국 정치인을 주목하신 것이 혹시, 당시 링컨이 내걸었던 대의명분을 2002년 한국 사회에서 적용할 수 있다고 판단하셨기 때문인가요?

노: 그렇습니다. 나 자신이 감동을 받았어요. 재작년 4·13총선 준비하는 동안 부산에 집을 하나 얻어 놓고 있었는데 책을 안 가지고 내려갔어요. 딱 한 권 가진 것이 『세계를 감동시킨 명연설집』이라는 『월간조선』별책 부록이었어요. 시간이 없어서 띄엄띄엄 봤는데 링컨의 연설문이 제일 간결하고 감동적이었죠. 링컨의 모든 연설문이 다 그래요. 그런데 개표하는 날, 이미 출구 조사 결과가 나오는데 초장에 벌써 틀렸어요. 잠이나 자려는데 잠이 안 와. 그래서 다시 링컨 연설문을 읽었죠. 두 번째 대통령 취임사를 보니까, 전쟁에서 거의 다 이

긴 시점에서, 승리를 한 달 정도 앞둔 시점에서 낸 대통령 취임사가 어찌 이렇게 담담할 수 있을까, 깜짝 놀랐어요. 승리가 눈앞에 왔다든지, 정의로 불의를 응징했다든지, 적이니 동지니, 이런 구분이 없어요. '우리 모두가 오랜 전쟁으로 너무 많이 시달리고 있다.' 그다음에 '우리는 같은 성경을 읽고 같은 하나님을 섬기면서 서로를 응징해 달라고 기도했다. 그런데 하나님은 그 어느 편도 들어주시지 않은 것 같다. 이제 화해를 해야 한다.' 사람이 초상이 나도 장가 안 간 놈이 제일 많이 운다더니, 나도 그날 떨어지는 날이잖아요. 지역감정에 떨어진 날 아닙니까. 지역감정에 몰매를 맞고 떨어지는 판인데, 그걸 읽으면서 뭔가 떨림이 왔습니다. 한국도 동서 갈등, 사회적 불신과 적대를 극복하려면 무언가 비상한 대책이 필요한 시기, 국민적으로 큰 변화가 있어야 될 이런 시기에, 이게 얼마만큼 효력이 있을지는 모르지만, 어쨌든 바로 이것밖에는 없지 않으냐. 서로 용납하는 마음, 이거 아니냐. 그런 생각을 하니까 링컨을 좀 더 알고 싶었죠.

유: 보니까 뭐가 더 있었습니까?

노: 있었죠. 링컨은 전쟁을 결단한 사람입니다. 전임자인 부캐넌 대통령은 전쟁을 피하기 위해서 분리를 수용하려고 했어요. 하지만 링컨은 단호하게 전쟁을 선택하면서 남북 간의 분리를 용납하지 않았습니다. 형식적으로 보면 남북의 분리도 엄밀한 의미에서 정치적 자유에

속하는 문제입니다. 그런데 운명을 함께하는 사람들이 분열하면 끝없는 갈등과 대결과 불신의 씨앗이 된다는 것을 링컨은 이해했던 것 같습니다. 자칫하면 전쟁으로 날을 지새는 나라가 된다는 생각을 했던 거죠. 전쟁을 결단했는데 적에 대한 태도는 대단히 관대했다. 지금 제가 모나다고 몰리지 않습니까. 예를 들면 『조선일보』는 용납하지 않겠다고 단호하게, 투쟁할 것은 투쟁을 선언합니다. 결국 타협할 수 없는 것은 타협해서 안되고, 또 한없이 너그러워야 될 때는 너그러워야 한다, 링컨은 이걸 보여 준 겁니다. 상대방에 대한 너그러움. 굳이 말하자면 보통은 지역 대결 분위기에 편승해서 그걸 이용하는데, 나는 거기 매몰되지 않고 불신과 적대의 지역 구도를 거슬러 그것과 싸우고 있다, 이걸 이해시키고 싶은 욕심도 있었습니다.

유: 링컨도 좌우에서 공격을 많이 받았는데, 그건 김대중 대통령도 비슷한 것 같습니다. 재임 중에 공격을 많이 받았다고 해서 다 링컨처럼 나중에 위대한 대통령으로 남는 건 아니지 않습니까.

노: 지금 김대중 대통령은 정치적 업적에 대해서 너무 야박한 평가를 받고 궁지에 몰려 있잖아요. 선거 떨어지고 장관 그만두고 나니까 강연을 많이 다니게 되는데, 나는 김대중 대통령에 대한 평가는 달라질 것이라고 말합니다. 별로 중요하지 않은 문제를 감정적으로 부풀리면서, 정작 중요한 업적은 감정적으로 축소하기 때문에

지금은 평가가 좋지 않아요. 시간이 지나면 달라집니다. 또 김 대통령에 대해서 왜 완벽하게 못 하느냐고도 공격을 하는데, 반김대중 진영에서 공격하는 것은 어차피 수용할 수밖에 없는 일이지만 친김대중 진영까지도 그래서는 안 됩니다. 링컨 대통령도 당시에는 여러 가지 오해를 받았고 노예해방 과정에서도 양쪽에서 엄청난 비난을 받았지만 아주 용의주도하게 해냈지 않았느냐, 좀 더 기다리자. 이런 얘기를 하고 싶었던 거죠.

유: 지금 중요한 것이 과소평가되고 중요하지 않은 것이 과대평가되어서 궁지에 몰렸다고 말씀하시는데, 사실 중요하지 않은 문제까지도 일으키지 않았더라면 좋았겠지요. 특히 4대 게이트 사건이 그렇습니다. 그 전에 옷 로비 파문부터 시작해서 액수도 얼마 안 되고, 권력을 직접 권력자들이 남용한 것도 아니고, 그렇지만 사건은 터졌고 이 정권에 대한 정서적인 거부 의식이 굉장히 커져서 민주당 지지도가 바닥을 기는 그런 상황까지 와 버렸습니다. 어쨌든 집권 세력 입장에서는 객관적으로 볼 때 중요하지 않은 문제라고 이야기를 하겠지만, 국민들은 매우 중요한 문제로 보는 게 사실이거든요. 중요한가 중요하지 않은가 평가는 엇갈리지만 어쨌거나 일어나지 않았으면 좋았을 사건들이 집권 후반기로 가면서 줄지어서 터진 게 무엇 때문이고 누구 책임이라고 보십니까. 궁극적으로 대통령 책임이라는 시각이 많은데 여기에 대해서 어떻게 생각하십니까?

노: 나는 대통령이 전지전능한 존재라고 생각하지는 않습니다.

유: 그럼 누가 책임을 져야 됩니까?

노: 어쨌든 지금 책임지고 있지 않습니까? 이 문제가 안 일어날 수 있는 일이면 좋은데, 안 일어날 수 있는 시대를 대통령이 3, 4년 만에 만들어 낼 수 있는 것은 아닙니다.

노무현은 누가 김대중을 세게 비판하면 일단은 DJ를 옹호하고 나선다. 참모들의 하소연에 따르면, 그렇게 하면 안 된다고 아무리 건의를 해도 소용이 없다고 한다. 사실 노무현이 김대중한테 신세 진 것보다는 김대중이 노무현한테 빚진 게 더 많은데, 왜 그러는 걸까. 혹시 국민 통합을 내세우는 정치인이기 때문에? 김대중과 차별화를 함으로써 표를 얻는 것이 비겁하다고 생각해서? 알 수가 없다. 하지만 따질 건 따져야 하겠기에 또 한번 '김대중 때리기'를 해 보았다.

각별한 주의를 다하지 않은 책임

유: 원래 이 질문은 드릴 계획이 없었는데 말씀 듣다 보니까 꼬리를 물고 나오게 되었습니다. DJ 정부 출범 당시에 이른바 측근 정치 가신 정치 우려가 안팎에서 일었고, 그래서 이른바 동교동계에 속하는 유력한 정치인들이 모여서 우리는 임명직에는 나가지 않는다고 선언했죠. 또 인사 정책과 관련해서, 공을 세운 자에게는 상

을 주고 능력 있는 자에게는 자리를 준다, 이런 말도 나왔지 않습니까. 그걸 하나도 지키지 않았기 때문에 결국은 이런 사태가 온 것이 아닙니까? 그렇게 보면 이건 궁극적으로 대통령의 책임이죠. 예를 들어 처조카 이형택 씨 경우 퇴출당한 은행의 임원이 감독 기관의 전무로 간 건데, 그게 정상적인 일은 아니지 않습니까? 결국 공 세운 자에게 자리를 주었기 때문에 이런 상황이 벌어진 것 아니냐는 말입니다.

　　　노: 각별히 주의했어야죠. 각별한 주의를 다하지 않은 책임이 있지요.

유: 친김대중 진영에서까지도 비판이 나온다 이렇게 말씀하셨는데, 원래 생선 팔 때 이게 찌개거리라고 팔아서 비린내 조금 나는 것은 괜찮습니다. 그런데 횟감이라고 해서 샀는데 나중에 집에 와서 풀어 보니까 찌개거리도 안 되더라, 이러면 문제가 심각하죠. 김 대통령이 야당 총재 시절에 정의가 강물처럼 흐르는 사회라든가, 뭐 좋은 약속들을 많이 하셨는데 이렇게 되었거든요. 노 고문께서는 아까 링컨 이야기에 연결해서 국민 통합을 추구하고 나라를 바로 세우기 위해서 대통령으로 나섰다고 하셨는데, 도대체 어떤 가치로 국민들을 통합하려고 하십니까. 노 고문께서 민주당의 영남 출신 후보가 되면 어떤 가치를 중심으로 국민 통합을 할 생각이십니까?

　　　노: 모든 걸 다 담을 수 있는 말은 합리주의라는 말밖에

없습니다. 개별적으로 원칙과 신뢰, 대화와 타협, 오늘 우리 사회를 이렇게 만든 모든 문제를 원칙과 신뢰, 대화와 타협의 틀 속에서 해결해야 하는데, 그 모든 걸 담을 수 있는 표현이 합리주의입니다. 모호하고 매력도 없는 표현이지만 그래도 오늘날 한국 사회에 가장 필요한 것이 합리주의라고 생각합니다. 그런데 매력이 없는 표현이라서 원칙과 신뢰, 이렇게 나누어서 이야기합니다. 그다음에 대화와 타협이라는 것은 상대주의거든요. 남의 입장에 대해서 관용을 가진다는 겁니다. 우선 인정하고, 그리고 듣고, 절충해 나간다는 것이죠. 이것이 기본입니다. 그런데 매력이 없다는 게 고민입니다.

유: 노 고문 말씀대로 그렇게 합리적으로 하면 좋을 거라고 누구나 인정을 할 것 같은데요, 이 일을 다른 사람보다 노 고문께서 더 잘하실 수 있다고 주장하는 근거는 무엇입니까?

노: 오늘날 성공한 리더가 된 사람들의 리더십 특징 가운데 제일 중요한 것이 미래에 대한 확신입니다. 영감을 가지고, 조직원들이 그걸 확실하게 공유하게 합니다. 미래의 비전을 가지게 하는 것이죠. 이건 논리로 되는 게 아닙니다. 비전을 받아들이는 데는 논리적으로 설명하기 어려운 어떤 과정이 있어요. 지도자가 가지는 신화, 신뢰성, 예감 같은 겁니다. 어떻든 받아들이게 하는 것입니다. 잭 웰치 같은 경우는 7, 8년 지나서야 진가를 발휘하기 시작했는데, 우리 대통령은 그러면 벌써

임기 끝난 다음입니다. 늦단 말이죠. 미래에 대한 확신을 받아들이게 하는 것, 이건 논리가 아니고 직관으로 하는 겁니다. 경선 주자들 가운데 그런 영감이 가장 풍부하고 사람들을 감동시킬 수 있는 사람이 바로 납니다.

유: 무척 독특한 설명인데요. 정치인들이 영감으로 사람들을 납득시키는 경우를 별로…….

노: 뭔가 변화를 일으킬 것만 같은 느낌, 이건 노무현이 누구에게도 뒤지지 않습니다. 두 번째로 지도자는 신중하게 판단하되 한 번 결정한 원칙은 아주 소중하게 지켜요. 이건 결코 쉬운 일이 아닙니다. 원칙을 지켜 나가려면 강력한 추진력이 필요한 거죠. 아주 강력한 용기와 결단이 필요합니다. 설득력도 있어야죠. 그다음에 서양에는 별로 없고 한국에 있는 건데요, 서두칠 사장 같은 솔선수범입니다. 여러 가지 아이디어가 있어도 솔선하지 않으면 소용이 없어요. 그게 리더십의 핵심이거든요. 이런 문제를 말로 설명하면 어려운데…… 그런 면에서 노무현이는 정말 믿어도 됩니다. 나는 한다면 했으니까요. 한다면 했다, 뭘 했냐, 이건 사람들이 다 압니다. 몰라서 안 되는 게 아니라 안 해서 안 되는 게 많은데, 정치인들이 해야 할 일을 왜 안 하냐, 안 해야 될 짓을 하면서 해야 할 일을 왜 안 하느냐. 이해관계 때문입니다. 이해관계를 뛰어넘는 결단을 해야 뭘 할 수 있는데.

유: 이해관계는 개인적 이해관계 말씀이시죠.

노: 그렇죠. 개인적 이해관계를 뛰어넘을 수 있느냐, 낙선을 각오하고 자기 갈 길 갈 수 있느냐, 이겁니다. 욕먹을 각오하고 할 수 있느냐, 이런 것이 또 하나 중요한 문제죠.

왜 노무현의 영감은 원외에서만 작용하는가

성공하는 리더십의 이야기와 관련해서 '영감'이라는 표현이 무척 인상적이다. 정치인의 입에서 이런 말을 듣다니. 욕설, 몸싸움, 정치자금, 부정선거, 패거리…… 정치인이라는 단어가 연상시키는 말은 대충 이런 것이다. 그런데 영감이라니. 하긴 노무현은 그런 말을 할 수도 있겠다. 대규모의 자발적 팬클럽을 가진 유일한 정치인이고, 최근에 문인들 모임이나 지역 인사들, 특히 부산·광주 쪽의 지역 모임, 또 법률가들 모임, 여하튼 여기저기 노무현 지지 모임이 많이 만들어지는 걸 보면, 또 정치하고는 별 관계없어 보이는 분들이 노무현을 대통령으로 만들자고 열변을 토하는 걸 보면, 노무현이 다른 사람들을 정서적으로 또는 정치적으로 '감염'시키는 능력이 있는 건 분명하다. 그런데 또 재미난 것은 노무현이 말하는 영감이 민주당 울타리 밖에서만 맹위를 떨치고 있다는 점이다. 왜 그럴까. 이인제 고문은 경선 캠프에 국회의원과 지구당 위원장을 몇십 명씩 불러 모았는데 노무현은 여전히 혈혈단신이다.

유: 영감 있는 리더라면서 캠프에 현역 국회의원이 하나도 없는 건 또 뭡니까.

노: 이것만은 미리 분명하게 얘기해 두고 싶은데, 적어도 우리 당에서 노무현이 거짓말쟁이다, 사기꾼이다, 이렇게 말하는 사람은 없습니다. 다들 '괜찮은데……' 하면서 그다음에 토를 달죠. 이건 내가 가지고 있는 약점이겠지요. 그러나 그렇게 토를 다는 내용을 보면, 모자라는 걸 인정해야 할 것도 많은데, 도저히 수용할 수 없는 것도 많습니다. 이제 줄서기 좀 그만하자. 나는 뭘 주고 싶어도 줄 게 아무것도 없어요.

유: 원래 계보를 만들려면 돈도 좀 주고, 나쁜 짓 하다 걸리면 빼내 주고, 그 두 가지는 해야 하는 것 아닌가요?

노: 바로 그겁니다. 계보와 동지와 다른 겁니다. 동지는 아무것도 물질적으로 주고받고 하지 않으면서 함께 일하는 사람입니다. 말로는 동지라고 하면서 뭔가 주고받으면 그건 계보거든요. 계보는 이해관계로 결속한 것이죠. 그러니까 우리 정치인들 보면 내 공천 받을 때 저 사람이 결정적으로 나를 도와줬다, 이런 부채 의식 하나가 10년씩 따라다니는 경우가 있습니다. 그런데 그 좋은 공천을 나는 하나도 따 준 게 없고, 우리가 도와줬던 사람들은 뭔가 빚이 있어서가 아니라 서로의 생각을 좋아하는 사람들입니다. 이게 동지죠. 물론 내가 여러 가지로 부족한 점도 있습니다. 당 밖에 있는 분들은 그런 이해관계가 없이 보니까 저를 그렇게 열렬히 지지하는 겁니다. 사실 이건 간단한 문제입니다. 가방 들고 이 당 저 당 왔다 갔다 하는 사람들이 도대체 언제까지

우리 국회를 점령하도록 할 거냐. 이런 말을 당에서 할 수는 없어서 그렇지, 이게 핵심 아닌가요? 그런 면에서 아무 이해관계 없어도 노무현이가 존재한다는 사실 그 자체가 거북스러운 사람들도 있다는 겁니다. 노무현이라는 정치인의 존재 그 자체가 그냥 불편한 사람, 저런 친구가 당의 총재가 되거나 대통령이 되면 국물도 없는 거 아니냐, 그렇게 생각하는 사람들도 있는 거죠. 이게 우리 고민입니다. 심지어는 저 사람이 되면 내 위원장 내놔야 되는 것 아니냐, 이런 말 하는 사람도 있어요.

유: 결국 여러 가지 이유가 있겠지만 어쨌거나, 그런 개별적인 이해관계를 뛰어넘는 확신, 이것을 당에서 못 주고 있는 게 현실적인 상황 아니겠습니까. 혹시 노 고문께서 국회의원들이나 지구당 위원장들의 협력을 얻는 데, 또는 미래에 대한 확신을 전염시키는 일을 게을리하신 건 아닙니까?

노: 다들 노무현이 뒤에는 줄이 없다 그래요. 그러면 나는 누구는 줄이 있냐 그러거든요. 당내에서 보면요, 그래도 나한테 줄 서 줬으면 싶은 사람들은 아무 데도 줄 안 서고 있습니다. 두 가지로 볼 수 있어요. 자기 주관이 뚜렷한 사람들은 원래 줄 안 섭니다. 그다음에 주관이 뚜렷하든 않든 간에, 상황을 보고 대세에 편승하는 사람은 많은데 스스로 그 흐름을 만들려는 사람은 많지 않죠. 그게 오늘날 우리 정치의 가장 큰 비극 중의 하나입니다. 내가 모자라면 노무현 그만둬라, 이렇게 하고

딴 사람이라도 만들어야 될 것 아닙니까? 있는 나무 가지고 뭔가 만들어야지 낙락장송 없다고 움막도 안 짓고 삽니까? 낙락장송 없으면 움막이라도 만들고 낙락장송 있으면 초가삼간 짓는 겁니다. 아무리 찾아봐야 달리 사람이 없는데도, 결단을 내려야 할 시기가 다 지나도록 계속 미루고 있어요. 결단하지 않는 사람들의 집합체도 아니고 말이지, 노무현이 아니면 딴 사람이라도 짚어라, 나도 줄설게. 그런데 안 하거든요. 그래서 사실은 뭐라고 말해야 될지 모르겠는데, 희망이 없는 시대, 뭐랄까 열망이 없는 시대인가요.

유: 어떻게 보면 낭만이 없는 시대라고 말할 수 있겠지요. 그런데 아까 누가 줄 있느냐, 이렇게 물으셨는데요. 전체적으로 보면 이회창 대세론, 민주당 내에서 보면 이인제 대세론, 그리고 최대 계보인 동교동계가 이인제 고문을 지원하고 있다는 것이 공공연한 비밀인데, 우선 그게 사실입니까?

노: 맞는 것 같아요.

유: 그러면 그걸 어떻게 생각하십니까?

노: 황당하지요……. 원론적으로 이야기하면, 유시민 선생이 칼럼에서 잘 쓰는 얘긴데, 정당이라는 게 같은 정치적 지향을 가지고 같은 정치적 이상을 실현하려고 모인 사람들의 조직인데, 그러니까 이념적·정치적 정체성이 있어야죠. 쉽게 얘기해서 한나라당에서 물먹고 이탈해 온 사람을 우리가 당의 후보로 만들 만큼 민

주당이 아무 색깔이 정체성이 없는 정당이냐는 겁니다. 이회창 총재하고 뭐가 달라도 달라야 할 거 아닙니까. 달라야 이회창 총재하고 맞붙여 놓고 싸울 거 아니냐는 거죠. 이런 식으로 한다면 노무현이 한나라당에 들어간들 누가 옳다 그르다 시비할 수 있겠느냐 이 말입니다. 우리 편으로 투항만 해 오면 금방 모든 걸 다 용납할 수 있는 것인가. 하루아침에, 그것도 대장으로 모셔요? 민주당은 도대체 어디 갔느냐 이겁니다.

유: 지금 말씀하신 대로라면 '정치적 황당 사건'인데요, 동교동계가 생각 없는 사람들 집단도 아닌데 왜 이런 일을 한다고 생각하십니까?

노: 세상사에는 합리적인 사고로 추측할 수 있는 일이 많은데, 도저히 그렇게 안 되는 일도 더러 있어요. 그렇다고 해서 내가, 저 사람들은 야당을 하더라도 당권은 내놓기 싫어서 그런다고, 그리 말할 수는 없지요. 합리적으로 해석한다면 당의 정체성, 정치적 이념도 포기하고 정권도 포기하는 짓이죠.

유: 대선에서 지고 야당 하더라도 당권을 가지는 게 낫다는 계산도 그 사람들 나름대로는 합리적인 것 아닙니까?

노: 한발 물러서서 보면 그럴 수도 있겠다는 점이 한 가지 있긴 합니다. 지금까지도 대안 부재론에 사로잡혀 있을 가능성이죠.

유: 이인제 후보 말고는 어차피 아무도 없다는 생각.

노: 그렇지요. 만약 그렇다면 너무나 단순하고 무책임

한 사고방식입니다만.

유: 그 말씀은…… '여기 노무현이 있다!' 이렇게 외치고 싶으신 건데요. 그럼 이인제 고문에 비해서 노 고문의 본선 경쟁력이 뒤지지 않는다는 걸 입증해야 하지 않겠습니까? 민주당의 정체성 유지 문제는 차치하더라도 말이죠. 노 고문께서는 대안 부재론을 깰 만한 근거를 가지고 계십니까?

노: 해석의 문제지요. 말하자면 나도 내가 100% 이기는 후보다 그렇게 증명할 수는 없어요. 그러나 어떻든, 누구라도 이건 인정합니다. 무언가 변수가 생긴다. 노무현이 나오면 이변이 일어날 수도 있다. 지금과는 전혀 다른 상황을 만들 가능성이 있다는 말입니다.

유: 구체적으로 어떤 상황입니까?

노: 노무현이 민주당 후보가 되면 어떤 일이 벌어질지 아무도 모릅니다. 내가 영남에서 질 수도 있지만, 이길 수도 있습니다. 결과가 가변적이라는 말입니다. 이인제 씨는 그런 가변성이 없어요.

유: 민주당 후보가 현재 열세이기 때문에 판 자체를 가변적으로 만들어야 해볼 만한 선거가 된다, 이런 전략적인 판단을 동교동계가 해야 한다는 말씀인가요?

노: 동교동계가, 아니 오늘날 호남 유권자들이 나를 지지하지 않으면 다음 선거도 지역감정으로 치러질 겁니다. 지금 당내에서 내가 이인제 씨보다 훨씬 낮은 지지를 받는 데서부터 비롯된 것인지 모르지만, 소위 '호남

충청연대론'이라는 것이 현실화하면 영남도 쉽게 지역주의적인 표심을 보여 줄 겁니다. 이건 해 보나마나 지는 게임입니다. 결국 영남에서 이회창 총재와 영남 출신 민주당 후보가 일전을 벌이는 것 말고는 달리 방법이 없습니다. 이렇게 해서 지역 구도가 아니라 정책 구도로 대선을 치르면, 우리 민주당은 당의 정체성도 지키고 정권 재창출에도 성공하고, 김대중 정부가 추진했던 남북 화해와 정치사회 개혁도 이어 나가고, 모든 걸다 할 수 있다는 게 내 확신입니다.

유: 그런데도 동교동계가 이인제 씨를 공공연하게 지원할 경우 노 고문께서는 어떻게 대응하실 생각입니까?

노: 도리 없지요. 그냥 가는 거지요.

유: 지금까지는 동교동계에 대해서 상당히 이해하는 듯한 발언을 많이 하셨지 않습니까..

노: 원론적이지요. 동교동이 어떤 정치적 선택을 하든 그건 그들의 자유입니다. 그러나 그 정치적 선택에 대한 책임은 확실하게 물을 겁니다. 나는 한 번도 누구더러 중립 지키라고 한 적이 없습니다. 나는 선거 관리 위원 말고는 누구도 중립을 지킬 필요가 없고 그래서도 안 된다고 봅니다.

대통령은 CEO가 아니다

노무현은 민주당 후보가 영남에서 득표해야 한다는 걸 몹시 강조한다. 김근태 고문의 말마따나, 노무현도 깊숙이 들어가면 그 핵심에는 지역주의가 있는 것이 아닐까? 그런데 노무현은 이 질문을 이미 여러 차례 받아 보았기 때문에, 답을 준비하고 있다. 그러니 그냥 건너뛰자. 다만 지역주의라는 독극물에 중독된 유권자들의 심사를 풀기 위해 '민주당 영남 후보'라는 '유사 독성물질'을 투입하자는 노무현의 주장을 과연 지역주의로 보아야 할지, 독자들께 생각의 실마리로 제공하고자 한다. 비상시에는 독을 독으로 푸는 처방이 있긴 한데, 이 경우가 거기 해당할지는 나도 모르겠다. 그런데 큰일이다. 인터뷰가 벌써 두 시간 반을 넘겼다. 참모들이 들락날락하면서 빨리 끝내라고 자꾸 눈치를 준다. 몇 가지 정책 관련 질문만 하고 수습을 해야겠다.

유: 하려면 공개적으로 해라, 이런 말씀인데, 과연 노 고문께서 어떻게 하실지 관심 있게 지켜보도록 하겠습니다. 마무리 삼아 몇 가지만 더 여쭈어보겠습니다. 부시의 대북 강경 발언 때문에 몹시 시끄러운데, 노무현이 다른 건 몰라도 외교를 잘할 수 있을까? 이런 의구심이 있습니다. 미국을 방문한 경험이 없는 유일한 민주당 경선 주자라는 지적이 있던데 사실입니까?

노: 갈 일이 없었어요. 갈 일이라고는 여행 가는 거, 교포 사회 후원회 만들러 가는 거, 그다음에 미국의 관리들 만나서 사진 찍으러 가는 거, 그것 말고는 갈 일이 없는데, 세 가지 다 그렇게 탐탁지가 않더라구요.

유: 그럼 다른 나라는 어디 어디 가 보셨습니까?

노: 영국 한 번, 캐나다 한 번, 일본 한 번, 일본은 82년
에 요트 훈련 받으러 갔고(쑥스러운 웃음), 영국은 95년
경에 그쪽 초청으로 갔고, 캐나다는 친구들 모임에서
갔다 왔고, 또…….

유: 영어를 잘 못하시지요.

노: 통 못하지요.

유: 영어를 잘 못하시는 것이 대통령으로 외교 업무를
수행하는 데 지장이 있다고 생각하십니까?

노: 대통령이 되기 전까지는 그런데 대통령이 되면 별
문제 없을 겁니다.

유: 저도 사실 그럴 거라고 생각합니다.(웃음)

이것이 노 고문의 약점처럼 비칠까 노심초사하며 지켜보던 비서
관이 돌발적으로 끼어들었다. "장관님 영어 잘하시는데요. 회화
도 꽤 하시고 발음도 좋은 편이고." 정치권 관습이 국회의원 하
다가 떨어져도 호칭은 계속 의원님, 일단 장관을 하고 나면 더 높
은 자리에 오르지 않는 한 계속 장관님으로 부른다. 노 고문은
해양수산부 장관을 지냈으니 장관님이다. 노 고문이 그 비서관
을 건너다보면서 점잖게 한마디. "말을 제대로 못하면 못하는 거
야." 그리고 덧붙이기를, "고등학교 졸업했으니까 고등학교 실
력은 되는 거고, 사법 고시 일차 합격했으니까 그 정도는 한다는
그런 말입니다." 왠지 분위기가 좀 썰렁해지는 것 같아서 인터
뷰어가 본분을 벗어나 유용한 정보를 하나 제공했다. 콜이 무려
16년 동안 독일연방 총리를 했는데, 이 사람 할 줄 아는 언어

라고는 독일어 하나밖에 없었다. 독일어로 'der einsprachige Bundeskanzler'(한 가지 말만 하는 연방 총리)라고 아주 고유 명사처럼 쓰였는데, 영어나 불어를 못해서 영국 프랑스 외교에 문제가 생겼다는 이야기는 못 들었다, 뭐 그런 이야기다.

노: 외교에서 가장 중요한 것은 결국 국가의 신인도, 그리고 지도자의 인간적 신인도라고 생각합니다.

유: 그렇다면 김대중 대통령은 외교에 대해서는 상당 부분 보너스를 안고 들어간 셈이죠.

노: 크게 성공했다고 봐야죠. 예를 들면 27년간 감옥에 있던 넬슨 만델라는 감옥에 있었으니까 외국을 통 가 보지 못했어도, 그 어느 나라의 지도자보다 더 훌륭하게 대접받았잖아요.

유: 사회에서 친구 사귈 때도 번지르르한 말솜씨보다 믿을 만한 사람인가 여부가 더 중요하다는 말씀으로 듣고요. 혹시 오태양이라고 아십니까?

노: 누구죠? 기억이 안 나는데…….

유: 종교하고는 무관하게 양심상 동족을 향해서 총을 드는 군대는 못 가겠다고 선언한 최초의 인물입니다. 최근 법원에서 구속영장을 기각했습니다. 이 양심적 거부 문제에 대해서, 기계적으로 징역을 때리느냐, 아니면 대체 복무 기회를 주는 게 나으냐, 그런 논쟁이 진행 중인데 노 고문께서는 어떻게 생각하십니까?

노: 이것은 대통령 후보로서의 공약이라기보다는 개인

적 견해로 말하는 것이 좋겠습니다. 저는 대체복무제를 만들어 주는 것이 좋다고 봅니다. 물론 악용되지 않도록 안전장치를 충분히 해야겠지요. 진짜 양심적 병역거부자가 아니면 선택하지 않을 불리한 조건이어야겠지요. 아주 힘든 일이거나 힘들지 않더라도 예를 들면 기간이 길다든지, 이런저런 불이익이 있어서 양심을 빙자해서 모두 그쪽으로 몰리는 사태가 없도록 말이죠.

유: 다음은 경제 관련 질문입니다. 너도 나도 CEO 대통령을 표방하고, 광역단체장 후보들도 CEO 시장, CEO 도지사, 그래서 유행처럼 번지고 있는데, 노 고문께서는 누가 대통령이 되느냐에 따라서 국민경제의 미래가 영향을 크게 받는다고 생각하십니까?

노: 가치관에 따라 달라지는 정책에서 좀 차이가 있는 것 말고, 기술적인 면에서는 누가 대통령이 되나 큰 차이가 없다고 봅니다. 더 중요한 것은 정치 안정입니다. 정치가 정상적으로 돌아가고, 그래서 사회적 갈등을 조정하고 통합하는 일을 잘 하면 경제도 잘됩니다. 경제 기술자가 대통령이 되어야 한다는 생각은 좀 고쳤으면 좋겠습니다. 그것은 큰 착각입니다. 기술적 정책은 전문가에게 맡기고 대통령은 그 경제가 잘 굴러갈 수 있도록 정치를 잘 관리하고 사회를 잘 통합하고 갈등을 조정해 나가는 일을 해야 합니다. 정치 지도자와 CEO는 역할이 다릅니다. CEO는 시장에서 자기 이익을 추구하는 사람이고, 그래서 축구 시합에서 보면 선수입니

다. 골을 넣으려고 뛰는 선수죠. 정치하는 사람은 축구장을 잘 만들어 주고 심판을 공정하게 보고 조정과 중재를 잘해야 합니다. 기본적으로는 경기를 관리하는 사람이죠. 정치에도 경영적 요소가 있긴 하지만, 크게 봐서 정치가 할 역할은 시장이 시장대로 잘 돌아가게 하면서 시장이 실패하는 영역을 추스려 나가는 것이죠. CEO에게 패배라는 건 무의미한 것이지만 정치가에게는 패배자야말로 중요합니다. 정치가는 패자들을 챙겨서 함께 데리고 앞으로 나아가야 하는 사람입니다.

유: 노 고문께서는 최근 민주노동당 인터넷 홈페이지에서 노무현 비판적 지지 논쟁이 진행되고 있다는 걸 아십니까?

노: 말만 들었습니다.

유: 그 논쟁들을 추적해 보면 노 고문을 지지하는 분들은, 노무현이 진보적 성향을 가지고 있고 또 현실적으로 진보 진영에서 대통령을 당선시킬 수가 없기 때문에 그쪽을 밀어서 가는 게 진보 진영에 유리한 환경을 조성할 수 있다는 논리입니다. 반대쪽에서는 김대중 정부도 신자유주의 정권이고, 노무현이 후보가 된다 하더라도 그 당의 한계를 벗어날 수가 없다. 따라서 노무현을 지지하라는 것은 망언이다. 대충 이런 말이 오가는 중인데, 우선 김대중 정부의 정책 기조를 신자유주의라고 하는 진보 진영의 비판에 대해서, 특히 경제정책과 관련해서 어느 정도 타당한 주장이라고 생각하십니까?

노: 일부 그런 요소가 있다고 볼 수가 있지요. 그러나 일부 요소가 있다고 해서 그걸 신자유주의 정책이라고 할 수는 없는 겁니다. 그것과는 아주 배치되는 정책들도 있지요.

유: 좀 더 구체적으로 말씀해 주실 수 있습니까? 어떤 점이 신자유주의적 요소이고 어떤 정책이 배치되는지.

노: 예를 들면 지난번의 정리해고제도는 법적으로는 새로 만들어진 것이 별로 없지만 정치적 분위기를 타고 정리해고제 수용으로 방향을 잡았고, 공기업 민영화와 규제 완화는 옛날부터 있던 것이죠. 정리해고제하고 노동시장 유연화가 아마 가장 신자유주의적인 것이죠. 그렇지만 4대 보험과 국민기초생활보장제를 비롯해서 사회 안전망을 확충하고 재벌 규제 정책을 강화한 것, 이런 건 신자유주의에 배치됩니다.

유: 혹시 민주노동당이나 사회노동당 쪽에서, 우리 그럼 모두 국민경선제에 참여해서 노무현 후보를 밀자, 이렇게 결정을 한다면 기뻐하시겠습니까, 아니면 부작용을 우려해서 반갑지 않다고 하시겠습니까?

노: 기꺼이 받아들여야지요.

국민의 절반을 적대시하는 것은 문제 삼지 않으면서

유: 문화 분야 관련한 질문인데요, 가장 최근에 본 영화가 어떤 겁니까?

노: 〈와이키키 브라더스〉인 것 같습니다.

유: 혹시 〈친구〉라든가 〈두사부일체〉라든가, 이른바 조폭 영화를 보신 것이 있습니까?

노: 〈친구〉를 봤습니다.

유: 어떠셨습니까? 그 영화가 대박을 터뜨린 것에 대해서 어떻게 생각하십니까?

노: 나는 개인적으로 영화는 스토리를 좋아하는 사람인데, 영화를 보고 나오면서 그 영화를 같이 본 딸아이보고, '너는 저 영화가 재밌냐?' 이렇게 물었습니다. 사람 죽이는 장면이 너무 잔인하고…… 왜 대박을 터뜨렸는지에 대해서는 잘 알 수가 없습니다. 이런 생각을 해 보지요. 학교를 부산에서 다녔던 사람들에게 어릴 때, 실제 그랬든 그렇지 않았든, 학교 다닐 때 경험한 문화를 아주 리얼하게 회상시켜 준 것이 인기 비결이 아닌가.

유: 학교 풍경 같은 것은 부산만 그랬던 것이 아니고 전국적으로 다 그 모양이었죠.(일동 웃음) 컴퓨터도 없고 게임도 없던 시절의 이야긴데, 노 고문께서는 그렇게 해석하시는군요. 스크린쿼터 문제가 영화계 문화계에 아주 큰 관심사로 되어 있는데, 지금 사실 스크린쿼터보다 한국 영화 점유율이 더 높습니다. 최근에는 말이죠. 그런데도 영화계는 스크린쿼터 축소 반대 투쟁을 벌이고 있는데, 이 싸움이 의미가 있다고 생각하십니까?

노: 나는 그냥 스크린쿼터 축소에 반대한다고 말하려고 했는데……. 스크린쿼터의 영향과 효과 같은 것을

좀 더 면밀히 검토를 해 보면 좋겠군요.

유:『조선일보』문제는 질문을 참 많이 받으셨을 텐데…… 지난번 TV 토론에 나와서도 그 신문이 언제까지 일등하리라고 생각하지 않는다, 이렇게 말씀하셨습니다. 혹시 이 문제에 관해서 입장에 변화가 있으신지요?

　　　　노: 왜 이걸 사람들이 특별한 일로 생각하는지를 모르겠어요. 예를 들면 내가 조그만 무명의 잡지하고 싸우면 관심을 안 가질 것 아닙니까? 이것은 그냥 개인의 소신에 관한 문제로 치부하면 그만이거든요. 지금 정치인들이 국민의 절반을 적대시하고 살면서…….

유: 어떤 의미에서 그렇습니까?

　　　　노: 말하자면 영남 정치인은 호남 포기하고 호남 정치인은 영남 포기하고 살지 않습니까. 너희들하고는 말 안 해도 좋다는 것 아닙니까. 심지어 어떤 정치인들, 어떤 국민들은, 노동자하고 친한 놈은 안 끼워 줘, 이렇게 말하는 사람도 있어요. 어떤 재벌 보니까, 자기들이 생각하는 시장경제 원리에 맞지 않으면 안 끼워 준다고 얘기하고, 그런 것 많이 하지 않습니까. 그런데 내가『조선일보』하고 인터뷰 안 하고 자료 안 주겠다는데 왜들 그렇게 특별한 일로 생각하는지 모르겠어요.

유: 원래 센 놈하고 붙으면 구경거리가 크게 나거든요.

　　　　노: 많은 정치인들이 지금 국민의 절반을 적대시하고 살고 있다는 것은 별문제 안 삼으면서, 왜『조선일보』라고 하면 벌벌 기냐 이 말입니다. 그렇게 기니까『조선

일보』가 저렇게 행세할 수 있는 겁니다.

유:『조선일보』의 가장 큰 문제가 뭐라고 생각하십니까?

노: 첫째 너무 세다. 그들은 법 위에 있습니다. 지금도 법 위에 있고, 그래서 우리 사회규범의 규제는 거의 받지 않고 책임도 지지 않는다…….

유: 그럼 두 번째는 뭡니까?

노: 우리 한국 국민들에게 너무 수치스럽다. 수치감을 줍니다. 해방된 지 언젠데 친일 언론이, 독재 아부한 언론이 계속해서 일등을 해야 되냐. 좀 국민들을 수치스럽게 만드는 것 아니냐.

유: 또 다른 이유가 있습니까?

노: 세 번째는 너무 많은 사람들이 겁을 낸다. 이건 첫 번째하고 같은데 너무 많은 사람들이 겁을 냅니다.

유: 아까 성차별 문제에 대해서, 옛날에는 내 문제로 여기지 않았다는 취지로 말씀하셨는데, 아마도 경상도 남자의 보편적인 문화 현상으로 봐도 되겠지요. 지금 한국 사회에서 이루어지고 있는 전통적인 성 역할 분담이나 사회적 관습을 볼 때 여성의 지위가 만족스러운 수준으로 개선되어 가고 있다고 보십니까?

노: 좀 더 열심히 해야 된다고 생각합니다.

유: 어떤 영역에서 무슨 문제를 해결하는 것이 여성의 권익 문제, 남녀평등과 관련해서 가장 시급한 과제라고 생각하십니까?

노: 첫 번째는 관념의 문제입니다. 여성 문제가 여러 가

지로 여러 분야에서 다양하게 나타나기 때문에 여러 가지 형태를 띠지만 어떻든 관념에 아직 심각한 문제가 남아 있습니다. 두 번째는 실질적인 문제로서 육아가 사회 활동에 장애가 되지 않도록 해 주는 게 무엇보다 중요합니다.

유: 여러 여론조사를 보면 여전히 이인제 고문에게 뒤지고 있습니다. 이회창 총재한테도 물론 뒤지고. 최근에는 정동영 고문이 약진을 하면서 1강 2중 4약이라는 얘기가 나옵니다. 여성 유권자들에게 인기가 있으십니까?

노: 좀 없는 편입니다. 상대적으로 여성 쪽 지지가 좀 낮지요.

유: 실제 데이터 분석에서 그렇게 나옵니까? 왜 그렇다고 생각하십니까?

노: 제가 여성들한테 미움 산 건 없습니다. 다만 제 경우 정치적 관심이 상대적으로 낮은 층에서의 지지율이 낮습니다. 다소 오해의 여지를 살 수도 있지만 여성들이 상대적으로 정치적 관심이 적은 건 사실이거든요. 앞으로 경선에 들어가면 여성들께서도 더 깊은 관심을 가지게 될 것이고, 그러면 제가 더 유리해질 것으로 믿습니다. 여성들 사이에서도 제가 1등을 하겠습니다.

왜 그렇게 고스톱을 구박하는 거지요?

시간을 초과한 탓에 노 고문 비서관들이 쏘는 눈총이 점점 강력해지고 있다. 자잘한 끝내기를 하느라 몇 가지 질문 같지도 않은 질문을 던지는데 난데없이 큰 게 터졌다. 고스톱 예찬론이다.

유: 혹시 복권 사 보신 적 있습니까?

　　노: 몇 장 사 봤는데 아주 오래됐습니다. 까마득하게 오래된 시절에…….

유: 정치를 시작한 뒤로는 복권을 산 적이 없으십니까?

　　노: 길거리를 걸어 다닐 수 있는 여유, 그런 것이 있어야 복권을 산다든지 아이들한테 과자를 사다 준다든지 하죠.

유: 경마장이나 경륜장 가 보신 적은 있습니까?

　　노: 경마장은 제가 부산에서 변호사를 할 때 서울에 놀러 와서 한 번 가 봤습니다. 마권도 샀는데 어떻게 보는지도 모르고 샀다가 내 말이 어느 것인지도 모르고 그냥 끝나 버렸어요.(웃음)

유: 신용카드 복권이 있다는 것 아시죠? 최고 상금이 1억이거든요. 혹시 노 고문께서 지난달에 쓰신 카드가 1억짜리 당선이 되어서, 갑자기 돈이 세금 빼고 8,000만 원 생겼다면, 지금 같아서야 경선 비용으로 쓰시겠지만, 경선이 없다고 생각한다면 그 돈을 어디에 쓰시겠습니까?

　　노: 빚 갚아야죠. 아니면 아내한테 주면 좋아하겠지요. 나는 그 고스톱을 국기로 만들자는 생각을 가지고 있는 사람인데…….

유: 그렇습니까. 왜 그런 생각을 하십니까?

노: 고스톱을 방송이나 신문에서 왜 자꾸 타박을 주는
지 모르겠습니다. 고스톱이야말로 사람들이 다 쉽게 좋
아하고 쉽게 잘 놀지 않습니까. 그런데 왜 사람들이 자
꾸 고스톱을 구박하는지 모르겠어요. 고스톱이 무슨 심
각한 사회문제를 일으키지는 않지 않습니까?

유: 고스톱은 명절에는 여성의 적입니다. 남자들은 전
부 다 고스톱을 치고 여자들은 계속 안주 만들고, 그래
서 여성계에서 원성이 자자합니다. 저도 개인적으로 많
이 저지르는 일입니다만.

노: 저는 고스톱이 놀이라고 생각합니다. 그걸로 도박
하는 사람은 도박을 금하면 되고, 놀이로는 참 간편하
고 재미있잖아요.

유: 고스톱의 어떤 면이 가장 묘미가 있다고 생각하세
요, 규칙 중에.

노: 어떻든 다양하고 사람들이 다 좋아하더라고요. 나
는 사실 고스톱을 잘 못하는데, 화투를 손에 쥐어 본 지
가 까마득합니다. 그런데 남들이 즐기는 건 찬성입니다.

유: 제가 보기에 고스톱은 인생을 배우는 무대가 될 수
있습니다. 광이나 피를 최소한으로 모아야 박을 면하니
까, 유비무환의 자세를 기르고 포트폴리오 투자 교육을
할 수 있죠. 자기 패가 완전히 불리할 때는 버릴 패를 절
묘하게 버리면서 쇼당 찬스를 만드는 건 위기 극복 능
력 향상에 도움이 됩니다. 다른 데서는 다 무시하는 피
를 많이 모아 가지고 이길 수 있다는 점에서 굉장히 민

주적인 원칙을 구현하고 있는 놀이이고, 그 밖에도 장
점이 여러 가지 있습니다.

　　　노: (웃음) 나는 고스톱 때문에 다른 오락거리를 포기
　　　한 사람을 본 적이 없어요. 고스톱 때문에 더 건전한 오
　　　락을 포기한 사람은 없고, 이것저것 다 하고 남은 시간
　　　이 어중간할 때 하는 것이거든요. 나는 남들이 하자고
　　　하는 특별한 경우가 아니면 안 치는데, 방송에서 너무
　　　구박을 많이 하니까 이게 그럴 만한 것인가 하는 생각
　　　이 들지요.

유: 제가 볼 때 고스톱을 구박하는 여러 가지 이유 중에
제일 타당한 것 하나는 역시 여자들의 불만입니다.

　　　노: 여성들도 좋아하는데.

유: 남녀평등이 이루어진 집에서는 같이 치지만, 가부
장 사회이기 때문에 남자들은 앉아서 고스톱 치고 여자
들은 안주 만들고, 이것이 보통 가정에서 이루어지는 일
입니다. 마지막 질문입니다. 노 고문님, 올해 연세가 만
으로 55세 되셨는데, 만약 지금 55세가 아니고 85세나
95세가 되어서 천수를 누리고 세상을 떠나는 상황이라
고 가정하고, 일생에서 가장 잘한 선택과 잘못한 선택
을 하나씩만 이야기해 주십시오.

　　　노: 제일 나쁜 선택은 정치를 선택한 것이 아닌가…….

유: 처음에 선택하실 때, 88년도 선거 때.

　　　노: 제일 잘한 것은…… 모르겠고.

유: 혹시 더 하시고 싶은 말씀 있으십니까?

'노무현 대통령' 그 자체가 한국 사회의 변혁

노: 정치를 하면서 느끼는 가장 큰 고민은, 실제로 정치인이 해야 하는 일과 국민들이 요구하는 일이 일치하지 않는다는 겁니다. 내가 제일 중요하다고 생각하는 일을 국민들이 요구하지를 않아요. 국민들을 위해서 중요한 일인데 국민들은 별 관심이 없는 것이죠. 굉장히 난감하고 아쉬운 일입니다. 대통령을 예를 들면 대통령이 모든 걸 다 하는 것도 아니고 정책을 다 다루는 것도 아니거든요. 그런데 일반 국민들은 작은 구체적 사업 공약을 요구하고 전문가들은 정부의 각료들과 의논하고 여론의 반응을 점검해 가면서 결정해야 할 정책들을 지금 당장 내놓으라고 하는 거예요. 정책을 그렇게 결정하면 안 되거든요. 그래서 어떤 사람은 대통령이 되면 맨 처음 해야 될 일이 지금까지 내가 했던 모든 공약은 이 시간으로 무효화한다, 이렇게 말하고 새로 출발해야 한다고까지 합니다. 그런데 방송에 나가면 자꾸만 아주 미시적인 문제를 질문한다 말이죠. 물론 그 문제가 그 사람의 철학과 가치관을 들여다보는 데 필요한 것이라면 좋습니다. 어떤 가치를 더 소중하게 생각하는 사람이냐, 또는 자기의 신념을 위해서 어떻게 행동하는 사람이냐, 또 그 행동을 성공시키기 위해서 어떤 전략을 쓰고 장애물을 어떻게 극복해 가느냐, 이런 것들을 이해하기 위한 것이라면 충분히 의미가 있는데, 그런 것도 아니고

무슨 쪽지 시험 치듯이 재치 문답하듯이 정답을 자꾸 요구하는 건 정말 좋지가 않습니다. 실현 가능성하고는 아무 관계없이 답만 요구하니까 당황스러워요.

유: 텔레비전 토론에 불만이 많으시군요.

노: 토론해야 할 진짜 중요한 문제들이 있지 않습니까? 해방 후에 우리가 매 시기에 맞았던 큼직큼직한 과제들 말입니다. 통합된 민족국가를 세우고, 일제 잔재들을 청산해 나가고, 민주주의국가를 세우는 것, 그런 것이 그 시기에 가장 중요했는데 정치인들이 그걸 가지고 판단하지 않았기 때문에 시기를 놓치고 넘어왔던 것이죠. 그 이후에 개발의 와중에 민주주의와 인간적 가치가 다 훼손되고, 그래서 국민들이 엄청난 고통을 겪고 사회적 낭비가 일어났는데, 이런 본질적인 문제에 국민들이 큰 관심을 보이지 않았습니다. 지금 우리 사회의 중요한 문제는 저신뢰 사회라는 것 아닙니까. 예를 들면 한국 사회가 선진사회로 가느냐 여부는, 유종근 전북 지사가 쓴 책에 보면 원칙과 신뢰에 달려 있다고 나와 있어요. 유 지사 얘기가 아니라도 사회의 물질적 생산이 중요하긴 하지만 서로 믿으면서 살아가는 게 굉장히 중요합니다. 이건 사실 정치하는 사람들이 해결해야 하는 문제거든요. 이런 문제들이 뒷전으로 밀려나는 게 정말 답답합니다.

김대중 대통령이 5년 내내 한 일보다 정권 교체 그 자체가 몰고 온 사회의 변화가 더 큽니다. 나는 이렇게 생각해요. 우리 사회 문화를 바꾸는 것입니다. 노무현이 당선된다는 사실 하나가 이미 당선하고 나서 할 많은 일보다 더 크다. 노무현이 살아온 삶과 정치의 방식, 그런 사람이 대통령에 당선되는 그 순간, 그 자체가 정치인들, 정치 지망생들, 정치 평론가와 국민들에게 새로운 느낌을 준다는 것이죠. 우리에게 필요한 건 실현할 수 없는 허황한 공약이나 비전이 아닙니다. 그런 것을 내놓아서는 안 됩니다. 우리 사회가 경제적으로 이만한 수준에 왔는데도 여전히 학벌, 연고, 정실, 부조리, 온갖 불합리한 뒷거래, 한 단계 도약하려면 이런 장애를 뛰어넘어야 하는데, 내 삶과 정치는 그런 맥락에서 뚜렷한 상징적 가치를 가집니다. 그래서 내가 집착하는 겁니다. 반칙의 문화, 가방 들고 이 당 저 당 기웃거리고, 오로지 배지만을 향해서 뛸 게 아니라 정치적 이상을 추구해야지요. 오늘날 30대 젊은 정치 지망생들이 이 당 저 당에 공천 신청서를 동시에 제출하는 웃지 못할 희극이 벌어집니다. 이건 비극이에요. 이런 걸 뛰어넘지 못하는 것이 오늘의 비극입니다. 뭔가 상식이 통하는 사회, 정의로운 사회, 이것이 뭉뚱그려서 '합리적인 사회'라고 하는 겁니다. 너무 딱딱해서 원칙이 바로 선 사회라고 말합니다만, 기본적인 룰이 통하는 사회를 만들어야 합니다. 이 문제에 대해서 TV의 패널들이 좀 집요하게, 질문을 또 바꾸고 또 바꾸어서 해야 합니다. 정치인은 그 삶의 궤적을 쫓아가면 그가 무엇을 추구

해 왔는지, 앞으로 대통령이 되면 뭘 할지, 환하게 다 볼
수 있습니다. 삶을 추적해 보면 다 드러나는데, 왜 하지
않는지 모르겠어요.

다시 키워드를 이야기한다면 '원칙과 신뢰', '대화와 타
협'입니다. 그다음에 '통합과 조정', 우리 사회의 생산성
을 높이는 데 중요한 키워드입니다. 어떤 방법으로 합
리적인 사회를 만들어 가느냐, 한마디로 노무현이가 다
정해 주는 사회가 아니라는 것이죠. 투명성과 개방성과
자율성이 핵심입니다.

나는 대통령이 되어 많은 것을 하려고 하지 않을 겁니
다. 모든 분야에서 개인적 비밀로 보호해야 할 사생활
을 제외하고, 모든 공적인 거래를 최대한 투명하게 만
들어야 합니다. 그다음에 우리 나라에는 폐쇄된 특수
사회가 많습니다. 이것을 해체해야 합니다. 아주 어려
운 문제이지만 어떻든 개방적인 사회로 가야 합니다.
어떻게 하느냐, 결국은 자율에 맡기는 수밖에 없습니
다. 투명한 사회로 가라 해도 가지도 않고, 뭘 지시해도
되지도 않고, 자율적 문화로 그야말로 대대적인 선풍을
일으키는 겁니다.

내가 대통령이 되면 5년 동안 자율의 문화를 뿌리내리
게 할 것입니다. 물론 5년 만에 뿌리 안 내려지지요. 그
러나 자율의 문화를 끊임없이 실험해 나가야 합니다.
실패하더라도 또 하고 또 하는 겁니다.

이 세 가지만 제대로 하면 모든 문제를 원칙과 신뢰의 기

반 위에서 대화와 타협으로 풀어 나갈 수 있을 것입니다.

그리하여 노무현이라는 사람은……

인터뷰를 마치고 노무현 캠프를 나서는데 머릿속이 몹시 복잡하다. 세 시간씩이나 마주 앉아 이야기를 나누었으니 대충 정리가 될 법도 하건만, 아주 독특한 사람이라는 느낌만 강할 뿐 뭐라고 평하기가 어렵다. 그러니 평가라기보다는 내가 받은 인상을 간략하게 정리하는 것으로 이 인터뷰를 마감 지어야 하겠다.

노무현은 지사적(志士的) 풍모를 가진 인물이다. 정치인에게 이런 말은 욕이 될 수도 있고 칭찬이 될 수도 있을 것이다. 30대 중반에 가서야 사회에 눈을 떴고, 마흔이 넘어서 정치에 입문한 늦깎이라서 그런가? 남들이 다 가망이 없다고 하는 일을 그게 옳다는 이유로 될 때까지 밀어붙이는 것, 민주당의 개혁파 의원들이 일종의 절망감에 젖어 사태를 관망하는 판국에 자기가 유일한 대안이라고 큰소리를 치는 것. 자기가 믿는바, 생각하는 바를 논리적으로 다 설명하지는 못하지만, 노무현은 분명 확신을 가진 정치인이며 그 확신을 남에게 '전염'시킬 수 있는 사람이다.

노무현은 무척 순진한 사람이다. 대통령이 되겠다는 사람이 정치 시작한 걸 일생 최악의 선택으로 꼽는 걸 보라. 제일 잘한 선택에 대한 답변도 그렇다. 모르겠다니? "내 아내한테 청혼한 겁니다." 참모들이 이런 대답을 건의했을 게 뻔한데도 도대체 요지부동이다. 이런 사람은 대중에게 아부하지 않는다. 표를 구걸하지도 않는다. 한마디로 마음에 없는 말이나 행동을 하지 못하는 성격이다. 이런 사람이 대통령이 되면 좋을까? 판단은 각자에게 달렸다.

노무현은 대학을 나오지 않았다. 인터뷰 내내 이게 문제라는 느낌이 들었다. 특히 왜 당신 곁에는 국회의원이 하나도 없느냐는 질문을 던졌을 때, 노무현의 표정은 마치 왕따를 당하면서도 그 사실을 알릴 수 없는 학생처럼 보였다.

만약 김근태 고문이 노무현과 비슷한 여론조사 지지도를 기록했다면 노무현은 일찌감치 대통령 꿈을 접고 김근태 연설원으로 전국을 누비고 있을 것이다. 노무현이 서울대까지는 아니더라도 이른바 명문 대학을 나온 사람이라면 줄을 선 현역 의원이 여럿 있을 것이다. '사람이 좋기는 한데……' 하면서도 '글쎄, 대통령감인지는 좀…….' 이렇게 토를 다는 것은, 그가 대학을 나오지 않았기 때문이다. 원래 왕따라는 게 그렇다. 누군가 왕따를 당하는 것에 대해서 책임을 느끼는 사람은 없다. 왕따시키는 이유를 공개적으로 밝히지도 않는다. 심지어는 구경하는 사람들조차 왕따는 당하는 쪽에 무슨 문제가 있기 때문이라고 생각하면서 방관을 합리화한다.

그런 노무현이 민주당의 유력한 경선 주자 지위까지 온 것, 그 자체가 한국의 정치 풍토에서는 말이 안 되는 일이다. 그가 부동의 1위를 달려온 이인제 고문을 따라잡을 수 있을까? 아무리 아전인수식으로 상황을 해석해도 어렵다. 그러나 누가 알랴. 민주당 유력한 경선 주자 노무현의 정치적 존재, 그 자체가 원래 불가능한 것이었지만 그는 여기 서 있다. 4월 말 민주당 경선이 끝

난 뒤, 12월 대통령 선거가 끝난 뒤, 마지막으로 웃는 자가 누구
일지 아직은 아무도 말할 수 없다. 노무현이 도대체 어디까지 자
기의 확신을 전염시킬지 두고 볼 일이다.

노무현 대통령 연보

1. 유년과 성장

1946.9.1.   경남 김해시 진영읍 본산리에서 가난한 농부인
               아버지 노판석 씨와 어머니 이순례 씨 사이에서 3남
               2녀 중 막내로 태어나다.

1959   경남 김해시 진영읍 대창초등학교를 졸업하고
               진영중학교에 입학하다.

1960.2.   이승만 대통령 생일 기념 글짓기 행사에서
               동급생들과 백지를 내다.

1961   부일장학생에 선발되다.

1963.2.   진영중학교를 졸업하고 부산상고에 장학생으로
               입학하다.

1966.2.   부산상고를 졸업(53회)하고 어망 회사 '삼해공업'에
               입사하다.

1966   봉하마을 뱀산에 토담집 마옥당(磨玉堂)을 짓고 고시
               공부를 시작하다.

1966   울산 건설 현장에서 막노동을 하다 산업재해를
               당하다.

1966.11.   '사법 및 행정요원 예비시험'에 합격하다.

2. 도전과 성취

1968.3.	육군에 현역으로 입대하다.
1971.1.	강원도 인제에서 육군 상병으로 만기제대하다.
1971	3급(현 5급) 공무원 1차 시험과 사법 고시 1차 시험에 합격하다.
1973	권양숙 여사와 혼인하고 장남 건호를 얻다.
1973	맏형 영현 씨 교통사고로 사망하다.
1975	제17회 사법 고시에 합격하고 사법연수원 7기 연수생이 되다.
1975.8.11.	장녀 정연 태어나다.
1976	아버지 노판석 씨 사망하다.
1977.9.	대전지방법원 판사로 부임하다.
1978.5.	부산에 변호사 사무실을 열다.

3. 인권 변호사

1981	『부산일보』에 생활법률상담 연재를 시작하다.
1981.9.	부림사건 변론을 맡다.
1982	문재인 변호사와 공동 사무실(현 법무법인 부산)을 열다.
1982.5.	부산 미국문화원 방화 사건 변호를 맡다.
1984	부산공해문제연구소 이사를 맡다.
1985	부산민주시민협의회 상임위원으로 활동하다. 울산, 마산, 창원, 거제도와 경북 구미공단 등을 다니며

노동운동을 변론하다.

1986. 5.	'민주화를 위한 변호사 모임'의 모태가 된 정법회 창립에 참여하다.
1986. 6.	송기인 신부 권유로 천주교 세례(세례명 유스토)를 받다.
1987. 2.	고 박종철 군 추모 대회에서 연행되어 부산시경 대공분실에 구금되다.
1987. 5.	민주헌법쟁취국민운동 부산본부 상임집행위원장을 맡다.
1987. 9.	대우조선 고 이석규 씨 유족을 돕다가 '장례 방해', '제3자 개입'으로 23일간 구속되다. 변호사 업무 정지 처분을 당하다.
1987. 11.	변호사 업무 정지 처분을 당하다.
1987. 12.	'양김 분열' 속에 치러진 제13대 대선에서 공정선거감시운동 부산본부장을 맡다.
1988. 4.	제13대 국회의원에 당선(통일민주당, 부산 동구)되다. 국회 노동위원회에서 이상수, 이해찬과 함께 '노동위 3총사'로 활동하다.
1988. 6.	변호사 업무 정지 해제되다.
1988. 12.	'제5공화국비리조사특별위원회'에서 '청문회 스타'로 각광받다.
1989. 3.	제도 정치에 한계를 느끼고 의원직 사퇴서를 제출하다.

4. 통합의 정치

1990	3당합당에 반대, '작은 민주당'을 창당하다.
1990	민자당의 방송법 등 날치기 처리를 규탄하며 김정길, 이철, 이해찬 의원과 함께 의원직 사퇴서를 제출하다.
1991. 9.	야권 통합을 주도하여 통합민주당 대변인이 되다.
1992. 3.	제14대 총선(민주당, 부산 동구)에서 낙선하다.
1992	김대중 대통령 후보 청년특위 물결유세단장을 맡아 제14대 대선에 참여하다.
1993	지방자치실무연구소를 설립하다.
1993. 3.	민주당 최연소 최고위원으로 당선되다.
1994	『여보, 나 좀 도와줘』를 출간하다.
1995. 6.	부산시장(민주당) 선거에서 낙선하다.
1996. 4.	제15대 총선(민주당, 서울 종로)에서 이명박, 이종찬 후보와 경쟁하여 3위로 낙선하다.
1996. 11.	국민통합추진회의(통추)에 참여하다.
1997	SBS 라디오 '노무현 김자영의 뉴스대행진'을 진행하다.

5. 원칙과 소신

1997. 11.	새정치국민회의에 입당해 김대중 대통령 후보를 위한 방송 연설을 하다.
1998	어머니 이순례 씨 사망하다.
1998. 7.	제15대 종로구 보궐선거에서 당선되다.

1998   정치 업무 표준화 시스템 '노하우 2000'을 개발하다.

1999   부산 출마를 선언하고 종로 지구당을 포기하다.

2000. 4.   제16대 총선(새천년민주당, 부산 북·강서을)에서
낙선하다.

2000. 4.   대한민국 최초의 정치인 팬클럽 노사모(노무현을
사랑하는 사람들의 모임)가 탄생하다.

2000. 8.   해양수산부 장관에 취임하다.

6. 신화를 만들다

2001. 11.   『노무현이 만난 링컨』을 출간하다.

2001. 12. 10. 『노무현이 만난 링컨』출간 기념회 및 후원회
행사에서 대통령 선거 출마를 공식 선언하다.

2002. 3.   민주당 국민 참여 광주 경선에서 1위를 기록하며
노풍을 점화시키다.

2002. 4.   국민 참여 경선을 통해 민주당 대통령 후보로
선출되다.

2002. 10.   『노무현의 리더십 이야기』를 출간하다.

2002. 10. 20. 개혁국민정당이 창당 발기인 대회에서 노무현 후보
지지를 결의하다.

2002. 11.   국민통합21 정몽준 대표와 후보 단일화에 성공하다.

2002. 12. 19. 대한민국 제16대 대통령에 당선되다.

7. 대한민국 대통령

2003.2.25.   제16대 대통령에 취임하다.

2003.4.   청남대를 국민들에게 돌려주다.

2004.1.   균형 발전 3대 특별법 서명식을 갖고, 지방화와 균형
발전 시대 선포식을 갖다.
용산 미군기지의 평택 이전을 확정하고, 60년 만에
용산을 돌려받다.

2004.3.12.   한나라당과 민주당이 대통령 탄핵소추안을 의결하다.

2004.4.15.   열린우리당이 총선에서 과반 의석을 얻다.

2004.5.14.   헌법재판소가 탄핵소추를 기각하다.

2004.5.20.   열린우리당에 입당하다.

2004.10.   과학기술부를 부총리 부처로 승격시키고 장관을
부총리로 임명하다.

2005.3.   투명사회협약 체결식을 갖다.

2005.7.   대화와 타협의 정치 문화를 위한 선거구제 개편과
함께 대연정을 공식 제안하다.

2006   한미 자유무역협정 협상을 시작하다.

2006.2.   직접 개발에 참여한 청와대 업무관리 시스템
'e-지원'(e-知園)을 특허등록하고, 누구나 무상으로
활용할 수 있게 공개하다.

2006.4.   독도 영토주권 문제에 대한 한일 관계 특별 담화를
발표하다.

2006.8.   2030년까지의 국가 장기 발전 전략인 '국가비전
2030'을 발표하다.

2007. 1.	책임정치 구현을 위해 대선과 총선 시기를 일치시키는 원 포인트 개헌을 제안하다.
2007. 2.	당의 요구로 열린우리당 당적을 버리다.
2007. 6.	대통령비서실에서 『있는 그대로, 대한민국』을 출간하다.
2007. 7.	행정중심복합도시인 세종특별자치시의 기공식을 갖다. 수도권과 지방의 상생 발전을 위한 2단계 균형 발전 선포식을 갖다.
2007. 9.	『한국정치, 이대로는 안 된다』를 출간하다. 지방 균형 발전을 위한 혁신 도시와 기업 도시 기공식을 시작하다.
2007. 10.	평양을 방문하여 제2차 남북 정상회담을 개최하고 10·4공동선언을 발표하다.

8. 귀향, 그리고 서거

2008. 2. 25.	대통령 임기를 마치고 고향 봉하마을로 돌아오다.
2008	봉하마을에서 친환경 생태 농업과 하천 습지 복원, 숲 가꾸기 등 '아름답고 살기 좋은 마을 만들기' 프로젝트를 시작하다.
2008. 3.	봉하마을과 화포천을 자원봉사자들과 함께 직접 청소하다.
2008. 4.	광주 망월동 5·18묘역을 참배하고, 방명록에 '강물처럼'이라는 글을 남기다.

2008.5.	김해 특산물인 장군차밭을 방문하여 제다(製茶) 체험을 하고, 봉하마을에 장군차나무를 심다.
2008	함평·진주·하동·광양·평창·영월·정선·영동·논산·금산·서천·함양 등 전국의 살기 좋은 마을 가꾸기 모범 사례를 직접 찾아다니다.
2008.6.14.	친환경 농사를 위해 논에 오리를 풀어놓는 행사를 갖다.
2008.10.	10·4남북정상선언 1주년 기념식에 참석해 강연하다.
2008.10.20.	콤바인을 몰고 봉하오리쌀을 직접 수확하다.
2008.12.5.	봉하 방문객에게 마지막 인사를 하고 칩거하며 '진보주의' 연구와 회고록 준비를 시작하다.
2009.4.30.	검찰에 출두하다.
2009.5.23.	서거하다.